KB053403

프로이트
토템과 터부

원서: 독일 피셔 출판사의 프로이트 전집 중 제9권 『토템과 터부』(1940)

Sigmund Freud: Gesammelte Werke, 9 Totem und Tabu, Fischer Verlag(1940)

프로이트

토템과 터부

미개인과 신경증 환자의 영적 생활에서 몇 가지 일치점

초판 1쇄 인쇄 2021년 12월 13일
초판 1쇄 발행 2021년 12월 17일

지은이 지그문트 프로이트
옮긴이 원당희
펴낸이 박수길
펴낸곳 (주)도서출판 미래지식
디자인 (주)프리즘씨 · 전다혜, 이슬

주소 경기도 고양시 덕양구 통일로 140 삼송테크노밸리 A동 3층 333호
전화 02)389-0152
팩스 02)389-0156
홈페이지 www.miraejisig.co.kr
전자우편 miraejisig@naver.com
등록번호 제2018-000205호

ISBN 979-11-91349-27-6 04160
ISBN 979-11-91349-26-9(세트)

• 미래지식은 좋은 원고와 책에 관한 빛나는 아이디어를 기다립니다.
  이메일(miraejisig@naver.com)로 간단한 개요와 연락처 등을 보내주시면
  정성으로 고견을 참고하겠습니다. 많은 응모바랍니다.

프로이트

토템과 터부

—— 미개인과 신경증 환자의 영적 생활에서 몇 가지 일치점 ——

미래지식

『토템과 터부』(1912~13)는 프로이트와 오토 랑크 등이 빈에서 1912년에 창간한 잡지 『이마고Imago』에 발표한 네 편의 논문으로 이루어진다. 네 편의 논문은 「근친상간 기피 현상」, 「터부와 감정 자극의 양가성」, 「애니미즘, 주술과 생각의 만능」, 「토테미즘의 유아기적 회귀」이다.

프로이트는 1910년에 이 작업들을 구상하기 시작했는데, 그는 본래 "오이디푸스 콤플렉스에 대한 인류학적 증거들을 수집할" 생각이었다. 그러나 이 최초의 구상은 점차 정신분석학의 인류 문화사 전반에 대한 적용으로 확장되었다. 이와 같은 시도에는 자신이 구축한 정신분석학 대열로부터 이탈한 칼 융의 『리비도의 변화와 상징Wandlungen und Symbole der Libido』에 대한 반작용도 깔려 있는 것으로 알려져 있다.

『토템과 터부』에서 내용 전체를 관류하는 주제는 부제에서 알 수 있듯이 '미개인과 신경증 환자의 영적 생활에서 몇 가지 일치점'이다. 이에 따라 미개인을 어린아이나 신경증 환자와 동일시하는 것이 방법적 열쇠로서 제시되었으며, 이를 입증하기 위하여 빌헬름 분트의 『민족심리학』과 프레이저의 『토테미즘과 족외혼』이나 『황금가지』, 알렉산더 골든와이저와 앤드류 랭의 토테미즘에 관한 저서 등이 사용된다. 미개인들의 풍습에 관하여 수많은 사례를 제시하고 정신분석학과 비교 분석한다는 점에서 매우 흥미롭고 사유의 폭을 크게 넓혀 주고 있지만, 많은 경우에 '추론적 증명'이라는 비판에서 자유롭지 않다. 프로이트는 이 책 서문에서 다음과 같이 언급한다.

"방법론적으로는 우선 비분석적 심리학 가설과 연구 방식을 동일한 목적으로 하고 있는 빌헬름 분트의 거대하게 계획된 저작과는 대립된다. 정반대로 민족심리학적 소재를 끌어들여서 개인심리학의 여러 문제를 해결하려는 취리히 정신분석학파의 작업하고도 대립된다. 나는 이 두 관점으로부터 자극을 받아 이 논문이 출발하게 되었음을 기꺼이 인정한다."

네 편의 논문은 서로 연관성을 지니면서도 각각 특수하고 심화된 주제를 포함하고 있다.

첫 번째 논문은 근친상간 금지와 족외혼(族外婚)에 관하여 다루면서 궁극적으로는 오이디푸스 콤플렉스에 대한 인류학적 증거를 찾으려고 한다. 여기서 중요한 것은 토템이 식물이든 동물이든 상관없이 동일한 토템을 섬기는 구성원들은 서로 성적인 관계를 갖지 않고, 따라서 서로 결혼해서도 안 된다는 규칙이다. 이것이 토템과 연관된 족외혼의 풍습으로, 근친상간 금지를 넘어서는 족외혼은 다른 부족과의 결혼을 통해 문화적 교류와 소통의 의미까지도 지니고 있다.

반면에 토테미즘에 따르는 터부는 오늘날 강박신경증 환자의 접촉 기피나 정화로서의 씻기 행위와 유사성을 지닌다는 것이 프로이트의 주장이다. 이와 연관하여 두 번째 논문에서는 터부와 강박신경증이 구체적으로 비교된다. 터부는 한편으로 '신성한'이라는 의미이고, 다른 한편으로는 '무시무시한, 위험한, 금지된, 부정한'이라는 의미이다. 터부는 종교적이거나 도덕적인 어떤 규율보다 오래된, '문자로 적혀 있지 않은 법전'으로 규정될 수 있다. 미개인에게는 아주 다양한 터부와 금지 규정이 나타나는 관계로 여기서 모두 설명할 수는 없지만, 프로이트는 강박신경증의 경우에는 사랑하는 대상에 대하여, 터부의 경우에는 지배자와 죽은 자라는 적에 대하여 무의식적 적대성의 계기를 연관시킨다. 가령 강박신경증 환자에게서 "어떤 특정한 사람에 대한 감정적 애착이 강렬한 경우는 대부분 애틋한 사랑의 배후에 도사린 무의식적 적대성이 엿보이곤 했는데, 이것이 바로 인간의 감정에 들어 있는 양가성의 고전적인 사례이자 전형"이라는 것이다. 마찬가지로 미개인은 죽은 자에 대하여 터부가 강력하게 작동하지만, 죽은 자에 대한 애도에는 무의식적 적대성이 숨겨져 있다고 보았다.

세 번째 논문에서 프로이트는 영국의 문화인류학자 버넷 타일러^{Burnett Tylor}에 입각하여 애니미즘을 종교적 세계관의 전 단계로 파악한다. 애니미즘(또는 신화적 세계관)에서는 '주술^{Magie}'이 중요한 사유 형식이며, 이를 지배하는 원리는 '생각의 만능'이다. 주술적 세계에서는 사제나 추장과 같은 특정인의 생각이 어떤 초월적 힘에 의하여 시공을 넘나드는데, 원시 사회와 미개인들에게서는 아주 흔한 현상이다. 문제는 신경증 환자, 특히 강박신경증 환자에게도 이와 유사한 증상을 발견할 수 있다는 점이다. 그들에게 노출되는 나르시시즘에는 주술의 특징인 생각의 만능이 강하게 나타난다. 예컨대 그들은 생각만으로 외부의 현실을 바꿀 수 있다고 착각한다. 이렇게 볼 때 생각의 만능을 믿는 미개인들의 경향은 정신분석적으로는 나르시시즘의 단계에 해당하고, 생각의 만능을 신에게 양도하는 단계는 종교적인 단계로서 부모와의 화합을 통해 대상을 발견하는 단계에 속한다. 더 나아가 과학적인 단계란 쾌락 원칙을 포기하고 현실에 적응하는 개인의 성숙한 단계라는 것이 프로이트의 관점이다.

네 번째 논문에서 프로이트는 '원시 유목민^{Urhorde}'의 경우를 통하여 인간의 문화가 어떻게 발전하고 성장해 왔는가를 설명하고자 한다. 이 설명에서 친부 살해라는 모티브가 중요한 내용으로 등장한다. 즉 원시 부족의 우두머리가 권력을 행사하며 여자를 독차지하는 상황에서 아들 형제들은 여자를 얻기 위해 서로 단결하여 아버지를 죽이고, 심한 경우에는 살을 먹는 경우도 있었다고 한다. 그러나 그들은 점차 양심의 가책과 죄책감을 느끼며 근친상간과 살인을 금지하는 법을 만들게 되었다. 이렇게 문화는 충동과 소망을 다스리고 특정 행위를 금기시하는 데서 시작한다는 것이다. 여기서 '토테미즘의 유아기적 회귀'라는 주제와 관련하여 주목해야 하는 것은 미개인들의 지배자에 대한 관계가 억압을 겪는 어린아이의 아버지에 대한 관계와 유사하다는 점이다. 가령 어린아이가 오이디푸스 콤플렉스를 겪으면서 가정에서 여러 가지 규칙을 받아들이고 내면화하는 법을 배워야 하듯이, 프로이트의 원시적인 형제 무리는 그들의 근원적인 충동을 억제하고 그 힘을 공동체에 헌신하는데 사용하지 않을 수 없었다.

프로이트는 다음과 같은 결론으로 이 논문을 끝마친다.

"나는 종교, 윤리, 사회와 예술의 시초가 오이디푸스 콤플렉스에 집중되어 있다는 사실을 결론으로 언급하고자 한다. 이는 지금까지 우리가 알고 있는 한 오이디푸스 콤플렉스가 모든 신경증의 핵심을 형성한다는 정신분석학의 확증과 완벽하게 일치한다. 민족의 영적인 삶의 문제들도 아버지와의 관계가 어떤 상태인지 하는 단 하나의 구체적인 관점으로부터 해결될 수도 있으리라는 것이 대단히 놀라운 가능성으로 여겨진다."

옮긴이 원당희

차례

서문

내가 편집하던 잡지 「이마고Imago」의 첫 두 권에서 발표한 네 편의 논문들[1]은 민족심리학이 해명하지 못한 문제들에 정신분석학의 관점과 성과를 적용하려는 나의 첫 시도와 완전히 일치한다. 이 잡지의 부제가 제목인 이 논문들은 방법론적으로는 우선 비분석적 심리학 가설과 연구방식을 동일한 목적으로 하는 빌헬름 분트Wilhelm Wundt의 거대한 계획의 저작과는 대립된다. 정반대로 민족심리학적 소재를 끌어들여서 개인심리학의 여러 문제를 해결하려고 노력하는 취리히 정신분석학파의 작업[2]하고도 대립된다. 나는 이 두 관점으로부터 새로운 자극을 받아 이 논문을 시작하게 되었다.

이 연구들에 결함이 있다는 것을 잘 알고 있다. 하지만 첫발을 내딛는 지금, 이 연구들의 성격 때문에 발생하는 결함을 다룰 생각은 없다. 그러나 많은 사람이 이에 대해 기본적인 해명을 요구할 것이다. 여기에 실린 네 편의 통일된 논문은 폭넓게 교양 있는 독자층의 관심을 기대한 것은 맞지만, 그 고유한 특성에 따라 정신분석학에 친숙한 소수들만 이해하고 판단할 수 있을 것이다. 이 네 편의 논문은 인종학자, 언어학자, 민속학자 등의 사이에서, 다른 한편으로는 정신분석학자들 사이에서 매개 역할을 할 수는 있으나 양자에 결여된 것을 보완하지는 못하고 있다. 즉 전자에게는 새로운 심리학 기법에 대하여 충분히 소개하지 못하며, 후자에게는 정신분석학적 가공에 필요한 자료를 넉넉하게 제공하지 못한다. 그러니 이 논문들은 양자에 대한 관심을 자극하고, 두 연구 분야의 더욱 잦은 상호 간의 교류를 촉진한다는 점에서 분명히 수확이 있을 거라는 기대에 만족해야만 한다.

'**토템과 터부**'라는 제목의 두 가지 주제를 이 논문에서 동등한 방식으로 다루지는 않았다. 터부Taboo의 분석은 여기서 아주 확실한 시도, 문제를 철저하게 해명하는 시도로서 등장한다. 그에 반해 토테미즘에 관한 연구는 정신분석학적 관찰이 토템 문제의 해명에 이 정도 성과를 가져올 수 있다고 설명하는 것으로 만족한다. 이 두 개념의 차이는 터부가 오늘날까지도 우리들 한가운데 살아 숨 쉬고 있다는 것과 관계가 있다. 터부는 부정적으로 이해하거나 다른 내용으로 사용하기도 하지만, 그 심리적 본질이 칸트의 '정언 명령kategorischer Imperativ'과 다르지 않다. 터부는 강압적으로 작용하면서 매번 의식적인 동기 부여를 거부한다. 반면

---

1 역주) 「근친상간 기피 성향die Inzestscheu」, 「터부와 감정 자극의 양가성das Tabu und die Ambivalenz der Gefühlsregung」, 「애니미즘, 주술과 생각의 만능Animismus, Magie und Allmacht der Gedanken」, 「토테미즘의 유아기적 회귀Die infantile Wiederkehr des Totemismus」 이렇게 네 편의 논문들이 본서의 네 단원을 구성한다.

2 칼 융Carl Gustav Jung, 『정신분석학 및 정신병리학 연구 연보Jahrbuch für psychoanalytische und psychopathologische Forschungen』 4호에 실린 칼 융의 「리비도의 변화와 상징Wandlungen und Symbole der Libido」 제4권(1912) 그리고 같은 연보에 실린 「정신분석학 이론의 서술 시도Versuch einer Darstellung der psychoanlytischen Theorien」, 제5권(1913)

에 토테미즘은 오늘날 우리에게는 이질적이고, 실제로 오래전에 포기하여 새로운 것으로 대체된 일종의 종교적-사회적 제도이다. 이 제도는 현재 문화 민족이 영위하는 삶의 종교와 풍속, 관습에 그저 미미한 흔적만을 남겨 놓았다. 토테미즘은 문화 민족에도 엄청난 변화를 불러일으켰으며, 오늘날까지도 그 변화가 진행 중이다. 인류사에서 일어난 사회적, 기술적 진보는 터부보다는 토템에 훨씬 큰 영향을 미쳤다.

이 책은 어린아이들의 발달 과정에서 나타나는 여러 가지 전조인 유아기의 흔적에서 토테미즘이 지니는 근원적 의미를 알아내려고 시도하였다. 그리하여 이 책이 전제하는 가설인 토템과 터부 사이의 밀접한 관계를 몇 걸음 더 나아가도록 인도할 것이다. 비록 이 가설이 결국은 개연성이 없다고 판명될지라도, 이 가설이 성격상 재구성하기 어려운 현실에 조금이라도 다가설 수 있는 가능성을 제공했다는 점에서 아무런 이의가 없다.

1913년 9월, 로마에서
지그문트 프로이트

근친상간 기피 성향

die Inzestscheu

우리는 선사 시대 인류에 대해 그들이 발전 단계를 거치며 우리에게 남긴 무생물의 기념물이나 도구, 또는 직접 우리에게 전해지는 예술과 종교, 삶의 관점에 대한 정보를 통하여 알고 있다. 그런가 하면 전설과 신화, 동화로 이루어진 전통의 전승 과정을 통해, 또는 우리의 풍속과 습관에 남아 있는 그들의 사고방식 잔재를 통하여 알고 있다.

그들은 어떤 의미에서는 우리와 동시대인이기도 하다. 우리와 이 시대를 함께하는 사람들 중에는 우리보다 원시인에 훨씬 가까운 사람들, 그래서 우리가 원시인의 직계와 전형이라 여기는 사람들이 살고 있기 때문이다. 우리는 이런 사람들을 이른바 야만인이나 반쯤 야만적인 부족이라고 판단한다. 만일 우리가 선사 시대 인류에게서 우리의 발전 단계가 온전히 보존되어 있음을 인식할 수 있다면, 그들의 영적인 삶은 우리에게 특별한 흥밋거리가 아닐 수 없다.

이 전제가 적절하다면, 민족학에서 배운 '미개 민족^{Naturvolk3}'의 심리와 정신분석학에 의한 신경증 환자^{Neurotiker}의 심리 비교는 분명히 수많은 일치점을 보여 준다. 이에 따라 이미 알려진 사실들은 도처에서 새롭게 조명될 것이다.

나는 이 비교를 위하여 내적인 동시에 외적인 이유에서 인종학자들이 가장 뒤떨어지고 보잘것없다고 기술한 부족, 즉 가장 늦게 발견된 대륙인 오스트레일리아의 원주민을 선정했다. 아직도 이 오스트레일리아의 동물계에는 다른 곳에서는 몰락한 고대적인 많은 것이 보존되어 있다.

오스트레일리아 원주민은 특수한 종족으로 보이며, 인접한 종족인 멜라네시아인, 폴리네시아인, 말레이인들과 육체적으로나 언어적으로 연관성을 갖지 않는다. 그들은 집이나 확고한 거처를 짓는 법이 없으며, 토지도 가꾸지 않는다. 개를 제외하고는 어떤 가축도 기르지 않는다. 또한, 도기를 제작하는 기술도 전혀 알지 못한다. 그들은 오직 스스로 사냥한 짐승의 고기와 땅에서 캔 식물의 뿌리로 생계를 유지한다. 왕이나 추장도 알지 못하며, 원로들의 모임이 공동체의 일을 결정한다. 그들에게서 더 높은 존재에 대한 숭배 형식으로 된 종교의 흔적을 인정해도 좋은지는 무척 의문스럽다. 물 부족으로 혹독하기 이를 데 없는 생존의 조건과 싸워야 하는 대륙 오지의 부족들은 모든 점에서 해안에 사는 부족들보다 훨씬 원시적일 것으로 추정된다.

분명히 이 가련한 벌거숭이 식인종들의 성생활에서 우리 현대인의 도덕을 기대하지는 못한다. 또한, 그들의 성적 충동이 크게 제한을 받을 것이라고도 기대하지 않는다. 그렇지만 우리는 그들이 아주 면밀하고 엄격

---

3 역주) '미개 민족'은 '문화 민족Kulturvolk'과 대응하는 용어이다.

하게 근친상간이라는 성관계를 방지해 왔다는 사실을 알게 되었다. 실제로 그들의 사회 조직 전체가 이런 목적에 헌신하거나, 이 일의 성취와 연관되어 있었던 것처럼 보일 지경이다.

오스트레일리아 원주민에게는 종교적이고 사회적인 제도가 없는 대신에 토테미즘이 그 자리를 차지하고 있다. 그 부족들은 토템에 따라 이름을 갖는 비교적 작은 혈족이나 씨족으로 이루어진다. 그렇다면 무엇이 토템인가? 일반적으로 먹을 수 있고 해롭지 않거나 위험하고 공포의 대상이 되는 동물이 토템이지만, 드물게는 식물이나 혈족 전체와 특수한 관계가 있는 비 또는 물과 같은 자연력이 그 역할을 맡기도 한다.

첫째로 토템은 혈족이 섬기는 시조^{始祖}이지만, 그들에게 신탁을 보내는 수호신이자 보호의 신이기도 하다. 이 신은 다른 혈족에게는 위험한 존재이지만, 자기 자손은 알아보고 보호해 준다. 그 대신에 토템 숭배자들은 자율적으로 부과된 신성한 의무를 수행하다. 즉, 토템을 죽이거나 없애서는 안 되며, 그 고기나 그밖에 토템이 제공하는 모든 먹거리도 금지된다. 토템의 성격은 어떤 개별적 동물에만 국한되는 것이 아니라 그 종에 속하는 모든 동물에게 해당한다. 때때로 축제가 벌어진다면, 이때 혈족의 구성원들은 의례적인 춤을 통하여 토템의 움직임과 특징을 묘사하거나 모방한다.

토템은 모계 또는 부계로 계승된다. 모계 방식이 어디서나 통용되었는데, 훗날에서야 부계로 대치된 것으로 추정된다. 토템의 일원이라는 것은 오스트레일리아 원주민들에게 모든 사회적 의무의 바탕이 된다. 그것은 한편으로 종족의 일원이라는 사실을 넘어서고, 다른 한편으로는 혈연 관계까지도 물리친다.[4]

토템은 땅과 지역에 국한되지 않는다. 토템 숭배자들은 서로 흩어져

살면서도 다른 토템 숭배자들과 평화롭게 공존한다.[5]

이제 정신분석학자의 관심을 자극하는 토테미즘 체계의 특징을 살펴볼 차례이다. 토템이 통용되는 거의 모든 곳에서는 하나의 법칙이 성립되는데, 그것은 **동일한 토템의 구성원들은 서로 성적인 관계를 갖지 않고, 그러므로 서로 결혼해서도 안 된다**는 규칙이다. 이것이 토템과 연관된 **족외혼**族外婚이다.

엄격하게 준수하는 이 금지는 매우 주목할 만하다. 우리가 지금까지 토템의 개념이나 특성으로부터 경험한 그 어떤 것을 통해서도 이 금지 사항은 설명되지 않는다. 그러므로 어떻게 족외혼이 토테미즘 체계에 들어오게 되었는지는 이해할 수 없다. 여러 학자가 족외혼은 원래 -태초에 그리고 그 의미에 따라- 토테미즘과는 전혀 관계가 없는 것이고, 결혼에 대한 제한이 꼭 필요하게 되자 깊은 연관성도 없이 토테미즘에 합류하게 되었다고 가정했다. 그에 따른다면 그리 놀라워할 일도 아니다. 하지만 이런 가정이야 어떻든 토테미즘과 족외혼은 서로 관계가 있으며, 그것도 매우 확고한 관계라는 것이 입증된다.

---

4 프레이저J. G. Frazer, 『토테미즘과 족외혼totemism and Exogamy』, 제1권, 53쪽
토템에 의한 결속은 근대적인 의미에서의 혈연이나 가족에 의한 결속보다 더 강력하다.

5 토템 체계의 이 지극히 짧은 요약은 설명과 의미의 한정이 필요하다. '토템'이라는 명칭은 영국인 롱J. Long에 의하여 1791년, 북아메리카 인디언으로부터 차용된 '토탐Totam'이라는 형태로 사용되었다. 무엇보다 이에 대한 주제 자체가 점차 학계의 큰 관심을 끌었고, 그러면서 풍부한 내용의 문헌들이 쏟아져 나왔다. 이 문헌들에서 내가 주요 저작으로 꼽는 것은 프레이저의 4권으로 된 『토테미즘과 족외혼』(1910), 앤드류 랭Andrew Lang의 『토템의 비밀The secret of the Totem』(1905)이다. 인류의 태고사에 대한 토테미즘의 의미를 인식한 공적은 스코틀랜드의 존 퍼거슨 맥레넌J. F. McLennan의 논문 (1869-1870)에 돌아가는 것이 마땅하다.
토테미즘에 관한 제도는 오늘날까지도 오스트레일리아 원주민 외에도 북아메리카 인디언, 나아가 오스트레일리아 군도의 여러 민족과 동인도, 아프리카 대륙의 대부분에서도 관찰된다. 그러나 해명하기 어려운 여러 흔적과 유물들은 유럽과 아시아의 아리아인 및 셈족에게도 토테미즘이 있었다는 것을 추론하게 한다. 그래서 많은 연구자는 토테미즘을 인류 발전의 필연적이고 언제 어디서든 거쳐야만 하는 단계로 인식하는 경향이 있다.

추가적인 설명을 통하여 이 금지 사항의 의미를 명확히 규명해 보자.

1) 이 금지 사항을 위반하는 사람은 다른 토템 금지(예를 들어, 토템 동물 죽이기)처럼 이른바 자동 처벌에 맡겨지는 것이 아니다. 이런 경우 모든 종족은 마치 공동체 전체에 위협이 되는 행위 또는 공동체를 압박하는 죄를 방지라도 하려는 듯이 위반자를 가혹하게 보복한다. 프레이저의 책[6]에 나오는 다음 몇 구절만 읽어 보아도 우리의 기준에서 보면 아주 비도덕적인 야만인들이 이런 잘못을 얼마나 혹독하게 다루었는지를 짐작할 수 있다.

"오스트레일리아에서 금지된 혈족의 누군가와 성관계를 맺었을 때 가해지는 통상적인 처벌은 사형이다. 상대 여성이 같은 지역에 살고 있든 전쟁에서 잡아 온 다른 부족의 일원이든 그것은 문제가 되지 않는다. 이런 여자를 아내로 맞이하는 잘못된 남성은 자기 혈족에게 쫓기다가 죽임을 당한다. 여자도

선사 시대 인간들은 어떻게 해서 토템을 갖게 되었을까? 요컨대 어떻게 해서 그들은 자신들이 이런 동물로부터 유래했음을 의식하여 이것을 사회적 의무로 - 나중에 알게 되겠지만 - 성적 제한의 토대로 삼게 된 것인가? 이에 대해서는 많은 이론이 존재한다. 독일어권 독자들이라면 분트의 『민족심리학Völkerpsychologie』 제2권인 「신화와 종교Mythus und Religion」에서 전체적인 개관을 발견할 수 있겠으나, 이론들이 서로 일치하지는 않는다. 나는 곧 토테미즘 문제를 특수한 연구의 대상으로 삼을 것이다. 나는 이 연구에서 정신분석학적 사유 방식을 적용하여 이 문제의 해결을 시도할 것이다(본서의 네 번째 논문인 「토테미즘의 유아기적 회귀」를 참조할 것).
그러나 문제는 토테미즘의 이론에 논란이 많다는 것뿐만 아니라, 나도 앞에서 시도한 적이 있듯이 토테미즘을 구성하는 사실도 거의 일반적인 명제로는 진술할 수 없다는 점이다. 예외나 모순이 덧붙여지지 않는 주장이란 거의 없다. 그러나 다음 사실을 잊어서는 안 된다. 즉, 가장 원시적이고 보수적인 민족조차도 어떤 의미에서는 유서가 깊은 민족이고, 또한 오랜 세월을 지나오는 가운데 본원적인 것이 많은 발전과 왜곡을 겪었다는 사실이다. 그렇기에 오늘날 토테미즘을 보여 주는 민족들은 토테미즘이 몰락이나 쇠퇴, 다른 사회적이고 종교적인 제도로의 이행과 같은 아주 다양한 단계를 띠고 있으며, 그렇지 않으면 최초의 본질과는 너무나 어긋나 보이는 고정적인 형태를 띠고 있다. 그렇다면 문제는 현재의 상황에서 무엇이 의미심장한 과거의 충실한 모사인지, 또 무엇을 이차적인 변형으로 파악해야 하는지를 결정하기가 정말 쉽지 않다는 데 있다.
6 프레이저, 『토테미즘과 족외혼』, 제1권, 54쪽

21

마찬가지이다. 물론, 경우에 따라서 이런 남녀가 한동안 숨어 사는 데 성공하면 살아남을 수도 있다.

뉴사우스웨일즈의 타타티족에게는 흔치 않은 사례이지만, 남자는 즉시 살해되고 여자는 거의 죽도록 얻어맞거나 창에 찔리며, 때로는 두 가지 벌을 동시에 받기도 한다. 여자가 살해되지 않는 이유는 혹시 강간을 당했을 가능성도 있기 때문이다. 우연한 정사의 경우조차도 동일한 혈족에게 내려진 금지는 엄격하게 지켜진다. 이 금지 위반은 '가장 혐오스러운 죄로 간주되어 사형을 당한다.'(호윗Howitt 재인용)"

2) 이런 엄격한 처벌은 출산으로 이어지지 않은 일시적인 애정 행각에도 가해지기 때문에 근친상간 금지의 다른 동기, 예컨대 실질적인 동기가 있을 가능성은 없어 보인다.

3) 토템은 상속되는 것이지 결혼을 통하여 변경될 수 있는 것이 아니므로, 모계 상속에서는 금지의 계승을 쉽게 파악할 수 있다. 예를 들어, 캥거루를 토템으로 숭상하는 남자가 에뮤를 토템으로 숭상하는 여인과 결혼한다면, 자식은 에뮤 혈족이 된다. 그러므로 이 결혼에서 태어난 아들은 토템 규칙에 따라 자신과 같은 에뮤 혈족인 어머니와 누이와는 근친상간이 불가능하다.[7]

---

7 하지만 - 적어도 이 금지를 통하여 - 캥거루계 아버지는 에뮤계인 자기 딸과의 근친상간이 자유롭게 허용된다. 토템이 부계로 계승될 경우, 만일 아버지가 캥거루계라면 자식들은 모두 캥거루계가 된다. 이 경우 아버지는 딸과의 근친상간이 금지되지만, 아들에게는 어머니와의 근친상간이 허용된다. 토템 금지의 이런 결과는 토템의 모계 계승이 부계 계승보다 더 오래된 것이라는 사실을 암시한다. 토템을 통한 근친상간 금지는 무엇보다 아들의 근친상간 욕구를 막기 위한 것이라고 가정할 만한 이유가 있기 때문이다.

4) 그러나 약간만 주의를 기울여도 토템과 결부된 족외혼이 어머니나 누이와의 근친상간 방지보다 더 큰 목적을 가지고 수행되는 것을 간파할 수 있다. 족외혼으로 인하여 남성은 자기 혈족에 속하는 모든 여성과 성적으로 결합할 수 없다. 그러니까 족외혼은 다른 혈족의 여성을 같은 혈연관계처럼 다룸으로써 남성에게 이런 수많은 여성과의 성적 관계도 불가능하게 하는 셈이다. 문명화된 민족에서 통용되는 그 모든 수단보다 훨씬 엄격한 이런 제한을 심리학적으로 정당화하는 자료는 일단 찾아보기 어려울 것이다. 다만 선조로서 토템(동물)의 역할이 여기서는 매우 엄격하게 받아들여지고 있다는 것만은 이해할 수 있다. 같은 토템에서 유래하는 모든 자손은 혈연관계이자 한 가족이며, 이 가족 사이에는 아무리 먼 혈족이라도 서로의 성적인 결합은 절대 불가능한 것으로 알고 있다.

이처럼 이 미개인들은 우리에게 특이할 만큼 극도로 근친상간 기피의 성향이나 민감한 반응을 보여 준다. 이는 그들이 실제 혈연관계를 '토템 친족Totemverwandtschaft'으로 대체한다는, 우리로서는 이해하기 어려운 어떤 특성과 결부되어 있다. 그런데도 우리는 이 대조적인 관계를 지나치게 과장해서는 안 되며, 토템 금지가 실제 근친상간을 특수한 예로 포함하고 있다는 것만 기억하려 한다.

어떤 식으로 '토템 혈족Totemsippe'이 실제적인 가족으로 바뀌었는가 하는 물음은 수수께끼로 남아 있다. 어쩌면 해답은 토템 그 자체가 해명될 때 풀릴지도 모른다. 물론, 결혼의 제한을 넘어서서 어느 정도 성교의 자유가 생겼을 때, 혈족 관계와 동시에 근친상간에 대한 방지책이 불확실해짐으로써 금지를 다시 확립할 수밖에 없었으리라는 것을 생각해 봐야 한다. 그래서 오스트레일리아 원주민의 풍속이 여자에 대한 남자의 독점

23

적 권리가 깨어지는 사회적 조건과 제의의 기회를 인정하고 있다는 점에 주목할 필요가 있다.

오스트레일리아 부족들의 언어 습관[8]은 의심할 바 없이 이와 관련된 특성을 보여 준다. 그들이 사용하는 친족 관계의 호칭은 두 개인 사이의 호칭이 아니라 한 개인과 한 집단 사이의 호칭이다. 모건 L. H. Morgan의 표현에 따르면 그것은 '분류체계 klassifizierende System'에 속한다. 이 말의 뜻은 다음과 같다. 즉, 한 남자는 자신의 친부만을 '아버지'라고 부르는 것이 아니라 종족의 규약에 따라 어쩌면 자기 어머니와 혼인하여 아버지가 되었을지도 모르는 다른 남성을 모두 '아버지'라고 부른다. 마찬가지로 친모만이 아니라 종족의 규칙을 위반하지 않는 채 어머니가 되었을지도 모르는 다른 모든 여성을 '어머니'라고 부른다. 이런 식으로 친부모의 자식들뿐만 아니라 자신과 피가 섞이지 않은 부모 관계에 있는 사람들의 자식들까지도 '형제', '자매'라고 부른다.

그러니 두 개인이 서로 주고받는 친족의 호칭은 우리의 언어 습관에 따르면 두 사람 사이의 혈족 관계를 나타내지만, 그들 사이에서는 꼭 그런 것이 아니다. 이때의 호칭은 육체적 관계라기보다는 사회적 관계를 특징적으로 나타낸다. 이 분류 체계에 접근해 보면, 부모님의 남자 친구나 여자 친구는 모두 '아저씨'와 '아줌마'라고 인사하는 우리 어린아이를 통해 그 유사점을 찾을 수 있다. 또는 우리가 '아폴로 안의 형제'라든가 '그리스도 안의 자매'라고 말할 때도 비유적인 의미로 나타난다.

우리에게 매우 낯선 이런 언어 습관에 대한 설명도 피슨 L. Fison 목사가 '합동 결혼'이라고 명명했던 그 결혼 제도의 잔재와 징후로 이해하면 한

---

8 대부분 토템 민족이 그러하다.

결 쉬워진다. 합동 결혼의 본질은 일정한 수의 남성들이 일정한 수의 여성들에 대해 남편으로서 권리를 행사하는 데 있다. 그렇다면 이 합동 결혼에서 태어난 자식들은 모두 같은 어머니에게서 태어나지 않았어도 서로를 당연히 형제자매로 여기고, 또한 그 결혼식의 모든 남성을 아버지라고 부를 것이다.

몇몇 저자가 가령 베스터마르크Edvard Westermarck[9]처럼 집단적인 친족 명이 존재한다는 사실에서 이끌어낸 추론에 반대했지만, 오스트레일리아 미개인에 정통한 학자들은 이 분류법에 의한 친족 명을 합동 결혼 시대의 잔재로 보아야 한다는 데 동의한다. 스펜서B. Spencer와 질렌F. J. Gillen[10]에 따르면, 우라분나족이나 디에리족의 경우에 모종의 합동 결혼 형태가 오늘날까지도 존속하는 것을 확인했다. 그러므로 이런 종족의 경우 합동 결혼은 개별적인 결혼에 선행했던 것이며, 뚜렷하지는 않지만 완전히 사라지지 않고 언어와 관습에 그 흔적을 남겨 놓았다.

그러나 개별적인 결혼의 자리에 합동 결혼을 놓아 보면, 이들 종족이 드러내는 근친상간에 대한 극단적인 기피 성향을 이해할 수 있다. 같은 종족 구성원 사이에서 성관계를 금지하는, 토템에 근거한 족외혼은 집단적 근친상간을 방지하는 적절한 수단이 된다. 이 수단은 추후로 확고해졌고, 족외혼에 동기를 부여하는 힘도 오랫동안 존속하게 되었다.

우리가 이렇게 오스트레일리아 미개인들의 결혼 제약에 대한 동기를 이해했다면, 이제 실제 사정은 언뜻 보아도 훨씬 더 당혹스럽고 복잡하다는 것을 깨달아야만 한다. 오스트레일리아에서 토템과 다른 어

---

9 베스터마르크, 『인류 결혼의 역사Geschichte der menschlichen Ehe』 제2판(1902)
10 『중앙 오스트레일리아의 원주민족The native Tribes of Central Australia』(1899)

떤 제한을 보여 주는 부족은 몇 안 된다. 대부분 부족은 우선 '결혼 분류 Heiratsklassen'라고 부르던 두 집단(혈족 집단phratries)으로 조직되어 있다. 이 부류들은 각각 족외혼을 따르며, 여기에는 다수의 토템 혈족이 포함된다. 보통 각각의 결혼 분류는 두 개의 하위분류Unterklasse로 나뉜다. 그래서 전체는 네 개의 하위분류로 나뉘는 셈이다. 말하자면 하위분류는 결혼 분류와 토템 혈족 사이에 위치한다. 오스트레일리아의 한 종족이 실제로 취하는 전형적인 조직의 틀은 아래와 같다.

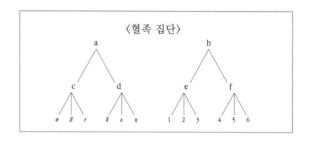

열두 개의 토템 혈족은 네 개의 하위분류와 두 개의 분류로 이루어져 있으며, 분류된 모든 혈족은 족외혼을 따른다.[11] 하위분류 C와 E뿐만 아니라 하위분류 D와 F도 하나의 족외혼 단위를 형성한다. 이 제도에서 나타나는 결과를 보면, 제도적인 경향은 의심의 여지가 없다. 즉, 이런 과정에서 결혼의 선택과 성적인 자유가 더 엄격하게 제한되는 것이다. 그리하여 만일 토템 혈족이 12개만 있다면 - 각 혈족에 같은 수의 구성원이 있다고 가정할 때 - 한 혈족의 각 구성원은 모든 여자의 12분의 11에 해당하는 여자들을 선택할 수 있다. 하지만 a와 b라는 두 혈족집단이 존

---

11 여기서 토템의 수는 임으로 선정된 것이다.

재하기에 여자를 선택할 수 있는 수는 12분의 6 또는 2분의 1로 제한된다. 그러니 도표에서 보듯이 토템 혈족 α는 토템 혈족 1에서 6까지에 속하는 여자하고만 결혼할 수 있다. 여기서 두 하위분류로 들어가면 선택은 12분의 3, 즉 4분의 1로 줄어든다. 토템 혈족 α에 속하는 남자는 자신의 배우자를 토템 혈족 4, 5, 6에 속하는 여자로 제한할 수밖에 없기 때문이다.

몇몇 부족의 경우 그 수가 8개에 이르는 결혼 분류와 토템 혈족과의 역사적 관계는 전혀 해명되지 않았다. 우리는 단지 이 제도가 토템 족외혼과 같은 것에 도달하려 하거나 그 이상을 추구하려 한다는 것을 알고 있을 뿐이다. 그러나 토템 족외혼은 이미 성립되어 있던 신성한 규약, 분명하지는 않지만 풍속이라는 인상을 준다. 반면에 결혼 분류와 그 하위의 배열, 그리고 이들과 연관된 조건에서 생겨난 복잡한 제도는 아마도 토템의 영향력이 느슨해지자 근친상간 방지의 과제를 새롭게 받아들인, 목적의식이 뚜렷한 입법적 의도에서 나온 것처럼 보인다. 우리가 알고 있듯이 토템 제도가 부족의 다른 모든 사회적 의무와 도덕적 제한의 기반이라면, 결혼 분류 집단을 이루는 혈족 집단의 의미는 일반적으로 배우자 선택의 조절에 국한된다.

결혼 분류의 집단 체계가 형성되면서 단순한 근친상간이나 집단의 근친상간을 방지하려는 것을 넘어서서 멀리 떨어진 친척 집단과의 결혼까지도 금지하려는 노력이 나타난다. 이는 예전부터 형제자매에게 통용되던 결혼 금지를 사촌에게까지, 나아가 대부나 대모와 같은 영적 관계에 이르기까지 확장한 가톨릭교회의 제도와 유사하다.[12]

---

12 「브리태니커 백과사전」, 제11판(1911), 앤드류 랭이 집필한 〈토테미즘〉

우리가 결혼 분류 집단의 유래와 의미뿐만 아니라 토템과의 관계에 대한 지극히 복잡하고 불분명한 논의에 더 깊이 들어가려고 한다면, 우리에게 이득될 게 없다. 우리의 목적과 관련하여 오스트레일리아 원주민이나 다른 미개한 민족이 근친상간 방지를 위해 기울인 주도면밀한 노력을 제시하는 것만으로도 충분하다.[13] 우리는 이 미개인들이 우리보다 근친상간에 더 민감하다고 봐야 한다. 어쩌면 그들에게는 근친상간의 유혹이 더 가까이에 있었기 때문에 그런 유혹을 방어해야 할 더 많은 대응책이 필요했는지도 모른다.

그러나 이 민족들의 근친상간 기피 성향은 주로 집단적 근친상간을 겨냥하는 앞서 기술한 제도의 확립만으로는 불충분하다. 우리는 개인 사이의 근친상간을 방지하는 일련의 '관습들'을 우리 식의 의미에서 인정해야만 한다. 거의 종교적인 엄격함을 고수하는 이 관습들은 그 의도가 명백해 보인다. 이런 관습 혹은 관습적 금지는 '회피Vermeidung(avoidance)'라고 명명해도 좋다. 이 관습은 오스트레일리아의 토템 종족을 훨씬 넘어서서 여러 지역에 분포한다. 하지만 여기서는 많은 자료에서 추출된 단편적인 설명에 만족하길 바란다.

멜라네시아인에게서 이런 식의 제한적인 금지는 어머니 및 자매와 사내아이의 성관계를 방지하려는 목적을 지닌다. 예컨대 뉴헤브리디스 제도의 리퍼즈섬에서는 특정한 나이의 사내아이는 어머니의 집을 떠나 '회관klubhaus'으로 이주한다. 그리고 그곳에서 규칙적으로 잠을 자고 식사를 한다. 사내아이는 음식이 떨어지면 집에 가도 좋지만, 자매가 집에

---

13 스토퍼A. J. Storfer는 그의 최근 연구 논문인 「친부 살해의 특수한 위치에 대하여Zur Sonderstellung des Vatermordes(1911)」에서 이런 점에 주목할 것을 강조한다.

있으면 아무것도 먹지 못한 채 돌아와야 한다. 자매가 집에 없으면 문 근처에 앉아서 먹어도 좋다. 형제와 자매가 야외에서 우연히 만나면, 자매가 달아나거나 옆으로 숨어야 한다. 모래 위에서 발자국을 발견하고 그 발자국이 자매의 것이라는 것을 알게 되면 그 뒤를 따라갈 수 없으며, 반대의 경우에도 마찬가지이다. 무엇보다 사내아이는 자매의 이름을 말할 수 없고, 흔히 하는 담화에서도 자매의 이름 일부가 들어 있을 때는 말하지 않도록 주의한다. 성년식과 함께 시작되는 이런 회피는 살아 있는 내내 고수된다. 어머니와 아들의 관계도 아들이 나이를 먹을수록 신중해지는데, 어머니 쪽이 훨씬 더 그러하다. 어머니가 성인이 된 아들에게 먹을 것을 가져다 줄 때도, 어머니는 음식을 아들에게 직접 건네는 것이 아니라 그의 앞에 놓아야 한다. 어머니는 성인이 된 아들에게 친숙하게 말을 걸 수 없으며, 호칭도 우리의 어법에서처럼 '너Du'가 아니라 '당신Sie'이라고 말해야 한다.[14] 이와 유사한 관습은 뉴칼레도니아에서도 지배적이다. 형제와 자매가 우연히 만나면 자매는 숲속으로 도피하고, 형제는 쳐다보지 않고 그냥 지나가야 한다.[15]

뉴브리튼섬의 가젤라반도에서 자매는 결혼한 후로는 형제와 더는 이야기를 나누어서는 안 된다. 그녀는 형제의 이름을 말해서도 안 되며, 다른 말로 표현해야 한다.[16]

뉴메클렌부르크에서는 사촌형제와 사촌자매 사이에도(다 그렇지는 않

---

14 역주)독일어의 호칭에서 처음 본 사람이나 소원한 관계에서는 Sie를 사용한다. 할아버지와 손주처럼 가까운 사이에는 Du를 사용한다.
15 코드링턴R. H. Codrington의 『멜라네시아인들The Melanesians』.
프레이저가 『토테미즘과 족외혼』 제1권, 77쪽에서 재인용한다.
16 클라인티셴Kleintitschen의 『가젤라 반도의 연안 원주민들Die Küstenbewohner der Gazellen-Halbinsel』.
프레이저가 앞의 책 제2부, 124쪽에서 재인용했다.

지만) 형제자매와 유사한 제한이 적용된다. 사촌들끼리도 서로 다가설 수 없으며, 악수를 하거나 선물을 주지도 못한다. 그러나 몇 발자국 떨어진 거리에서는 서로 대화할 수 있다. 자매와 근친상간한 형제에 대한 형벌은 교수형이다.[17]

피지 제도에서 이 회피 규칙은 특히 엄격하다. 이 규칙은 친 형제자매뿐만 아니라 합동 결혼을 통한 형제자매에게도 해당한다. 우리가 이 미개인들의 신성한 난음난교의 축제를 알고 있고, 이 축제 때는 근친도 성적 교합을 시도한다는 사실을 알게 된다면, 그리고 우리가 이런 모순에 대해 놀라기보다 이 모순을 근친상간 금지에 대한 해명 수단으로 선택하지 못한다면, 그만큼 이상하고 어리둥절할 것이다.[18]

수마트라의 바타족에게 이 회피 계율은 가까운 친척 관계에 해당한다. 어느 바타인이 자신의 자매를 저녁 모임에 데려간다면, 그것은 지극히 미풍양속을 해치는 일이 된다. 자기 자매의 모임에 가는 남자는 다른 사람들이 참석할지라도 불편함을 느낄 것이다. 형제자매 중에서 형제가 집안으로 들어서면, 자매는 밖으로 나가 버린다. 아버지는 딸과, 어머니는 아들과 단둘이 집 안에 있을 수 없다. 이런 풍속에 대해 보고하는 네덜란드 선교사는 자신이 이런 풍속을 아주 잘 확립된 것으로 볼 수밖에 없다는 것이 유감스럽다고 덧붙인다. 이 종족은 남녀 둘이서만 있으면 예의범절에 어긋난다고 간단하게 받아들인다. 바타족은 가까운 혈연 간의 성관계에는 온갖 형벌과 무서운 결과가 따른다는 것을 알고 있음으로 이런 금지를 통하여 모든 유혹을 피하는 것이 올바른 일이라고 생각한다.[19]

---

17 페켈P.G. Peckel의 『인류학Anthropologie』(1908). 프레이저가 같은 책 제2부 131쪽에서 재인용했다.
18 피슨L. Fison의 논문 「낭가족The Nanga」. 프레이저가 같은 책 147쪽에서 재인용했다.
19 프레이저, 『토테미즘과 족외혼』, 제2부, 189쪽

남아프리카 델라고아만의 바롱고족은 특이하게도 아내 형제의 아내인 처남댁에 대해서 가장 엄격한 주의가 통용된다. 남자는 우연하게라도 이 위험한 여성을 만나면 조심스럽게 피한다. 남자는 감히 처남댁과 같은 접시로 밥을 먹을 수 없고, 말을 해도 매우 조심스럽게 건네야 한다. 그는 감히 그녀의 오두막으로 들어갈 엄두를 내지 못하며, 인사를 해도 떨리는 목소리로 인사를 건넬 수밖에 없다.[20]

영국령 동아프리카의 아캄바족(또는 와캄바족)은 자주 경험하게 될 회피의 규율이 그들을 지배한다. 딸은 사춘기에서 결혼 연령까지 자신의 아버지를 조심스럽게 피해야 한다. 그녀는 아버지를 길에서 만나도 아버지가 지나갈 때까지 숨어 있어야만 한다. 아버지의 곁에 가까이 앉을 수도 없으며, 이런 처신은 약혼할 때까지 계속된다. 물론, 결혼하면 아버지와의 만남에서 제한을 받지 않는다.[21]

훨씬 더 광범위하게 분포되어 있고 가장 엄격하며, 문명화된 민족에게 제일 흥미로운 회피의 사례는 사위와 장모의 성관계를 제한하는 것이다. 이 회피 사례는 오스트레일리아에서는 아주 일반적이지만, 토테미즘과 집단적 친족의 흔적이 남아 있는 멜라네시아인이나 폴리네시아인 그리고 아프리카 흑인 종족에서도 찾아볼 수 있으며 아마도 그 이상으로 많을 것이다. 이들 종족이 거주하는 여러 곳에서는 며느리와 시아버지의 스스럼없는 성관계를 방지하기 위하여 유사한 금지 규율이 통용되고 있지만, 이 규율은 그다지 확고하거나 엄격하지는 않은 실정이다. 드문 경우이지만, 장모와의 성관계가 회피의 대상이기도 하다.

---

20 프레이저, 『토테미즘과 족외혼』, 388쪽
21 같은 책, 424쪽

그러나 우리의 관심은 인종학적인 분포에 있다기보다는 장모 회피의 내용과 의도에 있음으로 여기서도 몇 가지 사례를 소개하는 것으로 그친다.

뱅크 제도에서 이 금지 사항은 매우 엄격하고 대단히 주도면밀하다. 사위는 장모 곁에 가는 것을 피하고 장모 또한 마찬가지이다. 두 사람이 우연히 길에서 마주치면 장모는 사위가 지나갈 때까지 옆으로 비키며 등을 돌린다. 아니면 사위가 그렇게 할 수도 있다.

오스트레일리아 남부에 있는 포트 패터슨의 바나 라바에서는 해변에 남겨진 장모의 발자국이 파도에 씻겨 나가기 전에 사위는 그 해변을 걸어가지 않는다. 물론, 둘은 멀리 떨어진 채 서로 이야기를 나눌 수 있다. 그렇지만 장모가 사위의 이름을 말하거나 사위가 장모의 이름을 말하는 것은 완전히 배제된다.[22]

솔로몬 군도에서 사위는 결혼한 후에도 장모를 보거나 함께 이야기를 나눌 수 없다. 그는 장모를 만나도 아는 체해서는 안 된다. 장모를 만나면 달아나 몸을 숨겨야 한다.[23]

아프리카 반투족의 풍속은 사위가 장모 앞에서 부끄러워할 것, 즉 무슨 행동을 해서든 장모가 속한 사회를 멀리할 것을 요구한다. 또한, 사위는 장모가 사는 오두막에 들어갈 수 없다. 두 사람이 길에서 마주친다면, 둘 중 누구든 길에서 벗어나야 한다. 이를테면 장모는 숲으로 숨고 사위는 방패로 얼굴을 가린다. 장모가 피할 수 없고 숨을 수도 없는 처지라면, 장모는 적어도 풀잎이라도 하나 뜯어 머리에 두름으로써 의례적인

---

22 프레이저, 『토테미즘과 족외혼』, 제2부, 76쪽
23 같은 책, 117쪽
    프레이저가 리베C. Ribbe의 『솔로몬 군도의 식인종과 함께 보낸 2년Zwei Jahre unter den Kannibalen der Salomos-Inseln』(1905)을 재인용했다.

규율을 충족해야 한다. 둘 사이의 교류는 제삼자를 통해서 이루어져야 한다. 아니면 그들에게 어떤 차단막, 예를 들어 자신을 가리는 둥근 울타리가 있다면, 서로 멀리 떨어져서 상대에게 외쳐도 좋다. 물론, 둘 중 누구도 상대의 이름을 입에 올려서는 안 된다.[24]

나일강 상류에 사는 흑인 원주민인 바소가족은 사위가 장모와 다른 방에 있거나 안 보이는 곳에 있을 때만 장모에게 말을 걸 수 있다. 이 부족은 근친상간을 극도로 혐오하여 가축의 근친상간까지도 반드시 벌을 준다.[25]

가까운 친척 사이에서 일어나는 다른 여러 가지 회피의 의도와 의미에는 논란의 여지가 없지만, 이 때문에 관찰자들은 모두가 이런 회피를 근친상간을 막기 위한 방어의 규칙으로 이해한다. 반면에 장모와의 관계를 금지하는 규율에 대해서는 여러 측면에서 다른 해석이 나오고 있다. 이모든 종족이 자기 어머니일 수도 있는 어느 늙은 여성의 모습과 직면하여 사위에게 일어나는 유혹에 대하여 그렇게도 큰 두려움을 보여야만 했다는 것은 당연히 이해하기 어렵다.[26]

이런 반론은 피슨에 의해서도 제기되었다. 피슨은 결혼 분류 체계에는 사위와 장모의 결혼이 이론적으로 불가능하지 않다는 점에 틈새가 있음을 일깨웠다. 그런 만큼 이런 가능성을 막을 특별한 방비책이 필요했을 것이라고 주장했다.

러복 경Sir J. Lubbock은 그의 저서 『문명의 기원Origin of Civilisation』에서 사위에 대한 장모의 처신을 근원적으로 과거의 **약탈 결혼**marriage by capture에서 찾는다.

---

24 프레이저, 『토테미즘과 족외혼』, 제2부, 385쪽
25 같은 책, 461쪽
26 크롤리, 『신비의 장미The Mystic Rose』, 런던(1902), 405쪽

"여성 약탈이 실제로 있었던 일이라면, 이런 일을 당한 부모의 분노도 충분히 심각했을 것이다. 이런 형태의 결혼이 단지 상징에 지나지 않게 되었을 때, 부모의 분노도 상징화되었다. 이런 풍속의 유래가 잊힌 뒤로도 이 풍속은 아직도 지속되고 있다."

하지만 크롤리Crawley는 이런 설명의 시도가 실제적으로 관찰된 개별적 사실과 얼마나 일치되지 않는지를 쉽게 보여 준다.

타일러E. B. Tyler는 장모 쪽에서 사위를 다루는 태도는 처가 쪽으로부터의 불인정Nichtanerkennung의 형식일 뿐이라고 생각한다. 사위는 첫째 아이가 태어나기까지는 이방인으로 간주된다는 것이다. 그런데 후자의 조건이 금지를 없애지 못하는 경우만을 제외하면, 이 설명은 사위와 장모 사이의 관계에 대한 풍속의 방향, 즉 성별의 요인을 해명하지 못한다는 반론을 피할 수 없다. 나아가 이 설명은 회피의 규율에 표현되어 있는 바로 성스러운 기피 성향의 계기를 고려하지 못한다는 항변에 부딪힌다.[27]

어느 줄루족 여성에게 이런 금지의 근거에 대하여 질문했더니 다음과 같은 대답으로 매우 예민한 감정을 드러냈다. "자기 부인이 아기 때 빨았던 장모 젖을 사위가 보는 것은 옳은 일이 아니지요."[28]

주지하듯이 사위와 장모 사이의 관계는 문명화된 민족에게도 가족 사회의 까다로운 문제에 속한다. 물론, 유럽과 아메리카의 백인 사회에서 어떤 회피의 규율도 더는 사위와 장모에게 성립되지 않는다. 그렇지만 이것이 풍속으로 존속하고, 그래서 개개인의 상황에 맞게 다시 설정될

---

27 프레이저, 『토테미즘과 족외혼』, 제2부, 407쪽
28 크롤리가 『신비의 장미』에서 레슬리D. Leslie의 『줄루족 및 아마톤족에 대한 보고서Among the Zulus and Amatongas』(1875)에 나오는 구절을 인용한 것을 참조한다.

필요가 없었다면, 많은 분쟁과 불쾌한 일을 자주 피할 수 있었을지도 모른다. 많은 유럽 사람에게 회피의 풍습은 지극히 지혜로운 행동으로 보였을 수 있다. 미개한 종족들이 그들의 회피 규율을 통하여 근친이 되어버린 두 사람 사이에 발생할 수 있는 시빗거리를 애초에 없앴다는 점에서 그렇다. 장모와 사위의 심리적 상황에는 적의를 불러일으켜 공동생활을 어렵게 만드는 어떤 것이 들어 있다는 것은 의심의 여지가 없어 보인다. 실제로 문명화된 민족에게서 장모라는 주제는 농담의 대상이 된다. 이것이 내게는 서로 날카롭게 대립하는 요소 외에도 둘 사이에는 감정 관계가 주도적이라는 사실을 암시하는 것처럼 보인다. 나는 이 관계가 다정함과 적대성이 뒤섞인, 모순된 감정으로 구성된 '양가적인 관계'라고 생각한다.

이런 감정의 일정한 부분은 다음과 같이 명백하게 드러난다. 즉 장모 쪽에서는 딸의 소유를 포기해야 하는 데 대한 거부감, 딸을 넘겨받는 이방인에 대한 불신, 자신이 가정에서 차지하고 있던 지배적인 위치를 주장하려는 경향 등이 그러하다. 반면에 사위 쪽에서는, 더는 타인의 의지에 종속되지 않으려는 결단, 자신에 앞서 아내의 애정을 차지하고 있던 모든 이에 대한 질투심 그리고 -**끝으로는 적어도**- 자신의 성적인 과대평가의 환상이 교란당하는 데 대한 거부감 등이 있을 수 있다. 이런 교란은 대체로 장모라는 인물로부터 시작된다. 장모는 사위에게 딸과의 공통적인 특징을 상기시키기는 하지만, 그녀에게는 소중한 아내의 젊음의 매력이나 아름다움, 정신적인 신선함 따위는 없기 때문이다.

정신분석학적 연구가 개별적인 인간에게 부여하는 은밀한 영적 자극 덕분에 우리는 이런 동기 외에도 다른 동기를 더 추론할 수 있게 된다. 결혼과 가정생활에서 여성은 정신적, 성적인 욕망이 충족되어야만 하지만, 부부관계의 때 이른 마찰과 여성의 감정적인 무기력함 때문에 늘 위기를 맞는다. 나이를 먹어가는 어머니는 자기 자식에게 감정 이입이나 자식과의 동일시를 통하여, 자식의 감정적 체험을 자기화함으로써 이 위기를 벗어난다.

자고로 부모는 자식과 함께 있어야 젊게 산다는 말이 있다. 실제로 부모가 자식으로부터 얻는 가장 소중한 정신적 이득 가운데 하나가 바로 이것이다. 자식이 없다면 결혼하여 생기는 절망을 견딜 수 있는 가장 좋은 가능성 중 하나가 없는 셈이다.

그런데 딸을 향한 어머니의 감정 이입이 지나쳐 딸이 사랑하는 남자에게로 향하는 경우가 있다. 이런 식으로 사랑에 빠지면, 극단적인 경우에는 이런 감정 상태에 대한 격렬한 정신적 저항으로 인하여 심각한 형태의 신경질환으로 이어지기도 한다. 어쨌든 이렇게 사랑에 빠지는 경향은 장모에게서 종종 일어나는 일이다. 하지만 이런 사랑이나 이에 저항하는 정신적 저항은 장모의 영혼 속에서 서로 다투는 힘들의 혼란한 상태와 뒤섞인다. 이때 장모의 감정에 내재된 싸늘하고 가학적인 요소들이 금지된 애정의 감정을 더 확실하게 억압하기 위하여 사위를 향하는 일이 아주 빈번하게 일어난다.

반면, 사위의 경우 장모와의 관계는 다른 근원에서 나오는 유사한 감정으로 말미암아 복잡해진다. 흔히 남성의 대상 선택의 통로는 어머니의 상을 거치거나 어쩌면 누이의 상을 거쳐서 사랑의 대상으로 이어진다. 하지만 근친상간을 막는 장벽에 의하여 그의 애정은 어린 시절의 두 소중한 인물에게서 벗어나 그들과 같아 보이는 다른 낯선 대상에게로 옮겨간다. 이제 그는 자신의 어머니와 누이의 자리에 장모가 등장하는 것을 본다. 그러면 그에게는 이전의 선택으로 되돌아가려는 경향이 발달하지만, 그의 내부에 들어 있는 모든 것이 이런 경향에 저항한다. 그의 근친상간 기피의 성향은 그에게 사랑의 대상 선택의 계보를 잊지 말라고 요구한다. 예전부터 알았던 것도 아닐 뿐만 아니라, 무의식 속에서 변화하지 않은 채 남아 있을 수 있던 어머니의 상과는 구별되는 장모라는 현재의 존재는 그에게 쉽게 거부할 수 있는 원인을 제공한다. 복합적인 감정에 독특하게 부가되는 자극적이고 악의적인 성향으로 미루어 우리는 장모가 실제로 사위에게 근친상간의 유혹을 제공한다고 추정한다. 그럴 수 있는 것이 사위가 딸에게 자신의 사랑을 기울이기도 전에 장모가 될 여자와 먼저 사랑에 빠지는 일이 자주 일어나기 때문이다.

나는 미개인들의 경우 사위와 장모 사이에 **회피**의 동기가 되는 것은 바로 이런 근친상간적 요인이라는 가정을 부인하지 않는다. 그러므로 우리는 엄격하게 다루어진 이 원시 종족들의 회피를 해명하면서 - 이런 규정 속에서 계속 근친상간 가능성의 방지만을 주시하고 있는 - 본원적으로 피슨이 피력한 견해를 타당하다고 채택할 것 같다. 이는 친척 관계나 결혼 관계 사이의 다른 모든 회피에도 통용될지 모른다. 단지 차이가 있다면 전자의 경우에 근친상간은 직접적인 것으로, 이를 방지하기 위한 의도가 의식적일 수 있다는 점이다. 반면에 장모 관계 등을 포함하는 후자의 경우에는 근친상간이 무의식적 매개물을 통하여 중재되는 일종의 환상적 유혹이라는 점이다.

앞의 상술에서 우리는 민족심리학의 사실들이 정신분석학적 관찰을 응용함으로써 새롭게 이해될 수 있음을 보여 줄 기회가 거의 없었다. 그럴 것이 미개인들의 근친상간 기피 성향은 오래전부터 알려져서 더 포괄적인 해석이 필요하지 않았기 때문이다. 우리가 이 성향의 가치 인정에 덧붙일 수 있는 것은 그것이 현저히 **유아기적 특징**을 지니며, 신경증 환자의 영적 생활과 두드러질 만큼 일치한다는 진술이다. 정신분석학은 사내아이의 최초 성적인 대상 선택이 근친상간적인 대상으로 절대적으로 금기시되는 어머니와 누이가 그 대상이라는 것, 그리고 그 사내아이는 자라나면서 근친상간의 유혹으로부터 자유로워진다는 것을 우리에게 가르쳐 주었다.

그러나 신경증 환자는 우리에게 규칙적으로 정신적 유치증의 단편을 드러낸다. 그는 어린 시절의 정신성욕 상태에서 해방될 수 없었거나 그런 상태로 되돌아간 것이다. 이것이 바로 발달장애Entwicklungshemmung와 퇴행Regression이다. 이 때문에 그의 무의식적 정신 생활에서는 리비도의 근친상간성 고착이 계속해서 중심적 역할을 수행한다. 우리는 언젠가 근친상간의 갈망에 의해 지배되는 부모와의 관계를 신경증의 '중핵콤플렉스Kernkomplex'라고 설명하게 되었다. 신경증 환자에게 근친상간의 의미를 발견하는 과정에서 자연스럽게 성인과 정상인들의 대체적인 불신과 만나게 된다. 예컨대 근친상간이라는 주제가 얼마나 시적인 관심의 중심에 있으며 또한, 시문학의 변형에 자료를 제공하는지를 광범위하게 다루고 있는 오토 랑크Otto Rank의 논문을 통해 이런 불신에 직면한다. 우리는 이런 거부가 무엇보다 전에는 활발했으나 지금은 억압의 상태에 있는 근친상간 소망에 대한 혐오감의 산물이라고 믿지 않을 수 없다. 그러므로 미개한 종족들이 차후에 무의식으로 결정된 인간의 근친상간 소망을 여전히 위협적으로 느끼고, 또한 이에 대한 가장 철저한 예방 조치를 가치 있게 여긴다는 것을 예증하는 일은 우리에게도 중요할 수밖에 없다.

터부와 감정 자극의 양가성

das Tabu und die Ambivalenz der Gefühlsregungen

Totem und Tabu: Einige
übereinstimmungen im Seelenleben der
Wilden und der Neurotiker

〈1〉

터부는 폴리네시아에서 사용되는 낱말이며, 번역하기가 쉽지 않다. 우리에게는 이에 해당하는 적절한 개념이 없기 때문이다. 옛 로마인들에게 통용되는 단어가 있었는데, '신성한'이라는 의미의 라틴어 'sacer'가 폴리네시아어의 터부와 같다. 또한, 그리스어 'ἄγός', 히브리어의 'Kodausch'도 '신성한'이라는 의미였다. 아메리카, 아프리카(마다가스카르), 북아시아, 중앙아시아의 많은 민족도 분명히 유사한 단어를 통해 같은 의미를 표현하려고 했다.

터부의 의미는 상반되는 두 방향으로 갈라진다. 그것은 한편으로 '신성한' 또는 '성스러운'이라는 의미이고, 다른 한편으로는 '무시무시한, 위험한, 금지된, 부정한'이라는 의미이다. 폴리네시아 언어에서 터부의 반대말은 '노아noa'인데, 이것은 '보통의, 일반적으로 접근 가능한'을 의미한다. 이렇게 터부라는 말은 '조심'의 개념과 같은 의미를 내포하고, 근본적으로 '금지'와 '제한'이라는 의미를 나타낸다. 독일어에서 복합어인 '성스러운 부끄러움heilige Scheu'이 어쩌면 터부의 의미와 어느 정도 일치할지도 모른다.

터부에 의한 제한은 종교적 또는 도덕적 금지와는 다른 어떤 것이다. 그것은 신의 계율에서 시작되는 것이 아니라 저절로 이루어진 금지라고 할 수 있다. 터부에 의한 제한이 도덕적 금지와 다른 것은 아주 일반적인 절제를 필수적인 것으로 선언하면서도 그 필수성의 근거를 제시하는 어떤 일률적인 체계가 없다는 점이다. 터부에 의한 금지는 매번 어떤 근거가 있는 것이 아니며, 그 기원도 우리는 알지 못한다. 그것은 우리에게 이해하기 어려워도, 그것의 지배를 받는 사람들에게는 당연한 것으로 받아들여진다. 분트는 터부를 인류 최고의 '문자로 적혀 있지 않은 법전'이라고 칭한다.[29] 일반적으로 터부는 신들보다 더 오래된 것, 어떤 종교보다도 시간상으로 앞서는 것으로 받아들여진다.

터부를 정신분석학으로 고찰하기 위해서는 터부의 공정한 서술이 필요하므로, 나는 브리태니커 백과사전[30]의 '터부' 항목에 나오는 발췌문을 따를 것이다. 이 항목의 저작자는 인류학자 토마스N. W. Thomas로, 이를 소개하면 다음과 같다.

"엄밀하게 파악하여 터부에는 ⓐ사람이나 사물의 신성한(또는 부정한) 성격이 포함된다. ⓑ이 성격으로부터 발생한 제한의 종류가 포함된다. ⓒ이 금지를 어김으로써 발생하는 신성

---

29 분트, 『민족심리학Völkerpsychologie』 제2권의 「신화와 종교Mythus und Religion」Ⅱ (1906), 308쪽
30 브리태니커 백과사전 제11판(1911), 이곳에는 가장 중요한 문헌 목록이 들어 있다.

(또는 불결함)이 포함된다. 폴리네시아어에서 터부의 반대말은 앞서 언급했듯이 '노아'인데, 노아는 '보통의' 또는 '평범한'이라는 의미를 지닌다."

"더 포괄적인 의미에서 터부는 여러 종류로 구분될 수 있다.
(1) 어떤 사람이나 사물에 달라붙어 있는 신비로운 힘(마나 Mana)에서 생겨난 자연적인 또는 직접적인 터부
(2) 전달되거나 간접적인 터부. 마찬가지로 신비로운 힘에서 나오지만, ⓐ후천성이며 ⓑ사제, 추장 또는 그밖에 다른 누군가에 의해서 전해진 터부
(3) 앞의 두 가지 사이에서 중간을 유지하는 터부. 예를 들어, 어느 남자가 어느 여자를 차지할 때처럼 말하자면 두 요인이 관찰되는 경우의 터부
   터부라는 명칭은 다른 의례적 제한에도 적용된다. 그러나 종교적인 금지라고 하면 더 좋을 수 있는 그 모든 것을 터부에 넣어서는 안 될 것이다."

"터부의 목적은 다양한데, 그중에서 직접적인 터부는 다음과 같은 것을 목적으로 한다. ⓐ 해로울 수 있는 것으로부터 추장이나 사제와 같은 중요 인물과 물품 등을 보호한다. ⓑ 사제와 추장의 강력한 마나, 그러니까 주술적인 힘으로부터 여성과 어린아이 및 일반인과 같은 약자들을 보호한다. ⓒ 시체를 만지거나 어떤 음식물을 먹어서 발생하는 위험에 대처한다. ⓓ 출생, 성년식, 결혼, 성적인 행위와 같은 중요한 인생

사에 장애가 생기지 않도록 방비한다. ⓔ 신들과 악마의 힘이나 분노로부터 인간을 보호한다.[31] ⓕ 태아나 유아의 경우, 부모에 대한 특별한 공감적 의존성 때문에 이 아이들에게 생겨나는 다양한 위험을 방지한다. 이는 어떤 일을 하거나 음식을 먹음으로써 아이들에게 특별한 천성을 전파할 수도 있기 때문이다. 그밖에는 도구나 경작지 등의 개인 재산을 도둑맞지 않도록 보호하기 위한 터부가 있을 수 있다."

"어떤 터부를 범하는 행위에 대한 처벌은 본래 자동으로 작용하는 내적인 관행에 맡겨진다. 훼손된 터부는 그만큼 징벌로 되돌아온다. 그러나 터부와 관련되는 신들이나 악마의 관념이 등장하면, 신성한 힘으로부터 자동적인 징벌이 일어난다는 믿음이 생겨난다. 다른 경우에, 아마도 개념이 더 발전하면서 공동체를 위험에 빠트리는 범법자의 처벌을 사회가 떠맡게된다. 이렇게 인류 최초의 형벌 체계는 터부와 연관된다."

"터부를 범하는 자는 자신이 터부가 되었다. 터부를 훼손하여 일어나는 어떤 위험들은 속죄 행위나 정화 의식을 통하여 사라지게 될 수도 있다."

"터부의 원천은 사람이나 정령에 달라붙어 있는 독특한 주술의 힘이다. 이 주술의 힘은 사람이나 정령으로부터 생명이

---

31 이런 맥락에서 터부의 사용은 본원적인 것이 아니므로 무시되어도 좋다.

없는 대상을 통하여 전달될 수 있다.

터부에 속하는 사람이나 사물은 전기가 흐르는 물체에 비교할 수 있으며, 무서운 힘을 지니고 있다. 이 힘은 접촉을 통하여 다른 사물에 전달될 수 있고, 방전을 일으키는 유기체가 너무 힘이 약해서 방전을 견딜 수 없을 때는 무시무시한 영향력을 보이며 방출된다. 그러므로 터부 훼손의 결과는 터부 대상에 달라붙어 있는 주술적 힘의 강도뿐만 아니라 이를 범한 자가 지니는, 이 힘에 대항해서 작용하는 '마나'의 강도에 따라 달라진다.

예컨대, 왕과 사제는 막강한 힘의 소유자인데, 이들과 직접 접촉하는 것은 신하와 부하들에게 죽음을 의미한다고 볼 수 있다. 그러나 대신이나 보통 사람들보다 더 강한 마나의 소유자는 왕이나 사제와 교류해도 해를 입지 않을 수 있으며, 보통 사람들도 왕과 사제의 부하들에게 접근해도 위험에 빠지지 않는다. 전달된 터부 또한 비중에서는 그것을 전달하는 사람의 마나에 따라 달라진다. 왕이나 사제가 터부를 의무적으로 지키게 한다면, 터부는 보통 사람에게서 나올 때보다 훨씬 효과적이다."

터부의 전이는 속죄 의례를 통하여 터부 제거의 시도를 야기한 바로 그런 성격으로부터 설명된다.

"터부에는 영구적인 것과 일시적인 것이 있다. 사제와 추장은 전자에 속하고, 죽은 자와 그의 소유에 속하는 모든 것도 전자에 속한다. 일시적인 터부는 모종의 상태, 그러니까 생리나 분만, 원정을 앞둔 용사의 상황, 고기잡이나 사냥 등의 행동성과 연관된다. 일반적인 터부는 교회의 파문처럼 광범위한 지역에 걸쳐 있다가 이후 오랫동안 지속된다."

·»»·«·

지금 내가 독자들의 표정을 정확히 읽을 수 있다면, 터부에 대한 이 모든 설명에 대하여 어떤 식으로 생각해야 하고 또 그들의 사유 어디에 놓아야 할지를 제대로 알지 못할 것이라고 본다. 이는 독자가 내게 받은 정보가 충분하지 못했고, 내가 터부와 미신과의 관계, 영혼에 대한 믿음 및 종교와의 관계에 대한 설명을 빠트렸기 때문이다. 그러나 다른 한편으로, 터부에 대해 우리가 알고 있는 것을 상세히 알려 주면 더 큰 혼란을 일으킬 것 같아 걱정스럽다. 여기서 터부라는 주제가 실제로 아주 모호하다는 것을 나는 분명히 말할 수 있다. 그러므로 이 원시적인 민족이 지켜야 하는 일련의 제한이 이제 중요한 과제이다. 그들에게는 이런저런 것이 금지된 상태이지만, 그들은 금지되는 이유를 알지 못한다. 게다가 그들은 그 이유를 묻기는커녕 당연한 것처럼 받아들여 무조건 복종하고, 그런 금지를 범하면 가장 가혹하게 벌을 받는다고 믿는다.

우연히 이런 금지를 범하면, 정말 자동으로 벌을 받았다는 신뢰할 만한 보고들이 존재한다. 예를 들어, 금지된 짐승을 잡아먹은 순진한 범죄자가 깊이 낙담한 채 죽음을 기다리다가 정말 죽는 일이 일어나는 것이다. 금지는 대체로 향락의 성향, 이동 및 교류의 자유를 제한하는 것과 관련된다. 금지는 많은 경우 의미심장한 국면으로 나타나고, 명백히 금욕과 자제를 뜻하지만, 어떤 경우에는 그 내용에 따라 이해할 수 없는 때도 있다고 한다. 요컨대 금지가 그다지 중요치 않은 사소한 일들과 관련되어 완전히 의례적인 것으로 나타난다는 것이다.

이 모든 금지에는 마치 금지가 필연적이라는 듯이 주장하는 어떤 이론이 기저에 있는 것처럼 보인다. 왜냐하면 어떤 인물이나 사물은 전염병처럼 병적 요인을 갖춘 대상과 접촉하면 전이되는 위험한 힘을 지니고 있기 때문이다. 여기서는 위험한 성질의 양적인 크기도 관찰된다. 어떤 때는 이 위험한 성질의 양이 훨씬 많을 수 있고, 접촉했을 경우의 위험은 바로 적재된 양의 차이에 따라 결정된다. 이때 가장 특이한 점은 이런 금지를 범한 자는 금지의 성격을 얻어서 모든 위험한 힘을 스스로 떠맡았다는 사실이다. 이 힘은 왕, 사제, 신생아처럼 특별한 사람들, 월경이나 사춘기, 출산처럼 육체적으로 예외적인 상태, 병이나 죽음과 같은 모든 불길한 것, 나아가 전염 또는 전파에 의하여 이런 것과 관련되는 것에 달라붙는다.

그러나 터부는 온갖 양상으로 나타난다. 그것은 사람뿐만 아니라 장소, 물체, 심지어는 이 비밀스러운 특성을 전달하는 것 또는 특성의 근원이기도 한 일시적인 상태와 관련된다. 터부는 이런 특성으로부터 파생된 금지를 뜻하기도 하며, 결국은 그 말의 의미에 따라 신성한, 평범함을 넘어서서 장엄한, 위험한, 불순한, 불길한 등을 포괄하는 어떤 것이다.

토템이 의미하는 이 말과 체계에서 우리는 이해하기 어려운 어느 정도의 영적인 삶이 표현된다. 무엇보다 저열한 문화에 특징적인 유령과 악마에 대한 믿음을 분석하지 않고는 이런 이해에 접근할 수 없다.

우리는 왜 터부의 수수께끼에 관심을 기울이게 되었는가? 내 생각에 모든 심리학적 문제 자체가 해결을 시도할 가치가 있을 뿐만 아니라, 그것이 다른 근거로부터 나오기 때문이라고 생각한다. 이제 폴리네시아야만인들의 터부가 우리와 동떨어진 것이 아니라고 추정해도 좋다. 그럴 것이 우리는 애초에 우리가 따르고 있는 윤리적, 도덕적 금지가 본질적으로 이 원시적인 터부와 관계될 수 있고, 터부의 해명은 우리 자신의 '정언 명령kategirischer Imperativ'의 알 수 없는 근원을 밝혀낼 실마리를 제공할 수 있다고 생각했기 때문이다.

그러므로 우리는 분트와 같은 연구자가 그의 터부에 대한 이해를 우리에게 전하면서 "터부라는 관념의 마지막 뿌리로 되돌아갈 것[32]이라고" 약속하고 있기에 특별히 주목하여 그의 말에 귀를 기울이게 될 것이다.

분트는 터부의 개념에 관하여 "터부는 제의적 관념과 관련이 있는 특정한 대상이나 또는 이것과 연관된 행위에 대한 두려움이 표현되는 모든 관습을 포괄한다."[33]고 말한다.

그런가 하면 그는 다른 곳에서는 이렇게 말한다.

> "우리는 터부를 이 말의 일반적인 의미에 따라서 관습과 윤리 또는 명시적으로 정형화된 법칙 속에서 이루어진 금지, 즉 어떤 물체를 만지거나 이용하거나 또는 엄격히 금지된 말을 사용하는 것에 대한 금지로 이해한다."

이렇게 볼 때 터부를 통하여 피해를 입지 않았을 민족이나 문화의 단계는 없을 것이다.

이어서 분트는 비교적 높은 문화를 지닌 폴리네시아 민족보다는 오스트레일리아 원주민의 미개한 상태에서 터부의 본질을 연구하는 것이 왜 그의 목적에 부합되는가를 상세히 설명한다. 그는 오스트레일리아 원주

---

32 『민족심리학Völkerpsychologie』, 제2권, 「신화와 종교Mythus und Religion」II, 300쪽 이하
33 같은 책, 237쪽

민의 경우에 터부 금지를 **세 부류**로 나누는데, 그것은 동물, 인간, 사물과 관련된다. 근본적으로 죽이고 먹는 것을 금지하는 동물의 터부가 토테미즘의 핵심을 형성한다.[34]

인간을 대상으로 하는 두 번째 종류의 터부는 이와는 본질적으로 다르다. 이 터부는 우선 인간에게 평범하지 않은 삶의 상황을 일으키는 조건으로 제한되어 있다. 그래서 젊은이는 성년식을 치를 때, 여성은 생리 기간이거나 출산한 직후에 터부가 되며, 나아가 갓 태어난 아기와 병자, 무엇보다 죽은 자가 터부가 된다. 어떤 사람이 계속 사용하는 재산에 대하여 모든 타인은 영원한 터부가 된다. 그러므로 그의 의복, 그의 도구와 무기가 터부가 된다. 오스트레일리아 원주민에게서 소년이 성년식에서 받는 새로운 이름도 개인적인 재산에 속하며, 이것 역시 터부이기에 비밀스럽게 유지되어야 한다. 나무, 식물, 집, 장소를 토대로 하는 세 번째 종류의 터부는 훨씬 더 유동적이다. 어쨌든 터부는 어떤 이유에서든 공포를 자아내거나 불길한 것이라는 규칙만을 따르는 것처럼 보인다.

분트도 어쩔 수 없이 인정하고 있지만, 폴리네시아와 말레이 군도의 비교적 더 풍부한 문화에서 나타나는 터부의 변화 양상을 분트 자신도 그다지 의미심장한 것으로 설명하지는 않는다. 이 민족들의 더 세밀한 사회적 분화는 추장과 왕, 사제가 특별히 효과적인 터부를 실행하면서 스스로 가장 강한 터부의 압박을 받는다. 터부의 본래 근원은 특권층의 관심보다 훨씬 더 깊은 곳에 있다.

　　"그것은 가장 원시적인 동시에 가장 지속성이 있는 인류의
　충동이 출발하는 곳, 즉 **악마적인 힘에 대한 두려움**에서 비롯

---

34 이에 대해서는 이 책의 첫 번째 논문과 네 번째 논문을 참조한다.

된다."[35]

계속해서 분트는 다음과 같이 말했다.

"터부는 본원적으로 터부가 된 대상 속에 숨어 있다고 생각
하는 악마적인 힘에 대한 두려움일 따름이며, 터부는 이 힘을
자극하는 것을 금지한다. 그리고 알든 모르든 터부가 깨어졌
을 때는 악마의 보복을 제거할 것을 명령한다."

그러면 터부는 점차 마성에서 벗어나 자체 내에 근거를 둔 힘으로 변
해간다. 터부는 풍습과 전통의 억압으로 변화하다가 결국은 법의 억압으
로 발전한다. 또한, 분트는 이렇게 말했다.

"그러나 장소와 시간에 따라 다양하게 교대하는 터부 금지
의 배후에 말없이 숨어 있는 명령은 본래 단 한 가지, 즉 악마
의 분노를 경계하라는 것이다."

그러므로 분트는 터부가 악마적 힘에 대한 원시인들의 믿음의 표현이
자 그 파생물이라고 우리에게 가르친다. 터부는 그 뿌리와 결별하고 하
나의 힘으로 남게 되었는데, 그럴 수 있는 것이 터부는 원래 그런 힘이었
고, 또한 심적인 고착의 결과였기 때문이라는 것이다. 이제 분트는 터부
가 우리 풍속의 규율과 법칙의 뿌리 자체가 되어 버렸다고 주장한다.

이런 논제의 첫 주장이 거의 모순으로 귀결된다고 할 수는 없지만, 내
가 분트의 해명이 실망스럽다고 한다면, 많은 독자는 수긍하리라 믿는
다. 이는 터부라는 관념의 근원을 캐 들어가거나 마지막 뿌리를 드러내
는 것도 아니다. 불안이나 악마도 심리학에서는 더는 환원되지 않는 가
장 오래된 것으로 더이상 인정되지는 않는다. 악마가 실제로 존재했다

---

35 분트, 앞의 책, 307쪽

면, 상황은 다를 수도 있다. 그러나 우리는 잘 알고 있다. 악마도 신들처럼 우리 인간의 영적인 힘이 만들어 낸 것이다. 악마는 무엇인가에 의하여 그리고 무엇인가로부터 만들어졌다.

터부의 이중적 의미에 대하여 분트는 아주 명료하게 파악하지는 않았지만 의미심장한 것을 제시한다. 터부의 원시적 초기에는 '**신성한**heilig' 것과 '**부정한**unrein' 것을 구분하지 않았다. 바로 이 때문에 신성하다거나 부정하다는 개념은 터부에 들어 있지 않았다. 이 개념은 서로가 대립 관계가 됨으로써 이루어질 수 있었다. 터부의 대상인 동물, 인간, 장소는 악마적이지 신성한 것이 아니며, 그래서 나중에 생긴 의미에서지만 부정한 것도 아니었다. 바로 이 건드려서는 안 되는 악마적이라는 말의 중심적 의미에 대해서도 터부라는 표현은 적절해 보인다. 왜냐하면 이 표현은 결국 모든 시대에 걸쳐 신성한 것과 부정한 것에 공통으로 남아 있는 특징, 즉 **접촉 기피**라는 것을 강조하고 있기 때문이다. 그러나 중요한 특징으로 남아 있는 공통성에는 지적해 두어야 할 사실이 있는데, 그것은 이 두 영역 사이에는 근원적인 일치점이 성립한다는 점이다. 결국, 터부의 두 특징은 어떤 분화의 더 포괄적인 조건으로 인하여 분리되다가 궁극적으로는 대립적인 것으로 발전되었다.

어떤 사물에 숨어 있다가 이것을 만지거나 허락 없이 사용하면 그 행위자를 주술에 걸리게 함으로써 보복하는 악마적 힘에 대한 고유한 믿음은 전적으로 객관화된 두려움이다. 이 두려움은 어떤 발전 단계에 이르러 두 형태로 분리되는데, 그것은 **경외심**Ehrfurcht과 **기피**Abscheu이다.

하지만 이 분리는 어떻게 이루어지는 것일까? 분트에 따르면 분리 과정은 악마의 영역으로부터 신에 대한 관념으로 이식됨으로써 이루어진다. 신성한 것과 부정한 것의 대립은 두 신화적 단계의 연속적인 과정과 일치한다. 두 단계 중에서 첫 단계는 다음 단계가 찾아오는데도 완전히 사라지는 것이 아니라, 저열한 모습으로 점차 가치평가에서 멸시를 당하는 형태로 존속된다. 신화에서는 일반적으로 다음과 같은 법칙이 통용된다. 즉, 이전의 단계는 바로 더 높은 단계에 의해 극복되고 퇴치되기 때문에 이제 이 새로운 단계와 나란히 하면서도 저열한 형태로 존속되고, 이에 따라 숭배의 대상이 기피의 대상으로 변화한다.

분트의 더 포괄적인 설명은 정화Reinigung 및 희생Opfer과 관련된 터부의 관념으로 이어진다.

⟨2⟩

정신분석학 즉, 개인의 영적인 삶에 대한 무의식적인 부분의 연구로부터 터부 문제에 접근하는 사람은 조금만 생각해도 이 현상들이 낯설지 않다고 말할 것이다. 이와 같은 현상을 연구하는 사람은 이런 터부에 의한 금지를 만들어 놓고 - 미개인들이 그들의 종족이나 공동체에서 모두 그렇게 하듯이 - 스스로 엄격하게 준수하는 환자들을 만나게 된다. 설령 그가 이런 고립된 사람들을 강박증 환자Zwangskranke로 지칭하는 데 익숙하지 않다고 해도, 터부병Tabukrankheit이라는 명칭이 이런 환자들의 상태에 분명히 어울린다는 것을 발견한다. 그러나 그는 정신분석학적 연구를 통하여 이 강박증 환자에 관한 임상적인 병인이나 심리적 기제의 본질을 많이 경험해 왔다. 그래서 그는 정신분석학에서 체득한 것을 이에 상응하는 민족심리학적 현상의 해명에 응용하려는 생각을 억누를 수가 없을 것이다.

이런 시도에는 한마디의 경고가 필요하다. 터부와 강박증의 유사성은 순전히 외적인 것에 불과할 수 있으며, 이 둘의 현상과 형식에는 통용될지 몰라도 본질에까지는 연장될 수 없다. 자연은 전혀 다른 생물학적 관계에 있는 이런 형식을 여기저기에 적용하는 것을 좋아하는데, 예컨대 산호와 기타 식물, 나아가 일정한 모양의 수정과 일정한 화학적 침전물의 형태에 적용하는 것을 좋아한다. 그러나 기계적 조건의 공통성을 보이는 이런 일치를 통하여 내적인 유사성과 관련된 결론을 밝히려는 것은 틀림없이 성급하고 전망이 없는 일이다. 물론, 우리는 이 경고를 마음에 새겨야 하겠지만, 그렇다고 이런 것 때문에 우리가 의도하던 터부와 강박증의 비교를 포기할 필요는 없다.

신경증 환자의 강박적인 금지와 터부 사이의 가장 유사하고 두드러진 일치점은 이 금지가 다 같이 동기가 불분명하고 그 유래도 난맥상을 보인다는 사실이다. 이 둘은 언젠가 나타나 이제는 억제할 수 없는 불안에 의해 유지되고 있을 뿐이다. 어떤 외부적 처벌의 위협도 소용없는데, 왜냐하면 여기에는 금지된 것을 범하면 견딜 수 없는 재앙이 뒤따를 것이라는 내적인 확신, 양심이 자리 잡고 있기 때문이다. 강박증 환자가 보여줄 수 있는 가장 외형적인 특징은 금지를 범하면, 어느 누군가는 해를 입을 것이라는 막연한 예감이다. 어떤 해를 당할 것인지는 알지 못하지만, 우리는 이 옹색한 정보를 금지 자체에서라기보다는 나중에 논의해야 할 속죄 및 방어 행위에서 얻는다.

신경증의 중요한 핵심적 금지는 터부에서처럼 접촉 금지이며, 그러므로 그것은 **접촉공포증**Berührungsangst(délire de toucher)이라는 이름을 지닌다. 접촉 금지는 육체와의 직접적인 접촉과 연관될 뿐만 아니라 비유적인 어법인 '교제하다'라는 말까지로도 확장된다. 생각이 금지된 것으로 향하게 하는 것, 즉 생각하면 접촉을 떠올리게 하는 것 모두가 직접적인 육체 접촉처럼 금지된다. 이와 같은 확장된 금지는 터부에서도 흔히 발견된다.

금지의 일부는 그 의도에 따라 곧바로 이해할 수 있지만, 다른 일부는 이해할 수 없을 만큼 어리석고 무의미해 보이는 것도 있다. 우리는 이런 명령을 '제의적인 것'으로 지칭하는데, 터부의 관습이 이런 차이를 인식하게 한다는 것을 발견했다.

'강박적 금지Zwangsverbot'는 엄청난 전이 가능성이 고유한 특징이다. 그래서 강박적 금지는 관계에 있어서 어떤 경로에서든 한 대상에서 다른 대상으로 퍼져나가며, 나의 여성 환자가 "허용할 수 없어."라고 적절히 말하고 있듯이 계속 대상을 거부하며 새로운 대상을 만들어 낸다. 결국, 이 '허용할 수 없어'라는 금지가 주위를 온통 채우게 된다. 강박증 환자는 마치 무엇이든 용인할 수 없는 사람처럼 처신한다. 그들에게 사물은 접촉을 통하여 이웃의 모든 것을 전염시킬 수 있는 위험한 전달자로 보인다. 우리는 앞에서 터부 금지를 묘사할 때 이미 전염 가능성과 전이 가능성의 성격을 부각한 바 있다. 우리는 터부인 무엇인가와 접촉함으로써 터부를 범한 자가 바로 터부가 되고, 그래서 누구도 그자와는 접촉하면 안 된다는 것을 알고 있다.

여기서 나는 터부 금지의 전이에 관한 두 가지 예를 제시한다. 그중에서 하나는 마오리족의 생활에서 나온 것이고, 다른 하나는 어느 여성 강박증 환자에 대한 관찰에서 나온 것이다.

"마오리의 추장은 어떤 불길도 그의 입김으로 불지 않는데, 그렇게 하면 자신의 신성한 숨결이 그 힘을 불로 전달하고, 불은 이것을 불길 속에 있는 냄비로 옮기고, 냄비에 요리되고 있는 음식은 음식을 먹는 사람에게 옮겨가기 때문이다. 그러면 추장이 신성하고 위험한 입김으로 불어 넣은, 불 속에 있던 냄비에서 요리된 음식을 먹은 사람이 죽어야만 하기 때문이다."[36]

한편, 내 여자 환자는 남편이 집으로 가져온 생활용품을 방에서 치우라고 요구했다. 그녀는 그것을 자신이 기거하는 방에 놓아두는 것을 '허용할 수 없어'라고 말했다. 왜냐하면 그녀는 남편이 그 물건을 히르쉬 거리에 있는 가게에서 샀다고 들었기 때문이다. 하지만 '히르쉬'는 이 여자 환자가 젊은 시절에 알고 지냈으나 현재는 결혼하여 먼 도시에 사는 친구의 성이었다. 이런 경우(역주: 남편의 성을 가진) 친구의 성은 여자 환자에게 '허용할 수 없는' 터부이며, 여기 빈에서 사들인 생활용품은 그녀가 접촉하지 않으려는 친구와 마찬가지로 터부인 것이다.

강박적 금지는 터부 금지와 마찬가지로 삶에서 엄청난 포기와 제한을 초래한다. 그러나 강박적 금지의 일부는 – 이제 환자가 보여 줄 수밖에 없는 – 강박적 성격을 갖는 모종의 실행, 즉 **강박 행위**Zwangshandlung를 통하여 폐기될 수도 있다. 이런 행위의 본질은 의심할 바 없이 보상, 속죄, 방어 조치, 정화로 나타난다. 이런 강박 행위 중에서 가장 습관적인 것은 물로 씻는 행위(씻기 강박)이다. 터부 금지 가운데 일부는 이런 식으로 대체될 수도 있고, 이런 '제의적' 행위를 통하여 금지의 위반이 개선될 수도 있다. 여기서도 물을 통한 정화가 선호되는 방식이다.

터부 관습과 강박신경증Zwangsneurose의 징후가 어떤 점에서 가장 명백하게 일치하는지 요약해 보면 다음과 같다.

---

36 프레이저, 『황금가지The Golden Bough』Ⅱ, 「터부와 영혼의 위기Taboo and the Perils of the Soul」(1911), 136쪽

① 금지의 무동기성

② 내적인 강요를 통하여 공고해진다는 점

③ 금지 대상을 통하여 전이되고 전염의 위험이 있다는 점

④ 제의적 행위, 즉 금지에 기초한 규율이 발생한다는 점

그러나 강박증 병력의 정신적 기제처럼 임상의 역사는 정신분석을 통하여 우리에게 알려져 있다. 임상의 역사는 접촉불안Berührungsangst의 전형적 사례에 대해 다음과 같은 방식으로 나타난다. 저 면 시초의 어린 시절에는 강한 접촉의 욕망이 나타나는데, 이 목표는 사람들이 기대하는 것보다 훨씬 특수하다. 이 욕망은 당장에 **외부로부터** 바로 이 접촉을 실행하지 못하게 하는 금지의 상황과 만나게 된다.[37] 이때 당사자인 어린아이는 금지를 받아들일 수밖에 없다. 금지는 강력한 내적인 힘의 지원을 받을 수 있기 때문이다.[38]

이 금지는 접촉을 통하여 표출하려는 충동보다 더 강한 것으로 입증된다. 그러나 어린아이의 심적인 상태는 원시적이기 때문에 금지가 충동을 완전히 없앨 수는 없다. 이와 같은 금지의 결과, 접촉의 욕망은 억압되고, 접촉의 충동은 무의식 속으로 쫓겨 들어간다. 금지와 충동은 유지된 채 함께 남아 있다. 충동이 남아 있는 이유는 그것이 억압되었을 뿐 폐기된 것은 아니기 때문이다. 반면에 금지가 남아 있는 이유는 금지가 중단되면 충동은 의식으로 뚫고 나와 행동으로 관철될 것이기 때문이다. 이제 해소되지 않은 상황, 즉 **정신적 고착화**가 이루어지며, 차후의 모든 일

---

37 두 가지, 즉 접촉하려는 욕망과 금지는 자신의 생식기를 만지려는 것과 관계가 있다.
38 이 힘은 사랑하는 사람들과의 관계에서 오는데, 이들이 바로 접촉의 욕망을 금지하는 사람들이다.

은 금지와 충동의 지속적인 갈등으로부터 파생한다.

이렇게 고착된 심리 상태의 중요한 부분은 어떤 대상, 아니 그보다는 그 대상으로 인한 어떤 행위에 대해 개체가 '양가적인 태도'를 보이는 데 있다.[39] 말하자면 개체는 이 행위를 - 접촉을 - 계속하려고 하면서도 그것을 혐오한다. 두 흐름의 대립은 쉽게 해소되지 않는데, 그럴 것이 - 이렇게 말할 수밖에 없는 - 이 두 흐름은 영적인 삶에서 합치될 수 없을 만큼 자리를 잡고 있기 때문이다. 금지는 분명히 의식되는 데 반해, 지속적인 접촉의 욕망은 무의식적이어서 본인은 이에 대해 전혀 알지 못한다. 만일 이런 심리적 계기가 없다면, 양가성은 오랫동안 유지될 수도 없고 그런 후속 현상으로 이어질 수도 없을 것이다.

임상적 역사의 사례 연구에서 우리는 유아 시절에 나타나는 금지를 결정적인 요소로 강조한 바 있다. 차후의 형성에 대해서도 유아기의 억압 기제는 결정적인 역할을 한다. 망각이나 기억상실과 관련된 억압이 일어나게 되면 의식화된 금지의 동기는 알 수 없게 된다. 그래서 망각을 지적으로 분석하려는 모든 시도는 그것이 포착할 수 있는 지점을 발견하지 못하므로 실패할 수밖에 없다. 금지의 강도는 - 강박적 성격은 - 바로 금지의 무의식적 적대자, 은폐되어 있지만 억누를 수 없는 욕망, 그러니까 의식적 통찰이 없는 내적 필연성과 관련되어 있다.

금지의 전이 및 확장 가능성은 무의식적 욕망과 함께 일어나고 무의식의 심리적 조건에 따라 특히 활발해지는 과정을 반영한다. 충동적인 욕망은 자신이 처해 있는 꽉 막힌 상태에서 벗어나기 위하여 지속적으로 위치를 바꾸며, 금지된 것의 대용물을 - 대체 대상 및 대체 행위를 - 언

---

39 블로일러E. Bleuler의 이 표현은 적절하다.

으려고 애쓴다. 이 때문에 금지 자체도 끊임없이 움직이면서 금지된 자극을 얻을 수 있는 새로운 목적을 향해 확장된다. 억압된 리비도가 매번 새롭게 분출될 때마다 금지도 이에 대응하여 새롭게 첨예화된다. 다투는 두 힘의 상호 저지하는 상태는 팽팽한 긴장이 줄어든 이후에는 방출의 필요성을 느낀다. 이 필요성 속에서 우리는 강박 행위의 동기를 인지할 수 있다. 신경증의 경우 이 강박 행위는 명백히 타협 행동이다. 강박 행위는 어떤 관점에서는 후회의 증거나 속죄의 노력이지만, 다른 관점에서는 동시에 보상 행위이다. 말하자면 금지된 것으로 인해 억눌린 충동이 그만큼 대가를 받는다. 강박 행위가 점점 더 충동의 역할 내로 들어가면 갈수록, 근원적으로 금지된 행위를 향해 더 가까이 접근해 들어간다는 것이 신경증의 한 가지 법칙인 것이다.

이제 터부를 마치 환자들이 보여 주는 강박에 의한 금지와도 같다는 식으로 다루어 보자. 먼저 관찰의 대상이 되는 터부 금지의 많은 것이 이차적인 것, 위치를 바꾸거나 왜곡된 것이라는 사실을 분명히 할 필요가 있다. 또 가장 근원적이고 가장 의미심장한 터부를 어느 정도 밝혀낸다면, 우리는 그것으로 만족해야 한다. 나아가 우리가 미개인과 신경증 환자의 상황 차이를 지적하는 것은 중요한 일인데, 양자의 상황이 완전히 일치한다는 가설은 배제해야 하기 때문이다. 그래서 전자에서 후자로 전이된 상태가 모든 점에서 일치할지도 모른다는 추정은 접어두어야 할 것이다.

그렇다면 우리는 먼저 미개인들에게 금지의 실제적인 동기, 터부의 기원에 대해 질문하는 것은 무의미하다는 것을 지적한다. 우리의 전제에 따르면, 미개인들은 이 동기가 무의식적이므로 이 물음에 무엇인가 대답하는 것은 틀림없이 불가능한 일이다. 하지만 우리는 강박 금지의 전형에 따라 다음과 같이 터부의 역사를 구성할 것이다. 기존의 가설에 따르면, 터부는 태고 때부터의 금지, 언젠가 외부로부터 강요된 원시인 세대의 금지이다. 다시 말해 터부는 원시인들에게 이전 세대로부터 강압적으로 주지되어 온 금지의 형태였을 것이다. 이와 같은 금지는 어떤 강력한 성향으로 존속했던 행동들과 관련되었을 것이다. 이렇게 터부에 의한 금지는 아마도 가부장적이고 사회적인 권위를 통한 전통에 의하여 세대에서 다른 세대로 대물림하여 내려왔을 것이다.

그러나 터부에 의한 금지는 어쩌면 후세의 조직화 단계에서 이미 상속된 정신의 자산으로서 체계화되었는지도 모른다. 그렇다면 이런 '생득적 관념'이 존재하는지, 이런 관념은 단독으로 또는 교육과의 연계 속에서 터부를 정착시켰는지에 대해 의문이 생긴다. 이처럼 중요한 화제가 된 사례에 대해 과연 누가 결정할 수 있었을까? 그러나 터부가 공고하게 존속한 사실로 미루어 한 가지 확실한 것은 금지된 것을 범하려는 근원적 욕망이 터부 종족들에게서도 존속되고 있다는 사실이다. 그랬기에 이들 종족은 그들의 터부 금지에 대해서 **양가적인 태도**를 보여 준다. 요컨대 그들은 무의식 속에서는 오히려 이를 범하고 싶지만, 그렇게 하기에는 너무 두려운 일이었다. 그들은 바로 금지된 것을 범하고 싶었으나 두려움이 욕망보다 강했기에 두려움을 지닐 수밖에 없었다. 그러나 이런 욕망은 신경증 환자들처럼 종족의 모든 개인에게 무의식적이었다.

가장 오래되고 중요한 터부 금지는 **토테미즘의 두 가지 기본 법칙**이다. 즉, 토템 동물은 죽여서는 안 되고, 같은 토템을 섬기는 종족의 이성과는 성관계를 피해야 한다. 그러므로 이것이 인간들이 지녔던 가장 유서 깊으면서도 강력한 욕망이라고 볼 수 있다. 우리는 토템 체계의 의미와 근원을 알지 못하는 한 이를 이해할 수 없고, 또한 이 두 가지 사례에서 우리의 가설을 검증할 수도 없다. 하지만 개인에 대한 정신분석학적 연구 결과를 알고 있는 사람은 이 두 가지 터부 자체와 양자의 일치를 통하여 정신분석학자가 유아기적 소망이 지배하는 삶의 교차점과 그리고 이어서 신경증의 핵심에 대하여 설명하고 있는 어떤 특정한 것을 떠올리게 될 것이다.[40]

일찍이 우리가 분류를 시도한 바 있었던 터부 현상의 다양성은 다음과 같은 방식으로 하나로 취합된다. 즉, 터부의 바탕은 어떤 금지된 행동인데, 언제든지 행동화될 강력한 경향이 무의식 속에 있다는 것이다.

우리는 정확한 이해에 근거하지 않은 채 금지된 것을 행하는 사람, 즉 터부를 범하는 사람은 스스로 터부가 된다고 알고 있다. 하지만 이 사실을 우리는 터부가 금지된 것을 행한 사람에게 고착될 뿐만 아니라 특수한 상태에 처한 사람, 또는 이런 상태 자체와 인간이 아닌 사물에도 고착된다는 사실과 어떻게 연결해야 할까? 이 모든 서로 다른 조건 아래 늘 같은 특성으로 남아 있는 위험한 특성이 있다는 것인데, 그것은 대체 무엇을 뜻하는가? 그것은 단 하나의 특성일 뿐이다. 즉 인간의 양가적인 성격을 부추기고, 인간을 유혹으로 이끄는 자질이란 바로 금지를 위반하는 행동이다.

터부를 범한 사람이 스스로 터부가 되는 까닭은 타인에게 자신의 범례를 따르라고 유혹할 수 있는 위험한 소질을 지니고 있기 때문이다. 그는 타인에게 선망을 불러일으킨다. '다른 사람에게는 금지되어 있는데 왜 그에게는 허용된다는 말인가', 사람들은 이렇게 생각할 수 있다. 그런 점에서 그는 정말로 전염성이 강한 인물이 되며, 그의 모든 행위가 모방의

---

40 본인은 이 논문에서 이미 여러 차례 토테미즘에 대하여 논한 바 있다. 특히, 이 책의 네 번째 논문 참조하자.

대상이 된다. 바로 이 때문에 그 자신은 동시에 사람들의 회피 대상이 될 수밖에 없다.

그러나 어떤 터부도 범할 필요가 없는 사람도 영원히 또는 일시적인 터부가 될 수 있다. 그 역시 타인의 금지된 욕망을 자극하고, 그들 내부에 잠재된 양가적인 갈등을 깨울 수 있는 소질을 지니고 있기 때문이다. 예외적인 위치나 예외적인 상태에 있는 사람의 대부분은 이런 종류에 속하는데, 그들은 위험한 힘을 가지고 있는 사람들이다. 왕이나 추장은 그의 특권 때문에 선망을 불러일으킨다. 아마도 누구나 왕이 되고 싶을 것이다. 죽은 자, 신생아, 산통 중인 여자도 그들 나름의 어쩔 수 없는 상태로 인하여, 그리고 이제 막 성적으로 성숙해진 사람은 새롭게 맞이한 향락으로 인하여 사람들을 자극한다. 그러므로 열거한 이 모든 사람과 이 모든 상태는 사람들이 유혹에 빠져서는 안 되기 때문에 터부인 것이다.

우리는 서로 다른 사람들이 지닌 마나Mana의 힘이 왜 서로 공제되거나 부분적으로 서로 상쇄되는지를 지금은 이해한다. 어느 왕의 터부는 일반 백성에 비해 너무 강력한데, 이유인즉 그들 사이의 사회적 차이가 너무 크기 때문이다. 그러나 대신은 예컨대 그들 사이에서 해가 되지 않는 중개자 역할을 할 수 있다. 이는 터부의 언어가 정상적인 심리학의 언어로 번역될 수 있음을 뜻한다. 이에 따르면 왕과 접촉하면서 생기는 엄청난 부러움과 유혹을 두려움으로 느끼는 백성은 예를 들어 일반 관료들을 만나도 그다지 두려워할 필요가 없다. 관료 정도의 자리는 어쩌면 스스로 도달할 수 있을지도 모르기 때문이다. 그러나 대신은 자신에게도 허용되는 권력을 염두에 두면 왕에 대한 선망을 줄일 수 있다. 그래서 유혹으로 이끄는 주술적인 힘의 차이가 작으면 작을수록 특별히 차이가 큰 것보다 사람들은 두려움을 덜 느낄 수 있다.

마찬가지로 어떤 터부에 의한 금지의 위반이 어째서 사회적인 위험을 의미하는지는 명백하다. 사회의 모든 구성원이 해를 당하지 않으려면 금지를 어긴 자에게 벌을 내리거나 배상해야만 하기 때문이다. 이 위험은 실제로 우리가 무의식적 욕망의 자리에 의식적인 충동을 가져다 놓으면 분명해진다. 위험은 모방의 가능성에서 생겨난다. 사회가 모방에 관여하면 머지않아 해체될 수도 있다. 만일 터부를 범한 사람을 다른 구성원들이 벌하지 않는다면, 사람들은 위반자와 똑같이 행동하고 싶어 할 것이다.

터부 금지에서 금지의 비밀스러운 의미는 신경증에서처럼 특수하지는 않아도 **접촉공포증**délire de toucher과 유사한 역할을 한다는 것이 놀라운 일은 아니다. 접촉이란 모든 점유의 시작이거나 사람 또는 사물을 이용하려는 모든 시도의 출발이다.

우리는 터부에 내재한 전염력을 유혹으로 이끌고 모방을 자극하는 소질을 통하여 해석한 바 있다. 하지만 터부의 전염 능력이 무엇보다 스스로 터부의 전달체가 되는 대상을 향한 전이에서 표현된다는 것은 앞의 내용과 일치하지 않는 것처럼 보인다.

터부의 이런 전이 가능성은 신경증에서 입증되는 무의식적 충동이 연상적인 경로를 따라 항상 새로운 객체로 이동하는 경향을 반영한다. 우리는 '마나'의 위험한 주술적 힘이 더 현실적인 두 가지 힘에 상응한다는 점에 유의해야 한다. 이 두 가지 힘은 다름 아닌 인간에게 금지된 소망을 기억하게 하는 힘, 그리고 이런 소망의 요구에 부응하여 금지를 범하도록 유혹하는 더 의미심장한 것처럼 보이게 하는 힘을 의미한다. 그러나 이 두 가지 능력은 우리가 원시적인 영적 생활의 의미에서 금지된 행동에 대한 기억의 일깨움이 그 행동을 관철하려는 경향의 일깨움과도 연결된다고 가정할 때, 다시 하나로 합치될 수 있다. 그러면 기억과 유혹은 동시에 일어난다. 여기서 우리는 다음과 같은 경우도 인정해야만 한다. 금지를 범한 어느 사람의 예가 다른 사람을 같은 행동으로 유혹한다면, 터부가 한 사람에게서 하나의 대상으로, 이 대상에서 다른 대상으로 옮겨가듯이 금지에 대한 저항 역시 전염병처럼 계속 퍼져나간다는 점이다.

어떤 터부의 위반이 – 재물 또는 자유의 포기를 의미하는 – 속죄나 보상을 통하여 만회될 수 있다면, 터부 규정의 복종 자체가 우리가 소망했을 만한 소중한 어떤 것의 포기라는 것을 증명하는 것이다. 포기한 어떤 것을 다시 얻고자 하는 소망은 그 대신 다른 위치에 있는 것을 포기함으로써 가능해진다. 이로부터 우리는 터부 의례에서 속죄가 정화 행위보다 근원적인 어떤 것이라는 결론에 도달할 수 있다.

이제 터부를 신경증 환자의 강박적인 금지와 비교함으로써 무엇을 알게 되었는지 요약해 보자. 언급한 바와 같이 터부는 외부로부터 – 권위와 같은 것으로부터 – 강요되어 인간의 가장 강렬한 욕망과는 반대를 향하는 태고 시대의 금지이다. 이것을 범하려는 욕망은 무의식 속에 계속 잠재해 있다. 그래서 터부에 복종하는 사람조차도 터부와 관련된 것에 대해 양가적인 태도를 보인다. 터부에 있는 주술적인 힘은 인간을 유혹으로 이끄는 능력에 근거한다. 이 힘은 마치 전염병처럼 퍼져나간다. 왜냐하면 그 선례가 전염성이 강하기 때문이며, 금지된 욕망도 무의식 속에서 다른 것으로 계속 옮겨 다니기 때문이다. 포기를 통하여 터부 위반을 만회할 수 있다는 것은 포기가 터부에 대한 복종의 근거라는 사실을 입증한다.

〈3〉

이제는 터부와 강박신경증의 비교와 이 비교에 기초한 터부의 파악이 어떤 가치가 있는지를 알아보고자 한다. 가치에 관한 한 우리의 관점이 다른 어떤 관점보다 더 큰 장점을 제공한다면, 그리고 우리의 관점이 다른 어떤 것보다 터부를 가장 잘 이해했다면 분명히 가치가 있다. 우리는 어쩌면 유용성의 증거를 이미 앞에서 제시했다고 주장하려는 것인지도 모른다. 그러나 우리는 터부 금지와 관행에 대한 설명을 개별적으로 상세히 다룸으로써 이런 증거를 강화해 나가야만 한다.

물론 다른 길도 열려 있다. 우리는 신경증으로부터 터부에 응용했던 전제의 일부 또는 거기서 도출했던 추론의 일부가 터부 현상에서 직접 입증되는지를 검토해 본다. 우리는 일단 추구하려는 방향을 결정해야만 한다. 터부가 - 언젠가 외부로부터 부과된 - 태고 시절의 금지에서 유래한다는 터부의 발생에 대한 주장은 물론 검증할 수 없다. 그러므로 우리는 차라리 강박신경증 연구에서 알게 된 터부의 심리학적 조건들이 타당한지를 입증하려고 노력할 것이다.

그런데 우리는 신경증에 대해서 어떻게 이런 심리학적 계기들을 알게 되었을까? 물론 징후, 무엇보다 강박적 행동과 방어 조치 및 강제적 명령 등의 분석적 연구를 통하여 알게 되었다. 우리는 이를 근거로 가장 타당한 징후가 양가적인 흥분이나 경향에서 유래한다는 사실을 발견했다. 이런 경우에 양가적인 면들은 소망과 동시에 소망의 억압에 상응하거나, 아니면 두 가지 대립적인 것 중에서 하나에 더 두드러지게 나타난다. 만일 우리가 이제 터부의 규정에서도 대립적인 경향의 처리 방법을 제시할 수 있다면, 또는 이 규정 중에서도 강박 행위의 방식에 따라 두 흐름에 동시적인 표현을 부여하는 몇 가지를 발견할 수 있다면, 터부와 강박신경증의 사이의 가장 중요한 부분에서 심리학적 일치점도 확보할 수 있다.

터부의 기본적인 두 가지 금지는 앞에서 언급했듯이, 토테미즘에 귀속시켜서는 우리의 분석에 접근할 수 없다. 터부 규정의 다른 부분도 이차적인 출처이므로 우리의 의도에 활용할 수 없다. 터부는 이에 부응하는 종족들에 의해서 입법의 일반적인 형식이 되어 버렸고, 그래서 터부 자체보다 분명히 뒤늦게 형성된 사회적 경향에 봉사해 왔다. 예컨대, 재산과 특권을 안정적으로 지키기 위하여 추장과 사제가 일반인들에게 부과한 터부가 그러하다. 그렇지만 우리가 탐구할 수 있는 터부에 관한 규정들은 아주 많이 남아 있다. 나는 다음과 같은 몇 가지 터부를 선택하고 있는데, 다루게 될 자료는 프레이저의 위대한 저작 『황금가지』에서 빌려온다.[41]

    1) 적과 연관된 터부
    2) 추장과 연관된 터부
    3) 죽은 자와 연관된 터부

1) 적과 연관된 터부

우리는 미개하거나 반쯤 미개한 종족들이 적을 마구잡이로 아주 잔인하게 다루었을 것으로 추정하는 경향이 있다. 하지만 앞으로의 내용을 통해 그들에게도 사람을 죽일 때는 터부 관례에 속하는 일련의 규정을 준수한다는 사실을 매우 흥미롭게 받아들일 것이다. 이 규정들은 어렵지

---

41 프레이저, 『황금가지』 II (3판), 「터부와 영혼의 위기」(1911)

않게 네 가지 유형으로 나뉘며, 다음의 사항을 요구한다.

① 죽은 적과의 화해
② 살해자에 대한 제한
③ 살해자의 속죄와 정화
④ 모종의 의례적인 행사 거행

이런 터부 관례가 해당 종족들에서 얼마나 일반적으로 나타나는지는 우리의 정보가 충분하지 못해서 확정할 수는 없지만, 그것이 우리의 관심 분야에 그다지 중요한 영향을 끼치지는 않는다. 어쨌든 우리가 다루는 문제는 산발적으로 일어나는 특수한 관례가 아니라 널리 퍼져 있는 일반적인 관례라고 볼 수 있다.

티모르섬에서는 승리한 용사들이 패배한 적의 잘린 머리를 들고 돌아온 후에는 화해 의식이 거행된다. 이 의식은 원정대의 지휘자가 엄격한 제한을 받기 때문에 그만큼 의미심장하다. 이에 대해 아래의 설명을 보면 어느 정도 이해가 된다.

"개선할 때는 적의 영혼을 달래기 위하여 제식이 치러진다. 그렇지 않으면 승리자들에게 재앙이 생길 것이라고 생각한다. 제식에는 춤과 노래가 곁들여지는데, 맞아 죽은 적을 애도하면서 용서를 빈다. 애도사는 이런 식이다. '우리가 여기에 너의 머리를 가지고 있다고 해서 우리에게 분노하지 마라. 운이 좋지 않았다면, 지금쯤 우리의 머리도 너희의 마을에 매달려 있었을 것이니. 우리는 너에게 제식을 차려서 너의 영혼을 달래려고 한다. 너의 영혼도 만족하면서 안식을 찾기 바란다. 어째서 너는 우리의 적이 되었단 말이냐? 우리가 친구로 지냈더라면, 너의 피가 흘러넘치지 않았을 테고 또한 너의 머리도 잘리지 않았을 터인데."[42]

셀레베스섬의 팔루족에게도 유사한 경우가 있다. 한편, 갈라족도 원정에서 돌아오며 마을에 들어서기 전에 죽은 적의 정령에게 제물을 바친다. (파울리치케P. Paulitschke의 『아프리카 북동부 인종학지Ethnographie Nordost-Afrikas』를 참조할 것)

반면에 다른 어떤 종족은 그들에게 죽은 적을 친구, 파수꾼, 수호자로 만드는 수단을 찾아냈다. 그 핵심은 보르네오의 미개인 종족이 스스로 자랑하듯이 잘린 적의 머리를 정중하게 다루는 데 있다. 보르네오 근처 사라와크의 다이야크족은 원정에서 적의 머리를 가지고 돌아오면, 몇 달 동안이나 가장 정중하게 잘린 머리를 정성을 다해 다루면서 그들의 언어가 표현할 수 있는 가장 자애로운 이름을 불러준다. 게다가 가장 훌륭한 음식을 그 입에 넣어 주고 맛있는 음식이나 담배를 물려준다. 나아가 그 머리를 향해 과거의 친구들을 미워하고 지금은 같은 무리가 되었으니 새로운 동지가 된 자신들에게 사랑을 베풀어 달라고 반복하여 기도한다. 우리가 이렇게 소름 끼치는 처리 수단에 대하여 조롱한다면, 그것은 정말 잘못 짚은 것이다.[43]

북아메리카의 여러 인디언 부족의 경우에 살해하여 머리 가죽을 벗긴 적을 위해 애도하는 모습은 관찰자의 눈에 특이한 광경이었다. 촉토Choctaw 인디언은 적을 죽이면 한 달이나 애도하는데, 그동안 당사자는 엄격한 제한을 감수해야 한다. 마찬가지로 다코타 인디언도 이런 관습을 따

---

42 프레이저의 같은 책, 166쪽
43 프레이저 'Adonis, Attis, Osiris', 248쪽
로우H. Low의 『사라와크Sarawak』, 런던(1848)을 인용한 것이다.

른다. 목격자 보고에 따르면, 오사가족은 우선 동족의 죽음을 애도한 다음에 마치 친구인 양 적의 죽음을 애도한다고 어느 목격자는 진술한다.[44]

적의 처리에 대한 터부 관습의 다른 분류에 들어가기 전에, 우리는 명백한 반론에 대해서 우리의 입장을 밝혀야만 한다. 이의를 제기하는 사람들은 나와 프레이저 등에게 이런 (망자와의) 화해 규정의 동기는 너무 단순하여 '양가성Ambivalenz'과는 전혀 관계가 없다고 반박할 것이다. 이들의 반박에 따르면, 이 종족들은 살해당한 자들의 혼령에 대한 미신적인 두려움에 사로잡혀 있다. 이는 위대한 영국의 극작가가 맥베스와 리처드 3세의 환각을 통하여 무대에 올렸던 고전적 시대에도 낯설지 않았던 두려움이다. 망자와의 그 모든 화해 규정은 나중에 논의되어야 할 제한과 속죄와도 같이 철저히 미신으로부터 유래한다. 이런 관점에 대하여 아직도 의례적인 행사를 거행한다는 네 번째 조항은 살해자를 쫓는 죽은 자의 귀신을 물리치기 위한 노력일 뿐이라는 것을 뜻한다.[45] 요컨대 미개인들은 과도할 정도로 죽은 적의 귀신에 대한 공포를 노골적으로 인정하면서, 이제까지 논의된 터부의 관행을 스스로 이와 같은 공포로 되돌린다는 것이다.

이런 반론은 실제로 합당한 측면이 있다. 그런데 만일 이것이 충분한 근거를 지닌다면, 우리도 더는 설명하려고 애를 쓰지 않아도 된다. 우리는 이런 반론과 다투는 것을 뒤로 미루고, 일단 앞의 터부에 대한 논의의 전제로부터 도출되는 견해만을 제시할 것이다. 우리가 이 네 가지 규정으로부터 추론할 수 있는 것은 미개인들의 적에 대한 처신을 보면 거기

---

44 같은 책의 「터부」 등에서 도시J. O. Dorsey의 책을 재인용했다. 181쪽
45 같은 책의 「터부」, 169쪽 이하. 이 제의는 방패를 가지고 두드리기, 소리치기, 포효하고 악기로 요란한 소리를 내는 것으로 이루어진다.

에는 적대적인 것과는 다른 면이 나타난다는 사실이다. 우리는 그들의 처신에서 회한과 아울러 적에 대한 가치평가, 적의 생명을 빼앗은 데 대한 양심의 가책을 본다. 마치 이 미개인들에게도 계율이라는 것이 작용하는 것 아닌가 하는 생각이 들 지경이다. 그럴 것이 신의 손에서 물려받는 모든 입법이 존재하기 이미 오래전에 '살인해서는 안 된다, 이를 어기면 벌을 피하지 못하리라' 하는 계율이 있었던 것 같기 때문이다.

이제 네 번째 외의 다른 터부 규정으로 되돌아가 보자. 적을 죽인 승리자에 대한 제한은 대단히 자주 거행되고 대체로 엄격하다. 티모르에서는 (앞에서 화해의 관례 참조) 원정대의 지도자가 전장에서 돌아와도 즉시 집으로 돌아가지 못한다. 그를 위해서는 특별한 오두막이 마련되는데, 그곳에서 그는 두 달 동안이나 여러 가지의 정화 규정을 따르며 지내야 한다. 이 기간에 그는 아내를 만나서는 안 되고, 스스로 먹어서도 안 된다. 이 기간에는 다른 사람이 음식을 그의 입속에 넣어 주어야만 한다.[46]

가령 다이야크족의 경우 전투에서 승리하고 돌아온 병사들은 며칠 동안 격리된 채 지내며 음식물도 가려서 먹는다. 그들은 음식물에 손을 대면 안 되고, 여자를 가까이하지 않는다. 뉴기니에서 가까운 로기아섬에서는 적을 죽였거나 거기에 동참한 사람은 1주일 동안 자기 집에서 나오지 않고 머물러야 한다. 그들은 아내뿐만 아니라 친구들과도 만나는 것을 피해야 하며, 음식물을 손으로 만져서는 안 된다. 먹는 것도 가려 먹어야 하는데, 특별한 용기로 조리한 식물성 음식만 먹을 수 있다. 이 마지막 제한을 따라야 하는 이유는 살해당한 적의 피 냄새를 맡아서는 안

---

46 「터부」, 166쪽, 막스 뮐러S. Müller의 『인도 군도의 여행과 탐사Reizen en Onderzoekingen in den Indischen Archipel』 재인용했다.

되기 때문이다. 그렇게 하지 않으면 그들은 병에 걸려 죽는다는 것이다.

뉴기니의 토아리피족Toaripi 또는 모투모투족Motumotu의 경우에도 어떤 사람을 죽인 남자는 아내 곁에 가서도 안 되고, 손가락으로 음식을 만져서도 안 된다. 다른 사람이 먹여 주는 음식만 먹을 수 있으며, 먹는 음식도 제한한다. 이런 제한은 다음번의 새달이 뜰 때까지 계속된다.

나는 프레이저가 보고한 적을 살해하고 돌아온 승리자에게 부과하던 제한의 수많은 사례를 모두 열거하지 않을 것이다. 단지 터부의 성격이 특별히 두드러지는 것 또는 속죄나 정화, 의례와 일치하는 제한의 규정이 나타나는 예들만 부각한다.

뉴기니의 모눔보스족Monumbos은 전투에서 적을 죽인 사람은 누구든 '부정한unrein' 사태에 처한다. '부정한'이라는 말은 생리 중이거나 산욕 중인 여자에게 똑같이 적용된다. 이때 적을 죽인 자는 오랜 기간 남자들이 모이는 마을의 공동 회관을 떠나서는 안 되는데, 그동안 마을의 주민들은 그를 둘러싸고 모여서 노래와 춤으로 그의 승리를 축하한다. 그는 어떤 사람도, 자신의 아내나 자식조차 만져서는 안 된다. 만일 그가 그렇게 한다면, 사람들은 몸에 상처가 생긴다고 믿는다. 부정한 사태를 맞이한 사람은 몸을 씻거나 다른 의례를 통하여 깨끗해진다.

북아메리카의 나체즈족Natchez은 처음으로 적의 머리 가죽을 벗긴 젊은 용사들에게 6개월 동안 모종의 금욕을 준수하게 한다. 그들은 그동안 아내와 잠자리를 할 수 없고, 또 어떤 육식도 먹어서는 안 되며, 물고기와 밀가루 반죽만 섭취할 수 있다. 촉토족의 용사가 적을 죽이고 머리 가죽을 벗겼다면, 한 달 동안 죽은 자를 위한 애도가 계속된다. 이 기간 동안에 그는 빗으로 머리를 빗어서는 안 된다. 자신의 머리가 가려워도 그는 손으로 머리를 긁을 수 없다. 긁기 위해서는 작은 막대기를 사용할 수 있을 뿐이다.

피마 인디언이 아파치를 죽였다면, 그는 엄격한 정화 및 속죄의 의례를 치러야만 한다. 16일의 금식 기간 동안 고기와 소금을 만져서는 안 되고, 불을 바라보아서도 안 되며, 어느 누구와도 대화를 나누어서는 안 된다. 그는 간소한 먹거리를 가져다주는 노파의 시중을 받으며, 홀로 숲속에 기거한다. 그는 자주 가까운 강물에서 - 애도의 표시로서 - 몸을 씻지만, 머리에는 진흙을 바르고 있어야만 한다. 17일째가 되면 이 용사와 그의 무기의 엄숙한 정화 의례가 공적으로 거행된다. 피마 인디언은 그들의 적보다 살해자의 터부를 진지하게 받아들이고, 원정이 끝난 뒤까지 속죄와 정화의 의례를 미루는 법이 없었다. 이 때문에 그들의 전투적인 기질은 윤리적인 엄격성과 경건한 태도에 의해 제약을 받았다. 피마 인디언은 그들의 용감무쌍한 전투 능력에도 불구하고, 아파치와의 대결에서 다른 동맹 부족들이 불만족스러워 했다.

더 심원한 관찰을 위해서는 적을 살해한 뒤의 속죄 및 정화 의례의 다른 개별적이고 유사한 사례들이 매우 흥미로울 수 있지만, 그것이 더는 새로운 관점을 열어줄 수 없을 것 같아서 그에 대한 보고를 여기서 이만 중단한다. 어쩌면 나는 우리의 시대까지도 유지된 사형집행자의 일시적이거나 영구적인 격리가 우리의 연구와 관련된다는 것을 제시하는 것인지도 모른다. 중세 사회의 '사형집행자'의 지위가 실제로 미개인들의 '터부'에 대한 어떤 훌륭한 표상을 중재하고 있기 때문이다.[47]

이 모든 화해 및 제한, 속죄, 정화 규정의 설명에는 두 가지 원칙이 서로 결합된다. 하나는 터부가 죽은 자로부터 그와 접촉한 모든 것으로 퍼

---

47 「터부」, 165-190쪽을 참조한다. 여기에는 이에 대한 사례가 언급되어 있다.

진다는 원칙이고, 다른 하나는 터부에는 죽은 자의 귀신에 대한 두려움이 작용한다는 원칙이다. 여러 가지 의례들을 설명하기 위해서는 첫째, 이 두 계기가 서로 어떤 식으로 결합될 수 있는지 둘째, 이 두 계기는 동등한 가치로 파악되어야만 하는지 셋째, 두 계기 중에서 어느 것이 우선적이고 어느 것이 부차적인지가 해명되어야 하지만 그것은 쉬운 일이 아니다. 그러나 우리가 이 모든 규정을 적에 대한 감정적 자극의 양가성으로부터 끌어낸다면, 이에 대한 관점의 통일성을 강조해도 좋다.

2) 지배자와 연관된 터부

추장, 왕, 사제에 대한 원시 종족의 태도는 서로 모순적이라기보다는 보완적인 두 기본 원칙에 의해 결정된다. 종족의 구성원들은 이런 지배자들을 경계하고 또한 지켜야만 한다.[48] 이 두 가지 기본 원칙은 무수한 터부 규정에 의해 수행된다. 종족의 구성원들이 지배자를 경계해야만 하는 이유는, 우리가 이미 알고 있듯이 지배자란 신비스럽고 위험한 마법의 힘 전달자이기 때문이다. 마법의 힘은 충전된 전기처럼 접촉을 통하여 전달되며, 비슷한 충전을 통하여 보호를 받지 못하는 사람에게는 죽음과 파멸을 가져온다. 그러므로 사람들은 이 위험한 신성과의 간접적이거나 직접적인 접촉을 피하며, 이런 것을 피할 수가 없을 때는 적절한 의례를 거행함으로써 무서운 결과를 모면해야 한다. 예컨대, 동아프리카의 누바족 사람들은 사제이자 왕의 집에 들어가면 죽어야 하지만, 그곳에

---

48 같은 책, 132쪽
　영어판 번역은 "He must not only be guarded, he must also be guarded against."이다.

들어갈 때 왼쪽 어깨를 드러내고 왕이 손으로 어깨를 만져주면 죽음의 위험을 피할 수 있다고 믿는다. 여기서 우리에게 매우 특이한 것은 왕과의 접촉이 왕과의 접촉으로 야기되는 위험의 치료제이자 보호제라는 사실이다. 그러나 이 경우에도 왕이 의도적인 접촉으로 일어나는 치유력과 상반되게, 자칫 왕을 건드리게 됨으로써 야기되는 위험이 문제가 된다. 말하자면, 왕과의 관계에서 수동성과 능동성의 대비에 따라 생사가 결정되는 것이다.

왕과의 접촉에 따른 치유 효과가 우리가 다루어야 할 문제라면, 우리는 그 사례를 미개인에게서 찾을 필요가 없다. 그리 멀지 않은 시기에도 영국의 왕은 림프선 종창을 낫게 하는 힘을 보여 준 바 있었고, 그래서 이 종창은 '왕의 질병The King's Evil'이라는 이름으로 불렸다. 엘리자베스 여왕뿐만 아니라 그 후계자들은 이런 왕의 특권의 일부를 거의 포기하지 않았다. 찰스 1세는 1633년에 100명의 환자를 단번에 치유했다고 한다. 그러는 사이에 품행이 단정하지 못한 찰스 2세는 영국 대혁명의 위기를 넘긴 후 종창 치료에 절정을 맞이한 바 있었다.

찰스 2세는 그의 통치 기간에 십만 명의 종창 환자를 다루었다고 한다. 치료를 받으려고 몰려오는 환자들이 너무 많아서 한번은 치료를 받으러 온 환자 중 예닐곱 명이 밟혀 죽은 일도 있었다고 한다. 영국의 스튜어트 왕조가 쫓겨난 후 왕이 된 회의주의자 윌리엄 3세는 그런 주술적인 행위를 거부했다. 단 한 번 어쩔 수 없이 환자의 몸을 만지게 되었을 때, 그는 "하느님께서 너에게 건강과 이성을 더 많이 주시리라"[49]고 말했다.

다음 보고는 왕이나 왕의 소유물에 무심코 손을 대었을지라도 그 결과

---

49 프레이저, 『황금가지』, 「주술의 기술The Magic Art 1」, 368쪽

가 얼마나 무서운지를 잘 보여 주는 증거이다.

뉴질랜드에서 높은 지위와 신성한 사제를 겸하던 어느 추장은 언젠가 자신이 먹던 음식 쓰레기를 길에 버렸다. 이때 힘이 센 굶주린 젊은 노예가 길에 남겨진 음식을 보고는 먹어치웠다. 하지만 젊은 노예가 그 음식을 다 먹기도 전에 그것을 보고 놀란 구경꾼이 그가 방금 먹은 것은 바로 추장의 음식이라는 사실을 알려 주었다. 그 노예는 건장하고 용감한 전사였지만, 그런 말을 전해 듣자마자 비참한 모습으로 경련을 일으키다가 다음 날 해가 질 무렵에 죽고 말았다.[50]

어느 마오리족 여인은 어떤 과일들을 먹었는데, 다 먹은 뒤에야 터부가 걸린 곳에서 어느 누군가가 따온 과일이라는 사실을 알았다. 그러자 그녀는 모욕을 당한 추장의 혼령이 자신을 분명히 죽일 것이라고 외쳤다. 오후에 과일을 먹은 여인은 다음 날 정오 무렵에 죽었다.[51] 한번은 마오리족 추장의 부싯돌이 몇 사람의 생명을 앗아가기도 했다. 추장이 그 부싯돌을 잃어버렸는데, 다른 사람들이 그것을 주워 담뱃대에 불을 붙였다. 그런데 그 부싯돌의 주인이 누구인가를 알자 그들은 놀라서 죽었다.[52]

추장과 사제처럼 위험한 사람들을 일반인과 격리하거나 일반인이 접근하지 못하도록 벽을 칠 필요가 있다고 느꼈다면, 그것은 이상한 일이 아니다. 본래는 터부 규정에 의해 생겨난 이 벽이 오늘날까지도 궁중 의례 등에서 엿볼 수 있다.

그러나 지배자에 대한 터부의 가장 중요한 부분은 일반인을 지배자로

---

50 프레이저, 『황금가지』, 「터부」 135쪽에서 마오리족 방식을 따르는 어느 백인A Pakeha Maori의 『옛 뉴질랜드Old New Zealand』, 런던(1884)를 인용했다.

51 프레이저가 앞의 책에서 브라운W. Brown의 『뉴질랜드와 그 원주민New Zealand and its Aborigines』, 런던(1845)을 인용했다.

52 같은 책, 135쪽

부터 보호하기 위해 발원한 것은 아닐 것이다. 그보다는 특권층을 위험으로부터 지켜야 할 필요성이 터부와 궁중 예법을 만드는 데 가장 큰 몫을 했다고 보는 견해가 우세하다.

언제든 일어날 수 있는 모든 위험으로부터 왕을 지켜야 하는 필요성은 그것이 그의 신민들에게 좋든 싫든 왕이 지닌 엄청난 중요성의 결과이다. 엄밀히 말해 세상의 흐름을 조정하는 이는 왕인 것이다. 그러므로 백성은 대지의 과일을 자라게 하는 비와 햇빛뿐만 아니라 배를 해변으로 데리고 오는 바람, 그들이 두 발로 서게 하는 단단한 땅에 대해서도 왕에게 감사해야 했다.[53]

미개인들의 왕은 신들만이 가질 수 있는 절대적인 권력과 축복을 내리는 능력까지도 갖추고 있었다. 그러나 문명의 추후 단계에서는 가장 비굴한 간신들만이 왕에게 이런 믿음을 보이는 척할 따름이다.

이런 완벽한 권력을 지닌 사람들이 자신에게 닥치는 위험을 피하기 위해 그토록 주의를 기울여야 한다는 것은 명백히 모순이 아닐 수 없다. 그러나 미개인들이 왕족을 대하는 태도에서 나타나는 모순은 이것만이 아니다. 그들은 왕이 권력을 제대로 사용하는지 감시할 필요가 있다고 여긴다. 그들은 결코 왕이 선한 의도나 양심이 있다고 생각하지 않는다. 왕에 대한 터부 규정의 동기에는 불신의 기미가 섞여 있는 것이다. 프레이저[54]는 이렇게 말했다.

"원시 왕국이 전제주의 국가라는 관념은, 이에 따라 백성이
지배자를 위해 존재한다는 생각은 우리가 여기서 주목하는

---

53 프레이저, 「터부」, 〈왕권의 부담The Burden of Royalty〉, 7쪽
54 같은 책, 7쪽

왕국들에는 조금도 적용할 수 없다. 정반대로 지배자는 그의 신민들을 위해 살아간다. 지배자의 생명은 그가 자기 직분의 의무를 다할 때만 자연의 순환을 백성이 바라는 최상의 것으로 조절할 때만 가치를 오랫동안 유지한다. 그가 이 의무를 포기하거나 거부하자마자, 이제까지 백성이 그를 향해 기울이던 배려, 헌신, 종교적인 경외심은 사라지면서 증오와 경멸의 대상으로 바뀐다. 그는 수치스럽게 쫓겨나고, 간신히 생명을 보존하면 다행이다."

오늘은 신으로 존경을 받다가 내일이면 범죄자가 되어 맞아 죽는 일이 지배자에게 일어날지도 모른다. 그렇다고 우리가 백성의 변화된 처신을 변덕스러움이나 모순으로 판단해서는 안 된다. 오히려 백성은 계속 철저히 일관적인 태도를 보여 준다. 만일 왕이 신이라면, 백성은 왕이 그들의 보호자임을 증명해야만 한다고 생각한다. 왕이 백성을 지켜 주지 못하면, 기꺼이 백성을 지켜 줄 자세가 되어 있는 사람에게 자리를 양보해야 한다. 그러나 그가 백성의 기대에 부응하는 한 그에 대해 백성의 세심한 관심은 한계가 없으며, 매사를 무한한 배려를 가지고 처리하도록 강요한다. 이런 왕은 의례와 예절로 이루어진 체계에 둘러쌓이기라도 한 것처럼 관습과 금지의 그물망에 감긴 채 살아간다. 이런 금지의 의도는 왕의 품위를 높이거나 왕의 쾌적한 삶을 올리기 위한 것이 아니라 자연의 조화를 방해하여 그의 종족과 전체 우주를 파멸하게 할 수도 있는 발걸음을 멈추게 하기 위함이다. 자신의 쾌적한 삶에 도움이 되는 것과는 거리가 먼 이 규정들은 그에게서 자유를 폐기한다. 그리하여 백성들이 안전하기를 바라는 왕의 삶 자체가 부담과 고통이 되어 버린다.

터부 의례를 통한 신성한 지배자의 이처럼 속박당하고 마비되는 가장 신랄한 예들 가운데 하나는 7세기 무렵 일본 왕(미카도)의 삶의 방식에서 찾아볼 수 있다. 이에 대해 200여 년 전에 기술된 보고문은 다음과 같다.

"왕이 발을 땅에 대는 것은 그의 위엄과 신성에 적절하지 않다고 생각한다. 그러므로 그가 어딘가 가고자 하면, 그는 신하들의 어깨를 밟고 지나간다. 하지만 왕이 그의 신성한 개체를 외부에 노출하는 것은 거의 있을 수 없는 일이고, 태양도 그의 머리를 비추는 영광을 누릴 가치가 없다. 그의 전신은 너무 신성한 것으로 여겨지기 때문에 머리카락도 자르지 않고, 수염이나 손톱도 깎아서는 안 된다. 그러나 몸을 소홀히 할 수 없으므로 신하들은 그가 잠을 자는 한밤중에 그를 씻긴다. 신하들에 따르면 이런 상태에서 왕에게서 무엇인가 취하는 것은 도둑질이지만, 이런 도둑질은 왕의 신성함과 위엄에 전혀 손상이 되지 않는다. 예전에 왕은 오전이면 언제나 머리에 왕관을 쓴 채 몇 시간이고 동상처럼 가만히 앉아 있어야 했다. 손과 발, 머리나 눈동자도 움직여서는 안 될 일이었다. 이렇게 할 때만 제국의 평화와 안정이 유지될 수 있다고 사람들은 믿었다. 만일 그가 불행하게도 이쪽저쪽으로 몸을 돌리거나 한동안 제국의 어느 부분에만 시선을 던지면 전쟁과 기근, 화재, 역병과 같은 커다란 재앙이 닥쳐와 나라를 황폐하게 한다는 것이다."[55]

미개한 종족의 왕들이 따르는 몇 가지 터부는 살인자에 대한 제한을 생생하게 보여 준다. 가령 서아프리카 남부 기니의 케이프 파드론 인근

---

[55] 프레이저가 같은 책 3쪽에서 캠퍼Kämpfer의 『일본의 역사 History of Japan』를 인용했다.

의 샤크 포인트에는 사제 겸 왕인 쿠쿨루가 숲속에서 혼자 살고 있다. 그는 여자를 건드려서는 안 되고, 자기 집을 떠날 수도 없으며, 왕좌에서 일어서서도 안 되며, 그곳에서 앉은 채로 잠을 잔다. 그가 바닥에 누울 때면, 불던 바람이 멈추어서 항해가 방해를 받기 때문이다. 그의 기능은 폭풍을 제한하고 일반적으로 대기의 상태가 골고루 정상 상태를 유지하도록 보살핀다.[56] 바스티안에 따르면 로앙고의 어느 왕은 권력이 더 강하면 강할수록 터부도 그만큼 더 많아진다. 왕위의 계승자도 어린 시절부터 터부에 얽매이지만, 그가 성장할수록 이 터부는 그를 둘러싸고 더욱 증가한다. 왕위를 계승할 때가 되면, 그는 터부로 인해 거의 질식할 상태에 이른다.

우리가 왕 또는 사제의 위엄과 관련된 터부를 계속해서 기술하기에는 지면이 허용하지 않을 뿐만 아니라 사실 큰 관심도 없다. 단지 우리는 자유로운 움직임과 식사에 대한 제한이 여기서 중요한 역할임을 언급하는 바이다. 그러나 이 특권을 지닌 사람들과의 관계가 과거의 관습에 얼마나 오랫동안 영향을 미치는지 아마도 문명화된 민족들, 그러니까 훨씬 더 높은 문화권에 의하여 받아들여진 터부 의례의 다음 두 사례를 통해 분명히 알 수 있다.

고대 로마에서 주피터의 대사제 플라멘 디알리스Flamen Dialis는 엄청나게 많은 터부 계명을 준수해야만 했다. 그는 말을 타도 안 되고, 무장한 군인을 보아서도 안 되었다. 반지도 부서진 반지만 끼어야 하고, 자신의 옷에 끈도 매어서는 안 되었다. 나아가 그는 밀가루나 누룩 넣은 빵에 손

---

56 프레이저가 같은 책 5쪽에서 바스티안A. Bastian의 『독일인의 로앙고 해안의 탐험Die deutsche Expedition an der Loango-Küste』, 예나Jena (1874)를 인용했다.

을 대도 안 되고 염소, 개, 생고기, 콩, 담쟁이를 만져서도 안 되며 그 이름을 입에 올릴 수도 없었다. 그의 머리카락은 자유민이 청동으로 된 칼로 자르는 것만 허용되고, 이렇게 잘린 그의 머리카락과 손톱 및 발톱은 행복을 가져오는 나무 밑에 묻어야 한다. 그는 죽은 자를 만져서도 안 되고, 머리에 아무것도 쓰지 않은 채 야외로 나와서도 안 된다. 더욱이 그의 아내 플라미니카도 그녀만의 금지 사항을 가지고 있었다. 예컨대 그녀는 계단을 세 계단 이상 오를 수 없으며, 어떤 축제일에는 자신의 머리를 빗을 수도 없다. 그녀가 신는 신발의 가죽도 자연사한 짐승의 가죽으로는 지을 수 없고, 도살되거나 희생양으로 사용된 짐승의 가죽으로만 만들 수 있다. 그녀가 천둥소리를 들었다면, 그녀는 속죄의 희생양을 바치기까지는 부정한 여자로 있어야 했다.[57]

옛날 아일랜드의 왕들도 지극히 특별한 일련의 제한을 따라야 했다. 이 제한을 지키면 이 나라에 축복이 내리고, 이를 범하면 온갖 재앙이 찾아든다. 이런 터부의 완벽한 색인은 『권리의 책Book of Rights』에 기록되어 있는데, 이 책의 가장 오래된 필사본들은 1390년과 1418년까지 거슬러 올라간다. 금지 사항들은 대단히 상세하게 기술되어 있어서, 왕이 특정한 장소와 특정한 시간에 지켜야 할 일들까지 적혀 있다. 왕은 어떤 요일에는 어떤 마을에 머물러서는 안 되고, 특정한 시간에는 어떤 강을 건너서도 안 된다. 또 어떤 평원에서는 9일 동안 야영해서는 안 된다는 등의 사항이 적혀 있다.[58]

많은 미개한 종족에서 사제이자 왕에 대한 터부 제한들은 역사적으로

---

57 같은 책, 13쪽
58 같은 책, 11쪽

의미심장하고 우리의 역사적 관점에 흥미로운 결과를 보여 주었다. 사제 직분을 맡은 왕들의 존엄은 결코 탐낼 만한 것이 아니었다. 이런 존엄을 이어받게 될 사람은 종종 온갖 수단을 동원하여 그것을 피하려고 했다. 불의 왕과 물의 왕이 있는 캄보디아에서는 후계자를 강제로 골라 그 자리에 앉히기까지 했다. 잔잔한 대양에 있는 산호도인 나인Nine 또는 새비지Savage 아일랜드에서는 그 누구도 책임이 있고 위험한 직분을 떠맡지 않으려고 했기 때문에 실제로 왕권이 중단된 일도 있었다.

서아프리카 여러 지역에서는 왕이 죽으면 계승자를 결정하는 비밀회의가 열린다. 이때 선택된 사람은 체포되고 포박을 당한 채 강제로 사당에 구금되며, 왕권을 인수하겠다고 선언한 뒤에야 풀려날 수 있었다. 이따금 예정된 계승자가 이런저런 수단과 방법을 강구하여 이 명예롭게 여겨지는 왕권을 사양하기도 한다. 왕좌에 앉으라는 사람이 있으면, 이에 무력으로 저항하려고 늘 무장하고 다녔다는 추장에 관한 이야기가 전해지기도 한다.[59] 시에라리온의 흑인들은 어느 누구도 왕권을 물려받지 않으려고 하는 바람에 대다수 부족들은 외국인을 왕으로 만들 수밖에 없었다.

프레이저는 이런 사정으로 인하여 역사가 발전하며 본래 사제직을 겸하던 왕권이 정신적인 권능과 세속적인 권력으로 갈라지게 되었을 것이라고 유추한다. 신성의 부담에 억눌린 왕들은 실질적인 일들에서 지배권을 행사할 수 없었고, 그 때문에 조금 더 열등하지만 실행력 있는 사람들은 신성을 양도할 수밖에 없었다. 그들은 왕의 품위라는 명예를 포기할 준비가 되어 있었다. 그러자 이런 사람들이 세속적인 지배자가 되어 통치의 기반을 갖게 되었고, 반면에 실질적 지배에서 의미가 없는 정신적 권능의

---

59 같은 책, 18쪽에서 바스티안의 『독일인의 로앙고 해안의 탐험』을 인용했다.

소유자는 예전의 터부 왕의 자리를 차지하게 되었다. 고대 일본의 역사에서 이런 주장이 얼마나 넓게 입증되는지는 이미 잘 알려진 사실이다.

이제 원시인과 그 지배자의 관계에 대한 상을 개관하면, 우리는 이에 대한 기술에서 정신분석학적 이해로 나아가는 것은 그리 어렵지 않을 것이라고 은연중에 기대한다. 원시인과 그 지배자의 관계는 매우 복잡한 성격이고 상호 모순에서 빠져나오기 어렵다. 지배자는 바로 다른 사람들의 터부 금지와 일치하는 큰 특권을 위임받는다. 그들은 특권층이다. 지배자들은 백성들에게는 터부로 인해 금지된 일을 할 수도 있고 누릴 수도 있다. 그러나 이 자유와는 상반되게 지배자는 평범한 개인들에게는 압박이 되지 않는 다른 터부에 의해 제한을 받는다. 그러므로 바로 여기서 우리는 같은 사람에게 자유가 많아지면 제한도 그만큼 많아지는 모순에 가까운 첫 번째 상반된 문제를 만난다. 우리는 지배자에게 지극히 큰 주술의 힘이 있다고 믿고 있으며, 이 때문에 일반인들은 지배자의 몸이나 소유물과 접촉하기를 두려워한다. 반면에 일반인들은 같은 접촉으로 대단히 좋은 영향을 기대하기도 한다. 이는 바로 두 번째의 아주 엄청난 모순이다.

하지만 앞에서 보았듯이 이는 단지 외견상의 모순에 지나지 않는다. 좋은 의도에서 시작되는 왕의 자발적인 접촉은 백성들을 치료하고 보호하는 효과도 있다. 하지만 일반인이 왕이나 왕의 소유물을 만지는 행위는 위험한데, 그 이유는 아마도 백성에 의한 접촉이 공격적 경향을 생각나게 하기 때문인지도 모른다. 여기서 쉽게 해결되지 않는 다른 모순이 나타난다. 백성들은 지배자가 자연의 과정을 조정하는 엄청난 권능이 있는 것으로 여기지만, 이런 위력 있는 지배자를 세심하게 보호하는 것을 의무로 생각한다는 점이다. 마치 그의 많은 권능은 자신을 보호조차 할 수 없는 것 같다는 모순이 발생한다. 사태를 더 어렵게 만드는 것은 지배자가 자신의 막강한 힘을 백성의 이익과 자신을 보호하기 위하여 올바르게 사용할 것이라는 믿음을 주지 않는다는 점이다. 그래서 백성은 지배자를 불신하고, 그를 감시하는 것을 정당하다고 생각한다. 요컨대 왕이 살아가며 지켜야 하는 터부라는 꼬리표가 왕을 감독하는 이 모든 의도에 헌신할 뿐만 아니라 위험에서 왕을 보호하고 또한 왕이 가져오는 위험으로부터 백성을 보호하는 역할을 수행한다.

　지배자에 대한 원시인들의 복잡하고 모순적인 관계를 다음과 같이 설명하는 것은 어렵지 않다. 미신적이거나 그 밖의 다른 동기로부터 왕을 다루는 데 있어서 다양한 경향이 표출된다. 하지만 이 경향들 가운데 각각의 경향은 서로 관련성 없이 극단으로 발전한다. 이로부터 여러 가지 모순들이 생겨나는데, 미개인들의 지능은 이런 모순에 대해 별로 반감을 갖지 않는다. 반면에 고도로 문명화한 사람들에게서 종교나 '충성' 같은 것이 문제가 될 때는 이런 모순이 매우 첨예화된다.

　이는 대체로 수긍할 수 있을 듯하지만, 이 문제를 더 깊은 맥락에서 검토하고, 이런 다양한 경향들의 본질에 대해 더 상세히 진술하려면 정신분석학적 기법이 필요하다. 우리가 이제까지 서술된 실례를 마치 어떤 신경증 징후의 양상에서 나타나듯이 분석한다면, 우리는 그것을 일단 터부 의례의 근거로서 제시되는 지나칠 정도의 불안한 염려와 연결할 것이다. 이런 과민한 염려는 신경증, 특히 우리가 우선 비교해 보려는 강박신경증에 매우 흔하게 나타나는 현상이다. 이 지나친 염려의 유래는 우리에게 잘 알려져 있다. 이런 염려는 애착이 주도적일 경우 외에 이와는 반대되는 무의식적 적대감이 나타나는 곳, 즉 양가적 감정 태도의 전형적인 사례가 실제화되는 곳이라면 어디서든 나타난다. 이렇게 되면 적대감은 애착의 과도한 상승을 통하여 염려로 나타났다가 강박적인 성격을 띠게 된다. 그렇지 않으면 무의식적 반대 흐름을 억압하는 애착의 사명은 충족되지 못할 것이기 때문이다.

모든 정신분석가는 전혀 있을 수 없을 것 같은 관계, 예컨대 어머니와 자식 사이 또는 다정한 부부 사이에도 불안한 과잉 애착이 나타난다는 것을 경험했다. 특권층에게 이를 적용해 보면, 특권층에 대한 존중과 우상화에 대한 무의식 속의 강력한 적의의 흐름이 반대급부로 작용한다는 것, 그러므로 우리가 예상했던 대로 여기서도 양가적인 감정적 태도의 상황이 구체화된다는 통찰을 얻게 된다. 왕에게서 터부의 동기에 분명히 기여하는 것처럼 보이는 불신은 이런 무의식적 적대감의 직접적인 또 하나의 표현일지도 모른다. 우리는 - 서로 다른 민족들에게서 일어나는 이런 갈등의 다양한 결과 때문에 - 이런 적대감의 증거가 훨씬 쉽게 드러난 사례를 찾으려고 난처할 필요는 없다. 프레이저[60]에 의하면 시에라리온의 미개한 티메족은 선출된 왕을 대관식 하루 전날 밤에 매질할 수 있는 권리를 가지고 있다. 그들은 이 규정에 따른 특권을 철저히 사용하여 이따금 불운한 지배자는 대관식을 넘기지 못하고 죽음을 맞이한다. 그래서 부족의 추장들은 어떤 특정인에게 앙심을 품으면, 그 사람을 왕으로 선출한다. 어쨌든 이런 사례에서도 적대감은 그 자체로 드러나는 것이 아니라 의례를 빌어서 나타난다.

지배자들에 대한 원시인들의 또 다른 측면의 행동은 신경증에서는 일반적으로 이른바 '박해망상Verfolgungswahn'으로 알려진 어떤 과정을 상기

---

60 같은 책, 18쪽에서 츠바이펠J. Zweifel과 무스티에르M. Moustier의 『니제르의 수원지 탐험Voyage aux sources du Niger』(1880)을 인용한 부분이다.

시킨다. 여기서 어느 특정인의 의미가 엄청나게 높아지고 그의 완벽한 힘이 터무니없이 상승할 때가 있는데, 이 경우 환자가 경험하는 불쾌한 모든 것에 대한 책임감은 특정인에게 더 가중될 수 있다. 본질적으로 미개인들이 왕을 대하는 태도는 그들이 왕에게 비와 햇빛, 바람과 날씨를 조절하는 힘이 있다고 믿는다면, 신경증 환자들이 취하는 태도와 똑같다. 미개인들은 자연이 성공적인 사냥과 풍작에 대한 기대를 실망에 빠트리는 순간 왕을 폐위하거나 살해한다.

편집증 환자Paranoiker가 박해망상에서 보여 주는 전형적인 특성은 아들과 아버지의 관계에서 잘 나타난다. 아들은 아버지를 이런 종류의 위력의 소유자라고 생각하는데, 아버지에 대한 아들의 불신은 아버지에 대한 과대평가와 내적으로 관련되는 것으로 나타난다. 편집증 환자가 삶의 관계를 맺은 사람들 중 한 사람을 '박해자'로 지명할 때, 이 환자는 그를 아버지의 계열로 높게 올려놓는다. 그럼으로써 환자는 그를 자신이 느끼는 모든 불행에 책임이 있을 수 있는 조건으로 몰고 간다. 미개인과 신경증 환자 사이의 이 두 번째 유사성은 우리에게 지배자에 대한 미개인들의 관계에서 얼마나 많은 것이 아버지에 대한 아들의 유아기적 태도에서 유래하는지를 짐작하게 한다.

그러나 터부에 의한 금지를 신경증 징후와 비교하려는 우리의 관찰 방식에 가장 강력하게 부합되는 근거는 왕권의 위치에 대해 앞서 언급했던 터부 의례 자체에서 찾아볼 수 있다. 우리가 의례를 통해 나타날 효과가 처음부터 의도적이었다고 가정할 때, 이 의례는 이중적 의미를 지니며 또한 분명히 양가적 경향에서 유래한 것임을 알 수 있다. 터부는 왕에게 명예를 부여함으로써 왕을 모든 범인이 상상할 수 없을 만큼 높은 경지로 올려놓을 뿐만 아니라, 그의 삶을 고통스럽고 동시에 견딜 수 없는 부담으로 만든다. 이렇게 되면 왕은 백성들의 상태보다 훨씬 더 저열한 속박의 상태에 빠질 수밖에 없다. 이는 우리에게 신경증 환자의 강박적 행동에 정확하게 대응하는 현상으로 보인다. 이 경우에 억압된 충동과 이를 억압하는 충동이 동시적이고 공통적인 만족을 위하여 서로 만나게 된다. 강박적 행동은 피상적으로는 금지된 행동에 대한 방어처럼 보인다. 그러나 우리는 그것이 실제로는 금지된 것의 반복이라고 말하고 싶다. 여기서 '피상적인 것'은 영적 삶의 의식적인 심급을, '실제적인 것'은 무의식적 심급을 향한다. 이렇게 왕의 터부 의례는 **피상적으로는** 최고의 명예이자 그것의 보증 같아도 **실제로는** 신분 상승에 대한 처벌이고, 백성들이 왕에게 취하는 보복인 것이다. 세르반테스의 경우 산초 판사가 그의 섬에서 총독으로서 경험하는 일들은 궁정의 의례에 대한 이해로서 유일무이하다는 것을 그에게 깨닫게 하였다. 만일 이에 대하여 오늘날의 왕이나 지배자들의 견해를 들을 수 있다면, 우리는 이에 동의하는 사람들이 많을 것이다.

무슨 이유로 지배자에 대한 감정적 태도가 이렇게 강력한 무의식적 적의의 요소를 포함하는지는 매우 흥미로운 문제이지만, 그것은 이 연구의 한계를 넘어서는 일이다. 우리는 이미 유아기의 아버지에 대한 콤플렉스에 대해 언급한 바 있다. 이에 덧붙이자면, 왕권의 전사(前史)를 추적하는 일은 우리에게 결정적인 근거를 제공하리라는 사실이다. 프레이저의 인상적이지만 확고하지만은 않은 설명에 따르면 최초의 왕들은 외국인들이었는데, 그들은 짧은 통치 기간 후에는 신성의 대표자로서 축제의 제물이 되는 운명이었다고 한다.[61] 기독교의 신화도 어쩌면 이런 왕의 발전

---

61 『황금가지』, 「주술의 기술과 왕들의 진화The magic Art and the Evolution of Kings」, 제2권 (1911)

사에 영향을 받았을지도 모른다.

3) 죽은 자와 연관된 터부

우리는 죽은 자들이란 강력한 지배자들이라고 알고 있다. 그러나 어쩌면 죽은 자들이 적으로 간주된다는 사실을 알고 놀랄지도 모른다.

우리가 전염과의 비교라는 바탕 위에 머물러도 좋다면, 죽은 자들에 대한 터부는 대부분 원시 종족에게서 유난히 많이 퍼져 있었다. 우선 이것은 죽은 자와의 접촉이 초래하는 결과와 죽은 자를 위해 애도하는 행동에서 잘 표현된다. 마오리족은 시체를 만지거나 어떤 식으로든 매장에 참가했던 사람은 대단히 부정하여 무엇보다 동료들과의 교류가 단절되거나 말하자면 거부당한다. 이런 사람은 어떤 집에도 들어갈 수 없고 어떤 사람이나 어떤 물건도 만질 수 없으며, 그렇게 하면 그 대상도 감염되고 만다. 그는 음식에 손을 대서도 안 되며, 부정을 타기 때문에 손을 사용할 수 없다. 음식이 땅바닥에 놓이면, 부정 탄 사람은 그 앞에 앉거나 무릎을 꿇고, 두 손을 뒷짐을 진 채로 음식을 남김없이 입술과 혀로 모조리 먹어야 한다. 이따금 다른 사람이 먹여 주는 것은 허용된다. 그러면 먹여 주는 사람도 가슴을 쭉 펴서 죽은 자와 접촉이 있었던 자의 몸에 닿지 않도록 세심하게 주의를 기울여야 한다. 그러나 이 도움을 주는 사람도 당사자보다 적지 않게 엄격한 제한을 당한다. 마을마다 완전히 황폐하고 공동체에서 쫓겨난 개인, 너무나 초라하게 얼마 안 되는 적선으로 살아가는 사람들이 있다. 이런 존재에게 팔 하나 길이만큼 접근하는 것이 허용되는 사람은 오로지 죽은 자에게 마지막으로 애도를 표하던 사람뿐이었다. 하지만 격리 기간을 끝내고 시체 때문에 부정해진 사람이 다시 동료들과 섞이려면 격리 기간 동안 사용하던 모든 그릇을 깨트리고, 입었던 의복도 모조리 내던져야 했다.

죽은 자의 육체를 만진 이후에 이행되는 터부 관습은 폴리네시아와 멜라네시아 전 지역, 그리고 아프리카의 일부 지역에서는 다음과 같다. 즉, 늘 변함없는 부분은 음식에 손을 대서는 안 된다는 금지이며, 이로 인해 다른 사람이 먹여 주어야만 하는 일이 일어난다는 점이다. 주목할 만한 것은 폴리네시아인 또는 어쩌면 하와이의 경우에만[62] 사제 겸 왕은 신성한 행사를 실행하는 동안에도 같은 제한을 지켜야 한다는 점이다. 통가섬에서 죽은 자들에 대한 터부는 이에 해당하는 사람의 금지 사항이 그 자신의 터부의 힘을 통하여 차이가 나고 다양해진다는 것을 뚜렷하게 보여 준다. 죽은 추장의 시신을 만진 사람이 부정을 타는 기간은 10개월 동안 계속된다. 그러나 그런 사람이 추장이었다면, 죽은 자의 신분에 따라 부정을 타는 기간은 3개월, 4개월, 또는 5개월 동안 계속된다. 반면에 손을 댄 사람이 추장이어도 죽은 자가 신격화된 대추장일 경우에 부정을 타는 기간은 10개월 동안 계속된다. 미개인들은 이런 터부 규정을 어긴 사람은 병들어 죽을 수밖에 없다고 확실하게 믿는다. 이 믿음이 지나쳐서 어느 보고자에 따르면 이 미개인들은 결코 그렇지 않다는 사실을 증명할 엄두도 내지 못했다는 것이다.[63]

죽은 자와의 접촉이 비유적인 의미에서 이해될 수 있는 사람들, 즉 과부와 홀아비처럼 죽은 자를 애도하는 유가족의 터부 제한은 본질적으로 동일하지만, 우리의 연구 목적에 있어 훨씬 더 흥미롭다. 지금까지 언급

---

62 프레이저, 『황금가지』, 「터부」, 138쪽 이하
63 같은 책 140쪽에서 마리너W. Mariner의 『통가섬 원주민에 대하여An Account of the Natives of Tonga Island』(1818)를 재인용했다.

87

한 터부 규정에서 터부의 전파성이나 전염성에 대한 전형적인 표현만을 관찰한다면, 이제 우리가 보고해야 할 터부 규정의 사례에서 터부의 동기, 피상적인 동기뿐만 아니라 우리가 심원하고 진실한 것으로 간주해도 좋을 만한 동기가 분명하게 암시된다.

브리티시 컬럼비아의 슈스와프족Shuswap은 죽은 자의 홀아비와 과부가 애도의 기간 동안 격리된 채 살아간다. 그들은 자기 머리나 몸을 손으로 만져서는 안 된다. 그들이 쓰던 모든 그릇도 다른 사람이 사용해서는 안 된다. 사냥꾼도 이런 사람들에게 다가가서는 안 되는데, 왜냐하면 그들이 근처에 있다는 사실 자체가 재수 없는 일이기 때문이다. 만일 어느 애도하는 사람의 그림자가 그에게 드리워질 경우, 그는 곧 병이 든다. 애도하는 기간 동안 그들은 가시덤불 위에서 자야 하고, 가시덤불로 침대를 둘러야 한다. 이 조치는 죽은 자의 혼령이 접근하는 것을 막기 위해 결정된 사항으로, 다른 북아메리카 부족에 의해 보고된 과부에 대한 관습은 이를 더 분명하게 보여 준다. 즉, 남편이 죽은 뒤에 미망인은 사별한 남편의 혼령이 접근하지 못하도록 오랫동안 마른 풀로 만든 바지를 입고 지낸다. 이 사례는 비유적인 의미에서의 접촉도 육체적인 접촉으로 받아들였다는 것을 우리에게 명백하게 보여 준다. 그럴 것이 죽은 자의 혼령은 유가족을 떠나지 않고 애도하는 기간 동안 그들 주변을 계속 '떠돌기' 때문이다.

필리핀 제도의 팔라완Palawan섬 주민인 아구타이노족은 미망인이 되면 남편이 죽은 뒤에 칠팔일 동안은 자신의 거주지인 오두막을 떠나서는 안 된다. 그 시간이 아무도 만날 일이 없는 저녁때라도 그러하다. 이런 미망인을 만나는 자는 순식간에 죽을 위험에 빠지는데, 그래서 과부는 걸을 때마다 나무 막대기로 나무를 두드리며 지나감으로써 다른 사람들이 접근하지 못하도록 경고한다. 그러나 이때 막대기에 맞은 나무들은 말라

죽는다. 이런 미망인의 위험성은 또 다른 사례를 통하여 분명해진다. 가령 브리티시 뉴기니(오늘날 파푸어뉴기니)의 메케오 지역에서 아내를 잃은 홀아비는 주민의 권리를 박탈당하고, 한동안 추방자처럼 살아간다. 그는 밭을 갈 수도 없고, 공개적으로 나다닐 수도 없으며, 심지어는 늘 다니던 길로도 다닐 수 없다. 그는 마치 들짐승처럼 높게 자란 풀 속이나 덤불 사이를 돌아다녀야 한다. 누군가가 접근하는 낌새가 느껴지면, 특히 여자가 접근하는 낌새가 느껴지면 깊은 숲속으로 숨어야만 한다. 이런 암시를 통하여 우리는 홀아비나 과부의 위험성이 바로 유혹에 빠지는 데 있다는 것을 쉽게 알 수 있다. 아내를 잃은 사내는 아내의 대용을 찾고자 하는 유혹에 저항해야 한다. 과부 역시 이와 같은 욕망과 싸워야 하는데, 더욱이 과부는 남편을 잃은 채 다른 사내의 욕정을 불러일으킬 수도 있는 것이다. 이런 모든 대리 만족은 애도의 의미에 상반되며, 이는 분명히 죽은 혼령의 분노를 일으키게 할 만큼 위험한 행동인 것이다.[64]

미개인에게서 가장 낯설면서도 대단히 배울 것이 많은 애도 기간 중의 터부 관례 중 하나는 죽은 자의 이름을 입에 올려서는 안 된다는 금지 사항이다. 이 관례는 일반적으로 퍼져 있고, 아주 다양한 과정과 의미심장한 결과를 보여 주었다.

이런 금지의 관례는 가장 잘 보존된 터부 관례를 우리에게 보여 주곤 하는 오스트레일리아와 폴리네시아 원주민에게서만 이행되는 것은 아니다. 그것은 서로 멀리 떨어져 있는 부족들, 예컨대 시베리아의 사모예드족과 남인도의 토다족, 타타르의 몽고족과 사하라 사막의 투아레그족,

---

64 이 책의 55쪽 내용을 참고한다. '허용할 수 없음'을 터부와 연결했던 여자 환자는 거리에서 상복을 입은 사람을 만날 때면 언제나 분노가 치밀어 오른다고 고백한 바 있다. 그러면서 이런 사람은 외출을 금지해야 한다고 외쳤다.

일본의 아이누족, 중앙아프리카의 아캄바족과 난디족, 필리핀 제도의 틴구아족, 니코바르 제도의 원주민들, 마다가스카르와 보르네오의 원주민들에게서도 나타난다.[65]

여기서 몇몇 종족은 금지와 이로부터 파생되는 결과들이 장례를 치르는 기간 동안만 지속되며, 다른 몇몇 부족에서는 영구적으로 지속되기도 한다. 그렇지만 모든 경우에 죽은 시점이 멀어지면 금지도 완화되는 양상을 보인다.

죽은 자의 이름에 대한 기피는 대체로 아주 엄격하게 지켜진다. 남아메리카의 몇몇 종족은 유가족이 사람들 앞에서 죽은 자의 이름을 부르는 것은 지독한 모욕으로 간주되었고, 이에 대한 처벌은 살인에 대한 처벌보다 가볍지 않았다.[66] 죽은 자의 이름을 부르는 것이 왜 그렇게 혐오스러울 수밖에 없는지 처음에는 쉽게 추측할 수 없겠지만, 이와 결부된 위험은 여러 방향으로 흥미롭고 의미심장한 일련의 보고 수단을 만들어 냈다. 아프리카의 마사이족은 누군가 죽은 뒤에는 그의 이름을 바꾸어 버림으로써 위험을 피한다. 말하자면 모든 금지가 과거의 이름과 관련된 것이므로 이 새로운 이름은 이제 거리낌 없이 거론되어도 좋은 것이다. 이런 경우에 죽은 자의 혼령은 자신의 바뀐 이름을 알지 못하고 차후에도 알아차리지 못하는 것처럼 보인다.

오스트레일리아에서 아델라이데와 인카운터만에 사는 부족은 죽은 자의 이름을 부르지 않도록 주의하는데, 누군가 죽으면 이름이 같은 사람들이나 비슷한 사람들이 모두 이름을 바꿀 정도로 철저한 태도를 보인

---

65 프레이저, 『황금가지』, 353쪽
66 같은 책, 352쪽 등

다. 빅토리아와 북서아메리카의 몇몇 부족은 누군가 죽으면 이름이 비슷하게 들리든 말든 전혀 고려하지 않고 친척들 전체가 이름을 일제히 바꾸어 버린다. 파라과이의 구아이쿠루족Guaycuru은 이렇게 슬픈 사건에도 불구하고, 추장은 부족의 모든 구성원에게 새로운 이름을 지어 준다. 이때부터 부족의 구성원들은 마치 그들이 그 이름을 예전부터 갖고 있었던 것처럼 새로운 이름을 기억한다.[67]

나아가 죽은 자의 이름이 어떤 동물의 이름, 어떤 사물 등의 이름과 같다면, 앞에서 언급한 부족의 많은 사람은 이 이름을 사용하여 죽은 자를 기억하는 일이 없도록 이 동물과 사물의 이름을 바꾸는 것을 필연적인 일로 여긴다. 그래서 어휘는 쉴 새 없이 바뀔 수밖에 없었고, 특히 죽은 자의 이름을 부르는 것이 계속해서 금지되었을 때 선교사들은 상당한 어려움을 겪었다. 선교사 도브리츠호퍼Dobrizhofer는 7년 동안 파라과이의 아비포네족과 같이 지내는 동안 재규어에 해당하는 이름이 세 번 바뀌었으며 악어, 가시, 백정에 해당하는 이름도 유사한 운명을 겪었다.[68] 하지만 죽은 자의 이름을 입에 올리는 것을 꺼리는 관습은 고인이 생전에 하던 어떤 일도 언급하지 않는 방향으로까지 확장된다. 이런 억압적 과정의 의미심장한 결과로서 이 종족에게는 어떤 전통이나 어떤 역사적인 잔재도 남아 있지 않고, 이 때문에 이들의 과거사를 연구하는 일에는 대단한 장애가 생기게 되었다. 그러나 이 원시 민족은 이런 문제를 보완하는 관습이 토착화되었다. 즉, 장례를 지낸 지 오랜 세월이 지난 뒤에는 고인의 이름을 자손에게 부여함으로써 그 이름을 다시 일깨운다. 이때 자손

---

67 같은 책, 357쪽. 어느 늙은 스페인 사람의 보고서를 인용했다.
68 같은 책, 360쪽

은 고인의 환생으로 간주된다.

　미개인들에게는 이름이 인격의 본질적인 부분이고 중요한 소유물이라는 것, 그들이 말에 사물의 의미를 부여한다는 것을 우리가 유념한다면, 이런 이름에 대한 터부의 이질적인 면도 상당히 완화될 것이다. 내가 다른 곳에서 상술한 바와 같이 우리의 어린아이들도 동일한 행동을 보인다. 아이들은 두 사물이 같은 이름으로 불린다면 여기서 언어의 유사성을 배제하는 것이 아니라 철저히 연관성을 추리한다. 즉 둘 사이에는 분명히 어떤 심원한 의미의 일치가 성립될 거로 생각하는 것이다. 문명 세계의 성인 역시 비슷하다. 그의 처신의 특수한 점을 살펴보면, 그는 고유명사를 중요하게 생각하고 자신의 이름은 독특한 방식으로 자기 인격과 합치된다고 믿는다. 정신분석학적 실제가 무의식적 사유 행위에서 이름의 중요성을 알려 주는 다양한 동인을 발견한다면 바로 이런 점과 일치한다.[69]

　예측할 수 있듯이 강박신경증 환자는 이름에 관해서는 미개인처럼 처신한다. 강박신경증 환자들은(다른 신경증 환자들과 유사하게) 특정한 낱말과 이름을 말하거나 들을 때마다 완벽한 '콤플렉스 과민증세 Komplexempfindlichkeit'를 보인다. 그들은 자신의 이름을 사용하는 것에 대해 많은 장애를 자주 드러낸다. 내가 알고 있던 이런 터부에 민감한 어느 여성 환자는 자기 이름을 쓰는 것을 매우 꺼려했다. 그 이유는 자신의 이름이 다른 사람의 손으로 들어가고, 이로 인해 자기 인격의 일부가 그 사람 손에 들어가게 되는 것을 두려워했기 때문이었다. 이 환자는 환상이 이끄는 유혹에 맞서 어떻게든 자신을 방어하기 위하여 그녀 인격의 어떤 부분도 타인에게 양도하지 않으려는 법칙을 스스로 만들었다. 처음에는

---

69 슈테켈Stekel, 아브라함Abraham을 참조한다.

이름을 사용하지 않으려고 하더니 나중에 그녀는 필사 자체를 거부하는 것으로 확장되었고, 결국은 쓰는 행위를 포기하였다.

미개인들이 죽은 자의 이름을 그의 인격의 일부로 평가하고 죽은 자와 관련된 터부의 대상으로 여겨도 우리는 그것을 더는 놀랍다고 생각하지 않는다. 죽은 자의 이름을 거론하는 것도 죽은 자와의 접촉이 터부시 되는 것과 관련되는데, 우리는 이제 바로 이 접촉이 왜 그렇게 엄격한 터부인지를 포괄적으로 검토해도 좋다.

가장 분명한 설명이 있다면, 그것은 아마도 시신과 거기서 곧바로 인지되는 변화가 일으키는 자연적인 공포라고 할 것이다. 그밖에도 사람들은 죽은 자와 관련되는 모든 것에 대한 동기로서 죽은 자를 위한 애도를 무엇보다 중요한 일로 생각한다. 물론 시체에 대한 공포가 터부 규정의 개별적인 사안들을 밝힐 수는 없으며, 애도가 죽은 자의 이름을 말하는 것이 무슨 이유로 살아남아 있는 자들에게 모욕이 되는지를 설명하지는 못한다. 애도는 오히려 고인에게 몰두하면서 그를 기억 속에 자리 잡게 하고, 가능한 한 오랫동안 이것을 보존하려는 성향을 보인다. 터부 관례의 특성에 대해서는 애도 이외의 다른 것을 꼭 검토해야 한다. 바로 이름의 터부가 우리에게 이 알려지지 않은 동기를 드러내 보여 주는데, 터부 관례들에서 이를 알 수 없다면, 우리는 그것을 애도하는 미개인들의 진술을 통해 알 수 있다.

미개인들은 고인의 혼령이 존재하여 우리에게 되돌아오는 것을 두려워한다는 것을 감추지 않는다. 그래서 그들은 이 혼령과 거리를 유지하거나 쫓아 보내기 위해 수많은 의례를 행한다.[70] 죽은 자의 이름을 거론하는 것은 그들에게 죽은 자를 따라가 불러내는 것으로 여겨진다.[71] 이 때문에 그들은 이런 혼령을 불러내고 일깨우는 행위를 피하기 위하여 모든 수단을 철저하게 동원한다. 그들은 죽은 자의 혼령이 그들을 알아볼 수 없도록 변장하거나[72] 자신들의 이름을 완전히 바꾼다. 그들은 죽은 자의 이름을 부름으로써 남아 있는 사람들에게 혼령을 부르는 부주의한 사람들에게 분노한다. 분트의 표현처럼 미개인들은 '악령으로 변해 버린 혼령'[73]에 대한 두려움을 안고 살아간다는 결론을 부인할 수 없다.

이런 통찰과 함께 우리는 앞에서 언급한 터부의 본질은 악령에 대한 두려움이라는 분트의 견해를 입증하는 시점에 도달해 있는지도 모른다.

그의 견해의 전제, 즉 가족 중에 소중한 사람이 죽는 순간 그는 악령으로 변하여 살아 있는 사람들에게 적대감만을 드러낼 뿐이며, 그래서 가족들은 이 사악한 악령의 의지에 모든 수단을 동원하여 대항해야만 한다는 주장은 처음에는 믿을 수 없을 만큼 너무 특이했다. 그렇지만 상당히 권위 있는 저자들은 모두가 이런 주장을 미개인들에게 적용하는 것에 동의한다. 가령 베스터마르크Westermarck는 그의 저서 『도덕 개념의 기원과 발전Ursprung und Entwicklung der Moralbegriffe』의 – 내가 보기에 베스터마르크는 터부에 그다지 주목하지도 않는다. –「고인에 대한 태도」라는 장에서 다음과 같이 진술한다.

"일반적으로 나의 사실적 자료들을 통하면 죽은 사람들은 친한 관계라기보다는 적대자로 간주되는 경향이 짙다는 결론에 도달한다.[74] 그래서 고대인들은 죽은 자의 적대성은 대체로

70 이런 고백의 사례로서 프레이저의 『황금가지』 353쪽 참조. 여기서는 사하라 사막의 투아레그족이 언급되고 있다.

71 아마도 여기에는 죽은 자의 육체가 얼마라도 남아 있는 한이라는 단서가 달려 있을 것이다. 『황금가지』, 372쪽

72 니코바르섬의 경우에 해당한다. 앞의 책, 382쪽

73 분트의 『신화와 종교』, 2권, 49쪽

이방인을 향한 것이고, 그의 후손과 동족의 생명이나 재산에 대해서는 아버지처럼 자상하게 보살핀다고 믿었다는 제번스Jevons와 그렌트 알랜Grant Allen의 주장은 오류에 빠진 것이다."

클라인파울R. Kleinpaul은 그의 매우 인상적인 저서에서 문명화한 민족들에 남아 있는 옛날의 영혼에 대한 믿음을 살아 있는 자와 죽은 자의 관계를 설명하기 위하여 이용한 바 있다.[75] 그의 증명 역시 죽은 자가 살의에 차서 산 자를 저승으로 데려간다는 점에서 정점에 이른다. 그에 따르면 죽은 자는 살해자가 된다. 오늘날 죽음을 형상하는 해골은 죽은 자가 바로 죽음이라는 사실을 표현하고 있다. 살아 있는 사람은 자신과 죽은 자 사이를 가르는 물길이 생길 때까지는 죽은 자의 추적에 안전을 느끼지 못했다. 이런 이유로 사람들은 죽은 자를 섬이나 강 건너에 묻곤 했다. '피안과 차안'이라는 말도 이런 일로부터 생겨났다. 그런데 나중에는 죽은 자의 악의가 완화되면서 그 범주도 제한되었다. 말하자면 원한을 품는 것도 특별한 사례에만 용인되어, 가령 살해당한 사람이 악령이 되어 살인자를 추적하거나 이루지 못한 갈망을 품고 죽은 신부의 원한 같은 경우로 제한되었다. 그러나 클라인파울은 본래 죽은 자는 모두가 흡혈귀가 된다고 생각했다. 그들 모두가 살아 있는 자에게 원한이 있어서 그들

---

74 베스터마르크의 같은 책 제2권, 424쪽. 그의 저서의 주해와 본문에는 설득력 있고, 종종 특징적인 증거의 풍부한 자료가 나타난다. 예를 들면, 마오리족은 "가깝고 사랑스런 친척일수록 죽은 뒤에는 본심을 바꾸면서 예전의 사랑하던 사람에게 사악한 태도를 보인다."라고 믿는다. 다른 한편으로 오스트레일리아 원주민들은 죽은 사람은 누구나 오랫동안 사악한 혼령으로 남으며, 그가 가까웠던 친족일수록 그만큼 더 큰 두려움을 준다고 믿는다. 중앙 에스키모인은 죽은 자는 마을을 자주 돌아다니며 질병과 죽음, 다른 나쁜 일을 퍼트리는 못된 악령으로서 공포를 일으키다가 나중에서야 안식에 이른다는 관념이 지배적이었다.

75 클라인파울, 『민족신앙, 종교, 전설에서 살아 있는 자와 죽은 자Die Lebendigen und die Toten in Volksglauben, Religion und Sage』(1898)

을 해치려고 하거나 목숨을 빼앗으려 한다는 것이다. 일반적으로 시체에서 악령이라는 개념이 만들어졌다.

살아서 아무리 사랑스럽던 사람일지라도 사후에는 악령으로 변한다는 가정은 분명히 몇 가지의 의문점을 제기한다. 무엇 때문에 미개인들이 그들의 소중한 고인들에게 이런 감정의 변화를 보였던 것일까? 왜 그들은 사랑하던 사람을 악령으로 만들지 않으면 안 되었던가? 베스터마르크는 이런 물음에 쉽게 대답할 수 있다고 생각한다.[76]

"죽음은 대체로 인간과 관련하여 최악의 불행이기 때문에 죽은 자는 자기가 처한 운명에 대단히 불만스러워한다고 믿는다. 원시 민족의 관념에 따르면 죽는다는 것은 폭력에 의해서든 주술에 의해서든 살해되는 것이다. 그래서 이런 혼령은 복수심에 불타오르며 매사에 민감하게 반응한다. 죽은 자의 혼령은 살아 있는 자들을 부러워하면서 전에 함께 만나던 사람들과의 만남을 갈망한다. - 그러므로 살아 있는 사람들과 합류하기 위하여 질병을 퍼트려 그들을 죽이려 하는 것을 이해할 수 있다. (…) "

그런데 혼령이 사악하다는 부가적인 설명은 죽음에 대한 본능적인 두려움에 근거하는데, 이 두려움은 죽음에 대한 불안으로부터 생겨난다.

정신신경증적 장애 연구는 베스터마르크가 포함시킨 포괄적인 설명과의 연관성을 우리에게 제시한다.

아내가 남편을, 딸이 어머니와 사별하였다면, 살아남은 사람은 자신의 부주의나 태만 때문에 사랑하는 사람이 죽은 것은 아닐까 하는 - '강박성

---

76 같은 책, 426쪽

자책Zwangsvorwürfe'이라고 부르는 – 뼈저린 의구심에 빠지는 일이 종종 일어나곤 한다. 이때 고인이 된 환자를 얼마나 정성을 기울여 돌보았는지에 대한 기억도, 자신의 잘못이 아니라는 어떤 객관적 근거도 남아 있는 사람의 고통을 없애지는 못할 것이다. 이런 고통은 말하자면 애도의 병리적인 현상을 표현하고 있는데, 시간이 지나면 천천히 사라지는 아픔이다.

이런 사례들에 대한 정신분석학적 연구는 사별하는 아픔의 비밀스런 동기를 우리에게 알려 주었다. 우리는 이 강박성 자책이 어떤 의미에서는 정당하며, 단지 이런 이유만으로도 반론이나 반박이 사라진다는 것을 경험했다. 강박성 자책에서 나타나는 것처럼 애도하는 아내가 사랑하던 남편의 죽음에 책임이 있거나 정말 태만했던 것처럼 보이지는 않는다. 그렇지만 애도하는 아내의 마음속에는 알 수 없는 어떤 것, 무의식적 소망이 들어 있다. 그것은 말하자면 죽음을 불만스럽게 여기지 않았고 또한 힘만 있다면 정말 죽음을 실현할 수도 있었을 무의식적 소망인 것이다. 이제 사랑하는 사람의 죽음에 대한 자책은 바로 이 무의식적 소망을 거부하는 반작용으로 나타난다. 어떤 특정한 사람에 대한 감정적 애착이 강렬한 경우는 대부분 애틋한 사랑의 배후에 도사린 무의식적 적대성이 엿보이곤 했는데, 이것이 바로 인간의 감정에 들어 있는 양가성의 고전적인 사례이자 전형이다. 이런 양가성에 관한 한 그것은 사람의 성향에 따라 크거나 작을 수도 있다. 일반적으로 이 양가성은 방금 기술된 강박적 자책을 일으킬 수 있을 만큼 강한 것은 아니다. 그러나 양가성이 현저할 때, 그것은 사람들이 전혀 예측하지 못하던 가장 사랑하던 사람과의 관계에서 형체를 드러낸다. 우리가 터부 문제에서 자주 비교했던 강박신경증의 성향을 이런 원초적 감정의 양가성을 통하여 주목하게 된다.

우리는 이제 막 고인이 된 영혼의 이른바 악령의 성격과 터부 규정을 통하여 악령의 적의를 막아야 하는 필연성을 설명할 수 있는 계기를 찾았다. 우리가 정신분석학에 따라 강박신경증 환자에게는 이 양가성이 강하다는 것을 발견한 것처럼 원시인들의 감정 생활에도 마찬가지로 양가성이 강하다는 사실을 가정한다면, 이제 미개인들이 고통스런 사별 이후에 무의식 속에 잠재해 있는 적의에 강박신경증 환자와 유사하게 반응하는 것이 – 이는 강박성 자책을 통하여 입증된 바 있다. – 필연적이라는 것을 이해하게 될 것이다.

그러나 무의식 속에서 죽음에 대한 만족으로 고통스럽게 느껴진 적의는 미개인에게는 어떤 다른 운명으로 나타난다. 즉, 미개인에게서 적의는 그 대상인 고인에게 전위됨으로써 방어되는 것이다. 정상인만이 아니라 정신적인 질환이 있는 사람에게도 자주 나타나는 이 방어 과정을 우리는 '투사Projektion'라고 부른다. 그래서 살아남은 사람은 사랑하는 고인에게 적의를 품은 적이 없다고 부인하지만, 고인의 영혼은 적의를 품고 애도 기간에 걸쳐서 적의를 행사하려고 한다. 이 감정 반응의 죄책과 회한은 투사를 통하여 방어에 성공할지라도 사라지는 것이 아니다. 이런 점은 사람들이 두려워하고 단념하면서 부분적으로는 적대적인 악령에 대한 방어 수단으로서 위장하는 여러 가지 제한에 복종하는 태도에서 표출된다. 우리는 이렇게 재차 터부가 양가적인 감정적 태도의 기반 위에서 성장한다는 것을 발견한다. 죽은 자에 대한 터부 역시 죽음에 대한 의식적인 고통과 무의식적인 만족 사이의 대립에서 비롯된다. 혼령의 원한과 그 유래에 관하여 자명한 사실은 바로 가장 가깝고 또 생전에 가장 사랑하던 사람이 죽은 혼령의 원한을 가장 두려워할 수밖에 없다는 점이다.

터부 규정은 여기서도 신경증적 징후처럼 분열적인 양상으로 나타난다. 말하자면 터부 규정은 한편으로 제약의 성격을 통한 애도의 양상으로 나타나는가 하면, 다른 한편으로는 지금 명백히 정당한 방어로 동기화된 - 감추고 싶은 - 고인에 대한 적의로 드러난다. 우리는 일정한 터부 규정을 '유혹에 대한 공포Versuchungsangst'로서 이해하는 법을 배웠다. 그런데 죽은 사람은 무방비 상태이다. 이런 점은 살아 있는 사람에게서 적대적인 욕망을 해소하도록 자극하는데, 그에게 부과되는 금지가 바로 이런 유혹에 대처하는 수단일 수밖에 없다.

베스터마르크가 미개인은 폭력에 의한 죽음과 자연사 사이에 차이를 두지 않는다고 말한다면, 그의 주장은 옳다. 무의식적 사고의 관점에서 보면 살해당한 사람도 자연사한 사람인데, 그는 사악한 소망에 의해 죽었기 때문이다(이런 계통에 가장 가까운 논문으로는 『애니미즘, 주술과 생각의 만능Animismus, Magie und Allmacht der Gedanken』이 있다). 고인이 된 사랑하던 친척(부모나 형제자매)에 대한 꿈의 기원과 의미에 관심 있는 사람은 꿈꾸는 사람, 어린이와 미개인의 경우에 죽은 자에 대한 행동(감정적 양가성에 기반한 행동)에서 완벽한 일치점을 확인할 것이다.

앞에서 우리는 터부의 본질은 악령에 대한 공포라는 분트의 관점을 반박한 바 있었다. 하지만 우리는 지금 죽은 자에 대한 터부는 악령으로 변한 고인의 영혼에 대한 공포에서 비롯되었다는 설명을 통하여 그의 설명에 동조하고 있다. 이는 모순처럼 보일 수 있지만, 이 모순은 쉽게 해결할 수 있다. 우리가 물론 악령의 존재를 받아들였으나, 그것을 최종적인 것, 심리학적으로 해결할 수 없는 존재로 받아들인 것은 아니다. 말하자면, 악령을 살아 있는 자가 죽은 자에게 품는 **적대적인 감정의 투사**로 인식함으로써 악령의 배후를 탐구하기에 이르렀다.

근거가 충분한 가정에 따라 이제 고인에 대한 상반된 - 사랑스럽고 적대적인 - 감정은 사별할 때 애도와 만족으로서 나타난다. 이 분열적인 감정 사이에 갈등이 있을 수밖에 없는데, 이 감정 중 하나인 적대적 감정은 완전히 또는 대체로 무의식적이다. 여기서 갈등의 시작은 상호 간의 강함을 뺄셈하는 식으로 이루어지는 것이 아니다. 이를테면 사랑하는 사람에게 받은 모욕은 용서한다고 누그러지는 것이 아니다. 이 과정은 정신분석학에서는 **투사**로 설명되곤 하던 특수한 심적 기제를 통하여 처리된다. 전혀 알지도 못하고 알려고도 하지 않는 살아 있는 사람의 적의는 내적인 지각으로부터 외부 세계로 투사되며, 이와 동시에 자신으로부터 떨어져 나와 다른 사람에게로 옮겨간다. 우리처럼 살아 있는 사람들은 고인을 사별한 것에 대해 즐거워하는 것이 아니며, 고인의 죽음을 애도한다. 그러나 기이하게도 고인은 나쁜 악령이 되어 살아 있는 사람들을 불행에 빠트리고 죽음을 가져오려고 한다. 이제 살아 있는 사람들은 이 나쁜 적으로부터 자신을 보호해야만 한다. 이를 통해 그들은 내적인 압박의 무게를 덜게 되지만, 이 압박을 외부의 압박과 교환한 것에 지나지 않는다.

고인을 악의에 찬 적으로 만드는 이 투사 과정이 나쁜 기억으로 남고 또한 정말 고인을 책망할 수 있는 실제적인 적대감에 의존한다는 것을 부인할 수는 없다. 아무리 다정한 관계라 할지라도 고인의 가혹한 처사, 지배욕, 부당함 등이 인간사의 배경을 이룰 수도 있는 법이다. 그러나 그것은 그리 단순한 일이 아니다. 우리는 이 계기 자체만으로 고인을 악령으로 만드는 투사의 형성 과정을 이해할 수 없다. 물론 고인의 잘못이 살아 있는 사람의 적의를 일으키는 동인動人의 한 부분이라고 할 수 있지만, 살아 있는 사람이 자신으로부터 적의를 발전시키지 않는다면 아마도 이런 결과가 일어나지는 않을 것이다. 게다가 죽음의 시점은 고인에 대한 원망의 기억을 일깨우고 그것을 정당화하기에는 분명히 부적절한 순간이다.

그러므로 우리는 무의식적인 적의를 규칙적으로 작동시키고 실행하는 동기라고 규정하지 않을 수 없다. 가장 가깝고 소중한 친척에 대한 이런 적대적인 감정의 흐름은 고인의 생전에도 살아 있는 사람의 내면에 잠재해 있었을 수 있다. 즉 그런 감정의 흐름이 어떤 대체 형상을 통하여 의식의 표면으로 드러나지 않았을 수도 있다. 애증의 대상이었던 사람이 세상을 하직하면서 적대감이 내면에 잠재하는 것이 더는 불가능하게 되었고, 갈등은 첨예해지게 된 것이다. 그러니까 사랑의 감정이 최고조에 이른 데서 오는 애도의 감정은 한편으로는 잠재해 있던 적의를 분출시키는 수단인 동시에, 다른 한편으로는 일종의 만족감 같은 것이 드러나지 않도록 하는 수단이다. 이와 함께 투사의 과정에서 무의식적 적대감의 억압과 악령의 보복에 대한 두려움을 표현하는 의례가 생겨난다. 하지만 애도의 시간이 흘러가면서 갈등은 점차 날카로움을 상실하며, 죽은 자에 대한 터부도 약해지거나 종래는 망각 속에 가라앉아 버린다.

〈4〉

지금까지 충분히 교훈적인 죽은 사람에 대한 터부가 발생하게 된 토대를 설명했다. 하지만 일반적으로 터부에 대한 이해에 의미심장한 몇 마디 언급을 빠트릴 수 없다.

죽은 자에 대한 터부에서 악령에 대한 무의식적 적의의 투사는 미개인들의 영적 삶의 형성에 커다란 영향을 미친 일련의 과정 가운데 하나의 사례에 불과할 따름이다. 우리가 관찰한 사례에서 투사는 감정적 갈등의 해소에 기여하며, 신경증에 이르는 수많은 심적 상황에서도 동일한 역할을 한다. 그러나 투사는 방어를 위해 생겨난 것은 아니며, 갈등이 없는 곳에서도 이루어진다. 내적 지각의 외부로의 투사는 예컨대 우리의 감각적 지각을 결정하는 원초적 기제이며, 그래서 투사는 대체로 우리 외부 세계의 구성에서 큰 역할을 하는 기제이다. 조건의 성질이 충분히 확인된 것은 아니지만 어떤 조건 아래서는 감정과 사고 과정에 대한 내적 지각은 감각적 지각의 과정처럼 외부로 투사될 수 있다. 투사는 외부 세계의 형성에 사용되지만, 일부는 여전히 내적 세계에 남아 있기도 한다.

이런 점은 어쩌면 주의력의 기능은 본래 내적 세계가 아니라 외적 세계에서 흘러드는 자극을 향한 것이고, 내적 심리의 과정에서는 쾌락과 불쾌의 발달에 대한 정보만 받아들인다는 사실과 발생론적으로 관계가 있는 것인지도 모른다. 언어 표상의 감각적 잔재와 내적 과정의 연결을 통한 추상적 사유 언어가 형성되면서부터 비로소 이 내적 심리의 과정 자체가 점차 지각 능력으로 발전되었다. 이때까지 미개인들은 외부를 향한 내적 지각의 투사를 통하여 외부 세계의 이미지를 발전시켜 왔던 것으로, 우리는 지금 훨씬 강화된 의식적 지각을 가지고 외부 세계의 이미지를 심리학적으로 다시 해석해야만 한다.

자신이 지닌 사악한 자극을 악령에 투사하는 것은 미개인의 '세계관'이 되어 버린 체계의 일부일 뿐인데, 우리는 이것을 다음 논문에서 '애니미즘적인 것'으로 인식하게 될 것이다. 이어서 우리는 이런 체계 형성의 심리학적 성격을 확증하고, 우리의 근거를 재차 신경증이 우리에게 가져오는 체계 형성의 분석 속에서 발견해야만 할 것이다. 우리는 일단 이른바 꿈 내용의 '이차 가공sekundäre Bearbeitung'이 이 모든 체계 형성에 대한 전형이라는 것만 보여 주고자 한다. 다만 잊지 말아야 할 것은 체계 형성의 단계에서 보면 의식에 의해 판단되는 행동에는 두 종류의 행동, 즉 체계

적이고 실제적이지만 무의식적 행동이 있다는 사실이다.[77]

　우리는 여기에서 체계 형성의 발전 단계에서 보면 의식에 의해 판단되는 개개의 행위에는 두 종류, 다시 말해서 조직적 행위와 현실적이지만 무의식적 행위가 있다는 것을 잊어서는 안 된다. 분트는 "세계 전역의 신화가 악령에게 부여하는 영향에 따라 우선 재앙을 가져오는 것들이 압도적인데, 이 때문에 민족 신앙에서는 분명히 사악한 악령이 선한 혼령보다 더 오래된 것으로 보인다."라고 말한다.[78] 이제 악령의 개념은 대체로 죽은 사람과 산 사람과의 중요한 관계에서 유래했을 가능성이 아주 크다. 이 관계에 내재하는 양가성은 인류 발전 단계를 거듭하면서 같은 뿌리로부터 두 가지 완전하게 대립하는 심리적 형태를 만들어 냄으로써 자신을 표현했다. 두 가지 심리적 형태란 바로 한편으로는 악령 및 유령에 대한 두려움, 다른 한편으로 조상 숭배이다.[79]

　최근에는 죽은 사람의 혼령이 계속 악령으로 파악된다는 사실은 죽음에 대한 애도가 악령 신앙의 발생에 어떤 것보다 큰 영향을 미쳤음을 보여 준다. 애도는 아주 특정한 심적 과제를 완수해야만 하는데, 그것은 생존해 있는 사람의 기억과 희망을 고인으로부터 벗겨내는 일이다. 이 과제가 수행되면 고통이 줄어들고, 아울러 후회와 자책 그리고 이로 인한 악령에 대한 공포도 줄어든다. 하지만 처음에 악령으로서 공포의 대상이

---

77 미개인의 투사Projektion에 의한 창조와 가까운 것은 인격화Personifikation 행동이다. 시인은 인격화를 통하여 자기 내부에서 다투며 대립하는 충동적 자극을 분리된 개체로 표출한다.

78 분트, 『신화와 종교Mythus und Religion』, II, 129쪽

79 유령에 대한 공포에 시달리거나 어린 시절에 시달린 적이 있는 신경증 환자의 정신분석 과정에서 유령이 환자의 부모로 드러난다는 것을 밝혀내기는 그리 어렵지 않다. '성적인 유령Sexualgespenster'과 관련된 논문으로 참조할 만한 것으로는 헤베를린Haeberlin의 『성 문제Sexualprobleme』(1912) 2월호가 있다. 여기서 다루고 있는 '성적인 유령'은 고인이 된 아버지가 아니라 성적인 의미를 지니는 다른 사람이었다.

었던 고인의 혼령과도 친숙한 관계로 만날 수 있게 된다. 동시에 고인의 혼령은 조상의 혼령이 되고, 살아 있는 사람들은 조상의 혼령에게 도와 달라고 외치게 된다.

시간이 지나가면서 살아남은 사람과 고인의 관계를 살펴보면, 양가성이 현저하게 줄어들었음은 의심할 여지가 없다. 이제 고인에 대한 무의식적 적대감은 - 여전히 남아 있을 수는 있겠지만 - 시간이 지남에 따라 더는 특별한 정신적 소모가 필요 없게 된다. 전에는 자신을 충족시키는 증오와 고통스런 애정이 서로 싸웠었다면, 이제는 그곳에 치유된 흉터처럼 경건한 상태가 자리를 잡고 일어나 '**죽은 자에 대해서는 좋은 점만을 말하라**de mortuis nil nisi bene'는 격언을 요구한다. 오직 신경증 환자들만이 소중한 사람을 잃어버림으로써 강박적 자책에 시달리며 오랫동안 슬퍼하는지도 모른다. 정신분석에서 오랜 감정적 양가성의 비밀을 드러내는 것은 바로 강박적 자책이다. 어떤 과정에서 이런 변화가 일어나는지, 그것이 체질적 변화에 기인하는 것인지 또는 가족 관계의 바람직한 개선 때문인지는 여기서 거론할 필요가 없다.

그러나 어쩌면 우리는 이런 사례를 통하여 다음과 같은 가설을 세워볼 수 있다. 즉 **일반적으로 양가성은 오늘날을 살아가는 문명인에게서 나타나는 것보다 미개인의 영적 자극에서 훨씬 더 강하게 노출된다. 이 양가성이 점점 약화되면서 양가적인 갈등의 타협 징후인 터부도 천천히 사라져갔다.** 그렇다면 이런 투쟁과 이로부터 야기되는 터부를 재생시킬 수밖에 없는 신경증 환자들에 관해 우리는 그들이 고대의 체질을 격세 유전적인 잔재로 물려받았다고 말할 수도 있다. 신경증 환자들은 이제 문화의 요구에 따라 이를 조정하기 위한 어마어마한 정신적 힘의 소모를 강요당한다.

분트는 '신성하고 부정한'이라는 터부라는 말의 이중성에 대하여 언급한 바 있는데, 이 자리에서 모호하고 불분명한 그의 말을 기억해 보자. 본래 터부라는 말은 신성하고 부정한이라는 의미가 아니라 손을 대서는 안 되는 악마적인 것을 지칭했다. 그래서 터부라는 말은 극단적인 두 개념을 공유하는 특징을 강조하고 있지만, 여전히 과거에 남아 있는 공동체, 신성한 것과 부정한 것의 두 영역 사이에서 훗날에도 분화되지 않은 어떤 근원적인 일치가 존재하는 공동체를 증명한다는 것이다.

이와는 상반되게 우리는 우리의 논의로부터 터부라는 말은 태고부터 언급한 이중적 의미를 지니고 있으며, 어떤 특정한 양가성의 특징으로 사용될 뿐만 아니라, 이 양가성에서 비롯되는 모든 것을 나타낸다는 결론에 어렵지 않게 도달한다. 한마디로 터부는 그 자체가 양가적이다. 이말의 확정적인 의미로 보아 터부와 관련된 금지는 감정적 양가성의 결과라고 추정할 수 있음을 부차적으로 언급하고자 하는데, 이는 포괄적인 연구의 결론이기도 하다. 고대어를 연구해 보면 우리는 대립적인 것을 내포하는 말들이 많이 있었으며, 어떤 의미에서는 터부라는 말처럼 양가적인 말들이 많았다는 것을 알 수 있다.[80] 대립적 의미를 지닌 원시어가 음운상으로 미세하게 변화함으로써 통일된 대립적 언어는 분리된 표현이 될 수 있었다.

터부라는 말은 다른 운명을 겪게 되었다. 이 말이 지칭하는 양가성의 중요성이 줄어들면서 이 말 자체 또는 이와 유사한 말이 어휘에서 사라지게 되었다. 나는 나중에 확인했으면 하지만, 이 개념이 겪는 운명의 배

---

80 『정신분석학과 정신병리학, 탐구에 대한 연감Jahrbuch für Psychoanalytik uns Psychopathologie, Forschung』, 제2권(1910), 전집 8권에 들어 있는 아벨Abel의 『원시 언어의 반대 의미에 관하여Über den Gegensinn der Urworte』에 대한 나의 보고서를 참조한다.

후에는 하나의 명백한 역사적 변화가 숨어 있다. 그리고 이 말은 처음에는 엄청난 감정적 양가성을 특징으로 하는 아주 특정한 인간관계와 밀접한 연관을 맺고 있다가 이로부터 유사한 다른 관계로 퍼져나갔다.

우리가 틀린 것이 아니라면, 터부를 이해하는 것은 양심의 본질과 기원을 밝히는 기회가 될 수 있다. 우리는 개념을 확대하지 않고도 터부와 관련된 양심이나 터부를 범한 이후의 죄의식을 거론할 수 있다. 터부와 관련된 양심은 아마도 우리가 접하는 양심이라는 현상 가운데 가장 오래된 형태일 것이다.

그렇다면 '양심'이란 대체 무엇인가? 언어가 증명하는 바에 따르면, 그것은 우리가 가장 확실하게 알고 있는 것에 속한다. 많은 언어에서 양심이라는 말은 의식과 거의 분리되지 않는다.

양심은 우리 내부에 있는 특정한 소망 충동을 거부하는 내적인 지각이다. 그러나 양심의 본뜻은 이 거부가 다른 어떤 것에 호소하는 것이 아니라 그 자체를 확신한다는 데 있다. 이는 죄의식의 경우에 훨씬 더 분명해진다. 죄의식이란 우리가 특정한 소망 충동을 이행하려는 행동에 대한 내적 판단의 지각이라고 할 수 있다. 이때 어떤 근거는 불필요하다. 양심이 있는 사람은 누구나 이 판단을 정당한 것으로 느끼고, 충동적인 행동에 대해서는 죄책감을 느낀다. 그런데 터부에 대한 미개인들의 행동이 이와 비슷한 성격을 보여 준다. 터부는 그들에게 양심의 명령이고, 이것을 어기면 무서운 죄책감을 일으킨다. 그들은 터부의 기원을 모르면서도 이와 같은 죄책감을 당연한 일로 받아들인다.[81]

---

81 터부의 경우 죄의식은 모르고 터부를 범했다고 해서 전혀 경감되는 것이 아니라는 점이 흥미롭다. 마찬가지로 그리스 신화에서도 오이디푸스의 죄는 자신이 알거나 의도하지 않은 채 일어났어도 없어지는 것이 아니다.

그러므로 양심 역시 어쩌면 감정적 양가성의 토대 위에서 이 양가성의 지배를 받는 특정한 인간관계에서 발생했는지도 모른다. 그리고 상호 대립적인 감정 중 한 부분은 무의식적이지만, 그것은 강압적 지배력을 행사하는 다른 한 부분을 통하여 억압당하는 조건, 즉 터부와 강박신경증에 유효한 조건에 따라 발생했는지도 모른다. 이런 결론은 우리가 신경증의 분석으로부터 알게 된 여러 가지 결과와 일치한다. 이에 대해 우리는 다음과 같은 사실을 발견한다.

첫째로 강박신경증 환자의 성격에서 놀랄 만큼 양심적인 성향은 무의식 속에 잠재하는 유혹Versuchung에 대한 반작용의 증상으로서 부각된다. 나아가 강박신경증 환자는 증상이 심해질수록 죄의식을 고도로 발전시킨다. 우리가 강박신경증 환자들에게서 죄의식의 근원을 찾아내지 못하면, 우리는 그들에게서 아무것도 알아낼 수 없다고 말해도 좋을 지경이다. 이런 과제의 해결은 이제 신경증 환자의 개별적 사례를 통하여 이루어질 수 있다. 미개한 여러 종족에 대해서도 우리는 이와 유사한 해결을 끌어내고자 한다.

둘째로 우리가 주목해야 하는 것은 죄의식이란 불안의 본성을 많이 내포한다는 사실이다. 그래서 죄의식은 주저 없이 '양심의 불안'이라고 기술할 수 있다. 그러나 불안은 무의식적 근원에서 나온다는 것을 암시한다. 우리는 신경증에 관한 심리학으로부터 소망 충동이 억압당하면 그 리비도는 불안으로 변화한다는 사실을 경험했다. 이에 대해 죄의식에도 알지 못하고 의식하지 못하는 어떤 것이 있다는 것, 즉 이것이 바로 거부의 동기라는 것을 기억할 필요가 있다. 죄의식에 들어 있는 불안의 성격은 바로 이 알지 못하는 것에 상응한다.

터부가 주로 금지와 관련된 것에서 나타난다면, 이 터부의 근저에 어떤 적극적인 욕망의 흐름이 존재하는 것은 당연하다. 이를 증명하기 위해 신경증과의 유사성을 끌어낼 필요가 없다는 주장은 받아들일 만하다. 그럴 것이 욕망의 대상이 되지 못하는 것은 금지의 대상도 되지 못하기 때문이다. 어쨌든 가장 철저하게 금지되는 것은 분명히 욕망의 대상이기도 하다. 이 그럴듯해 보이는 명제를 미개인들에게 적용해 보면, 우리는 그들이 왕이나 사제를 죽이고, 근친상간을 행하거나 시체를 소홀히 하는 등의 일에 대단히 강렬한 유혹을 느꼈으리라고 추론할 수 있다. 하지만 이는 개연성이 거의 없는 일이다. 요컨대 같은 명제를 양심의 목소리를 가장 분명하게 받아들인다고 생각하는 사례에서 측정한다면, 우리는 가장 결정적인 모순을 일으키게 된다. 그러면 우리는 이 계명 중 하나, 예컨대 살인하지 말라는 계명을 어기려는 유혹을 조금도 느끼지 않는다는 터무니없는 주장을 하게 될지도 모를 일이다. 그러면 이와 같은 계명의 위반을 혐오 정도로만 느끼는 셈이 될 것이다.

우리가 양심의 이런 진술에 반드시 있어야 할 의미를 부여한다면, 금지(터부와 도덕적 금지)는 한편으로 불필요해지고, 양심의 존재 사실은 다른 한편으로 설명할 수 없게 되며, 양심과 터부와 신경증 간의 관계도 사라진다. 그러므로 우리가 정신분석학적 관점을 이 문제에 적용하지 않는다면, 우리의 이해는 답보 상태에 머물 것이다.

그러나 우리가 정신분석학을 통하여 - 꿈꾸는 정상인에게서 - 발견한 사실을 고려하여 추정해 보면, 금지가 있는 곳에는 틀림없이 그 배후에 어떤 욕망이 도사리고 있으며, 그것은 새로운 평가를 받게 된다. 즉 다른 사람을 죽이려는 유혹은 우리가 짐작하는 것보다 우리에게 훨씬 강력하고 다발적인 상태로 내재해 있다. 나아가 우리가 어떤 신경증 환자의 강박적 규정에서 살인하려는 지극히 강렬한 자극에 대한 안전장치와 자기 징벌을 인식했을 때, 그 유혹은 우리의 의식이 모르는 곳에서도 심적인 작용을 표출한다. 그래서 우리는 살인하려는 이 욕망이 실제로 무의식 속에 있으며, 터부와 도덕적 금지는 결코 불필요한 것이라기보다는 오히려 살인 충동에 대한 양가적인 태도를 통하여 설명되고 정당화된다고 가정할 수 있다.

적극적인 욕망의 흐름은 무의식적이라고, 우리가 자주 강조한 이 양가적 관계의 성격 중 하나는 광범위한 여러 관계와 설명 가능성에 대한 전망을 열어 준다. 무의식에서의 심적인 과정은 우리의 의식적인 정신적 생활로부터 알려진 것과는 결코 일치하지 않으며 의식적인 과정에서 박탈된, 주목할 만한 모종의 자유를 누린다. 무의식적 충동은 우리에게 알려진 곳에서는 모습을 드러내려 하지 않는다. 무의식적 충동은 전혀 다른 자리에서 출현할 수 있는데, 본래 아주 다른 인물이나 다른 관계에까지 그 영향을 미칠 수 있으며, **전위**Verschiebung 기제를 통하여 우리의 눈에 띄던 곳에 도달할 수도 있다. 나아가 무의식적 충동은 무의식적 과정이 지니는 훼손 불가능성과 수정 불가능성 덕분에 유지하기 적절한 아주 먼 옛날부터 외부로의 출현이 이질적으로 보일 수밖에 없는 후대와 상황에서도 보존될 수 있었다. 이 모든 것은 암시에 불과하지만, 이와 같은 것을 면밀히 검토해 본다면, 무의식적 충동이 문화 발전의 이해에 얼마나 중요한지가 드러난다.

이 논의의 결론에 도달하기 위하여 다음 연구에 필요한 언급을 먼저 제시한다. 우리가 터부와 관련된 금지와 도덕적 금지가 그 본질에서 같다는 것을 확증할지라도, 우리는 양자 사이에 심리학적 차이가 있다는 것을 부인하지는 않는다. 기본적인 양가성의 관계에서의 변화는 금지 사항이 더는 터부의 형태로 나타나지 않는 원인이 될 수 있다.

우리는 이제까지 터부 현상의 분석적 고찰에서 강박신경증과의 증명 가능한 일치점을 그 출발점으로 삼아 왔다. 그러나 터부는 신경증이 아니라 사회적인 형성의 소산이다. 그러니 신경증과 터부와 문화적 형성과의 원칙적인 차이가 어디에 있는지를 찾는 것이 우리의 과제가 되었다.

나는 여기서 다시 개별적 사실 하나를 우리 연구의 출발점으로 삼으려고 한다. 미개인들은 터부를 어김으로써 받는 벌을 두려워한다. 이로 인해 그들은 중병에 걸리거나 죽는다고 믿는다. 이 징벌은 터부를 어긴 사람에게는 누구에게나 위협적이다. 하지만 강박신경증의 경우에는 사정이 다르다. 환자가 자신에게 금지된 무엇인가를 이행해야 한다면, 벌을 받는 것은 자신이 아니라 대체로 불특정한 다른 사람이라고 믿는다. 그러나 분석을 통하여 알려진 바에 따르면 벌을 받는 대상은 환자와 지극히 가까운 사람, 또는 환자가 가장 사랑하는 사람이었다. 그래서 이럴 때 신경증 환자가 이타적인 것처럼 행동한다면, 미개인은 이기적인 것처럼 행동한다. 터부 위반의 징벌이 터부를 어긴 당사자에게 자동적으로 떨어지지 않는다면, 미개인들에게는 터부 위반의 잘못을 통하여 그들 모두가 위협을 받을지도 모른다는 집단적인 감정이 생겨날 수도 있다. 그러면 미개인들은 유예된 징벌을 스스로 행사하려고 서두르게 된다.

우리가 이런 연대성의 기제를 설명하는 것은 어렵지 않다. 여기서 문제가 되는 것은 전염성이 있는 사례에 대한 불안과 그것을 모방하려는 유혹에 대한 불안, 따라서 터부의 전염 가능성에 대한 불안이다. 어느 누군가가 억압된 욕구를 충족시키는 데 성공한다면, 같은 욕구가 집단적 구성원들 모두에게서 타오를 수밖에 없다. 이런 유혹을 억제하기 위해서는 선망의 대상자에게서 터부를 위반하여 얻은 그의 모험의 결실이 박탈되어야만 한다. 이때 이 터부 위반자는 형벌 집행자에게 속죄라는 정당성에 따라 똑같이 무도한 행위를 행사할 기회를 제공하는 일이 종종 일어난다. 이것이 바로 인류가 만든 형벌 체계의 토대 가운데 하나이다. 이런 형벌 체계는 범법자뿐만 아니라 보복하는 집단에게서도 금지된 충동의 동일한 성격을 전제로 한다.

정신분석학은 여기서 경건한 사람들이 우리는 모두가 사악한 죄인이라고 말하곤 하는 속뜻을 입증한다. 그렇다면 자기 자신에 대해서는 전혀 두려워하지 않고 사랑하는 사람만을 걱정하는 저 신경증이 드러내는 뜻밖의 고상한 의미를 어떻게 설명한단 말인가? 이에 관해 분석적 연구는 이런 의미가 1차적인 것은 아니라고 설명한다. 본래, 그러니까 신경증 초기에는 미개인의 경우처럼 징벌의 위협은 자신에게 해당하는 것이었다. 인간은 어떤 경우에든 죽음을 두려워했다. 나중에서야 죽음에 대한 불안은 다른 사람, 즉 사랑하는 사람에게로 옮겨갔다.

이 과정은 상당히 복잡하지만, 우리는 그 과정을 완벽하게 파악하고 있다. 금지가 형성된 바탕에는 사랑하는 사람에 대한 사악한 충동, 죽기를 바라는 충동이 내재해 있다. 이 충동은 금지를 통하여 억압되고, 금지는 **전위**를 통해 사랑하는 사람에게 적대적인 모종의 행동과 연결된다. 이 행동을 실행하는 것은 사랑하는 사람에게는 치명적인 위협이 된다. 그러나 이 과정은 계속되고, 그러면 사랑하는 사람이 죽기를 바라는 원초적인 충동은 그의 죽음에 대한 불안으로 바뀐다. 신경증 환자가 아주 부드러운 이타적인 태도를 보여 준다면, 그는 자기 내부에 잠재하는 정반대의, 잔인한 이기적 태도를 보상하고 있는 셈이다. 타인을 고려하여 결정하면서도 그를 성적인 대상으로 삼지 않는 감정적 충동을 **사회적 충동**이라고 부른다면, 우리는 이런 사회적 요소의 후퇴를 나중에 과도한 보상을 통하여 위장된 신경증의 기본 성향으로 이해할 수 있다.

우리는 이 사회적 충동과 인간의 다른 기본적 충동과의 관계에 머물지 않고 신경증의 두 번째 중요한 특징을 다른 사례에서 보여 주려고 한다. 터부는 그 현상 형태에서 신경증 환자가 드러내는 접촉 불안, 즉 '**접촉공포증**délire de toucher'과 아주 흡사하다. 이제 이런 신경증의 경우는 규칙적으로 성적 접촉의 금지와 관계가 있는데, 정신분석학은 아주 일반적으로 신경증에서 전환되고 전위되는 충동의 힘은 성적인 것에서 유래한다는 것을 보여 주었다. 터부의 경우 금지된 접촉은 명백히 성적인 의미를 지닌다기보다는 오히려 공격과 장악, 자기 인격의 타당성 증명이라는 일반적인 의미를 지닌다. 추장이나 그와 접촉이 있었던 어떤 것을 만지는 것이 금지되어 있다면, 다른 경우에서 의심스럽게 추장을 감시하거나 즉위 직전에 추장에 대한 육체적 가혹 행위에서 표현되는 그런 충동에 대해 부여되는 금지이다. 그래서 **성적 충동의 몫이 사회적 충동의 몫보다 우위에 있다는 것은 바로 신경증의 특징적 계기**이다. 그러나 사회적 충동은 이기적 요소와 성적 요소의 결합을 통한 특수한 통일체를 위하여 생성되었다.

터부와 강박신경증의 비교 사례에서 이미 신경증의 개별적 형태와 문화적 형성과의 관계가 어떤 것인지 추정할 수 있고, 또 신경증 심리학 연구가 어떤 점에서 문화 발전의 이해에 중요한 것인지도 가늠할 수 있다.

신경증은 한편으로 예술, 종교와 철학이라는 위대한 사회적 소산과 현저하고도 심오한 일치를 보여 주지만, 다른 한편으로 신경증은 이런 것의 왜곡처럼 나타나기도 한다. 히스테리는 예술 창조의 왜곡상, 강박신경증은 어떤 종교의 왜곡상, 편집증적인 망상은 어떤 철학 체계의 왜곡상이라고 감히 표명할 수도 있을 것이다. 이런 편차는 신경증이 비사회적 형성물이라는 사실에서 기인한다. 신경증은 집단적인 작업을 통해 사회에서 형성된 것을 개인적인 수단으로 실행하려고 한다. 신경증의 충동 분석에서 우리는 성적인 것에서 나오는 충동의 힘이 신경증에 결정적인 영향을 미친다는 것을 경험한다. 반면에 이에 상응하는 문화적 형성은 이기적 요소와 성적인 요소와의 결합에서 생겨난 사회적 충동에 기인한다. 성적 욕구는 자기 보존의 요구와 같은 방식으로 인간을 통합시킬 수는 없다. 성적 만족은 우선 개인의 사적인 문제인 것이다.

발생학적으로 신경증이 지니는 이런 비사회적 본성은 불만스러운 현실로부터 더 유쾌한 환상의 세계로 도피하려는 근원적인 경향에서 나타난다. 신경증 환자들이 피하려고 하는 이 실제적 세계에서는 인간들의 사회와 그들이 공동으로 만든 제도가 지배적이다. 실제 세계에서 벗어나는 것은 동시에 인간 공동체에서의 탈출이다.

애니미즘,
주술과 생각의 만능

Animismus, Magie und Allmacht der Gedanken

〈1〉

정신분석학의 관점을 정신과학의 주제에 적용하려는 논문들의 필연적인 결점은 이 논문들이 두 분야의 독자에게 제공할 만한 것이 거의 없다는 점이다. 그래서 이런 논문들은 그저 자극을 주는 정도로만 그치고, 전문가가 그의 작업에서 고려할 만한 제안들을 제시하는 데 머물 수밖에 없다. 애니미즘Animismus이라고 불리는 이 엄청난 영역을 다루려는 논문도 이런 결점에서 완전히 벗어나기는 어려울 것이다.[82]

좁은 의미에서의 애니미즘은 영혼의 관념에 대한 학설이고, 넓은 의

---

82 자료를 축소하여 다루어야 하기 때문에 상세한 문헌에 의한 증명은 포기하게 된다. 그 대신에 애니미즘과 주술에 관한 모든 주장은 허버트 스펜서, 프레이저, 앤드류 랭, E. B. 타일러, 빌헬름 분트의 널리 알려진 저서들을 참조하였다. 필자의 독립성은 단지 본인이 접한 자료들을 선택하여 발표한 결과에 지나지 않는다.

미에서의 애니미즘은 정신적인 본질 일반에 대한 학설이다. 우리는 무생물로 나타나는 자연에도 생명이 있다는 학설인 '애니머티즘Animatismus'을 애니미즘과 구분하고, '동물숭배Animalismus'와 '정령숭배Manismus'도 따로 분류한다. 애니미즘이라는 명칭은 전에는 특정한 철학 체계에 사용된 것인데, 현재의 의미는 타일러E.B.tylor를 통하여 얻어진 것으로 보인다.[83]

이런 명칭들이 생긴 동기는 역사적으로 존재하고 지금도 현존하는, 우리가 잘 알고 있는 미개한 민족들의 지극히 특이한 자연관 및 세계관에 대한 통찰에서 비롯된다. 이들 민족은 그들에게 호의나 악의를 지닌 무수한 정신적 존재가 있는 세계에서 살아간다. 그들은 자연 과정의 원인을 정령이나 악령에게 돌리고, 동물과 식물뿐만 아니라 무생물을 그들을 통하여 살아 있는 것으로 생각한다. 이 원시적 '자연철학'의 세 번째로 중요한 것처럼 보이는 부분은 우리에게는 별로 부각되지 않은 것처럼 보인다. 그 이유는 우리 자신이 이런 철학의 부분과 멀리 떨어진 것도 아닌데, 우리는 오늘날 자연의 과정을 비인격적인 물리적 힘의 수용을 통하여 설명하면서 정령의 실존을 그다지 인정하려 하지 않기 때문이다.

미개인들은 인간 개별 존재에 유사한 '영혼이 깃들어 있다'고 믿는다. 다시 말해서 인간에게는 자신의 거처를 떠나서 다른 인간에게로 이동할 수 있는 영혼이 깃들어 있는 것이다. 이 영혼은 정신 활동의 담당자이며, 어느 정도까지는 육체에서 독립해 있다. 본래 영혼은 개체와 아주 유사한 것으로 상상되었는데, 오랜 발전 과정을 거친 후에야 비로소 물질적인 것의 성격이 벗겨지면서 고도의 '정신화'에 도달하게 되었다.[84]

83 타일러, 『원시 문화Primitive Culture』(1903), 제1권, 425쪽
분트, 『신화와 종교』(1906), 제2권, 173쪽
84 같은 책, 제4장 「영혼의 관념Die Seelenvorstellungen」을 참조한다.

많은 저자가 이 영혼의 관념이 애니미즘 체계의 근원적인 핵심이고, 정령Geister은 단지 독립적으로 되어 버린 영혼Seelen에 부응하는 것이며, 동물과 식물, 사물의 영혼도 인간의 영혼을 유추하여 만들어졌을 것이라는 가설로 기울어진다.

그렇다면 미개인들은 어떻게 해서 이 애니미즘 체계의 기초가 되는 독특한 이원론적 기본 관념에 도달하게 된 것일까? 그것은 꿈이나 잠, 이와 유사한 죽음을 통하여, 그리고 이 모든 개인과 관련된 상태를 설명하려는 노력을 통하여 이루어졌다고 본다. 무엇보다 죽음의 문제가 분명히 이론 형성의 출발점이 되었을 것이다. 미개인들에게 생명의 지속, 즉 불멸성은 당연했던 것으로 보인다. 죽음이라는 관념은 좀 더 이후에 우물쭈물하는 사이에 받아들여진 것으로, 우리에게도 그런 관념은 내용상 공허하고 실제로 경험할 수는 없는 것이다. 애니미즘의 기본적 학설의 형성에서 - 꿈의 영상이나 그림자, 거울 영상과 같은 것에 관하여 - 다른 관찰과 경험이 가졌을지도 모르는 관심에 대해서는 논의가 매우 활발하게 일어났지만 결론에는 도달하지 못했다.[85]

미개인이 깊은 생각을 자극하는 현상에 대하여 영혼의 관념을 형성하여 반응하고 이것을 외부 세계의 대상으로 전파했다면, 이때 그의 태도는 전적으로 자연스럽고 더는 불가사의한 것은 아닌 것으로 판단된다. 분트는 앞서 언급한 애니미즘 관념이 아주 다양한 종족과 모든 시대에 걸쳐 일치해서 나타났다는 사실과 직면하여 다음과 같은 견해를 피력한다. 이런 관념은 "신화 형성의 의식에서 나타나는 필연적인 심리학적 산

---

85 분트와 스펜서 이외에도 브리태니커 백과사전(1911년)의 해당 항목인 (애니미즘, 신화 등)을 참조한다.

물이며, 원시적 애니미즘은 그것이 일반적으로 우리의 관찰 범위 내에 있는 한 인간의 자연 상태의 정신적 표현으로 간주해도 좋을 것 같다."[86]는 것이다.

흄Hume은 이미 그의 『종교의 자연사Natural History of Religion』에서 무생물을 생명체로 보려는 생각을 정당화하면서 이렇게 언급했다.

"인류에게는 모든 존재를 자기 자신처럼 받아들이고 또한, 자기 자신이 잘 알고 친밀하게 의식하고 있는 그런 성질을 모든 대상에 전위시키는 어떤 일반적인 경향이 있다."[87]

애니미즘은 하나의 사유 체계이다. 애니미즘은 개별적인 현상을 설명할 뿐만 아니라 세계의 전체를 하나의 관점에서 파악하게 한다. 우리가 앞의 저자들을 따라간다면 인류는 세월의 흐름에 따라 사고 체계, 즉 세 가지 거대한 세계관을 발전시켰는데, 애니미즘적(신화적) 세계관, 종교적 세계관, 과학적 세계관이 바로 그것이다. 이 가운데서 가장 먼저 확립된 세계관, 즉 애니미즘의 세계관은 아마도 가장 일관성 있고 세계의 본질을 남김없이 설명해 주는 세계관일 것이다. 이 인류의 첫 세계관은 이제 심리학적 이론이다. 이 세계관이 미신의 형태로 그 가치를 상실했든 아니면 우리의 언어, 믿음, 철학의 토대로 살아 있든, 그것이 현재의 삶 속에서 얼마나 많은 것을 입증할 수 있는지는 우리의 의도를 넘어서는 일이다.

애니미즘 자체는 아직 종교가 아니지만, 나중에라도 종교로 구성될 수 있는 전제 조건을 내포하고 있다. 그 점은 이 세 가지 세계관의 연속

---

86 같은 책, 154쪽.
87 타일러, 『원시 문화Primitive Culture』, 제1권, 477쪽

적 관계로 보아도 추정할 수 있는 일이다. 어쨌든 신화가 애니미즘적 전제에 기초한다는 것은 주목할 만한 사실이다. 그러나 신화와 애니미즘의 개별적인 관계는 설명될 수 없다.

〈2〉

그렇지만 우리의 정신분석학적 작업은 다른 곳에서 시작된다. 인간이 단지 사변적인 지식욕으로부터 이 최초의 세계 체계로 약진했다고 추정해서는 안 된다. 물론 세계를 장악하려는 실질적인 필요성이 이런 노력의 부분을 이루고 있는 것은 분명해 보인다. 그러니 우리는 애니미즘과는 다른 어떤 것이 함께한다는 것, 즉 인간, 동물, 사물 등의 정령을 지배하기 위해서 어떻게 해야 하는지의 처방이 있다는 것을 경험하고 놀랄 필요는 없다. '마법Zauberei과 주술 Magie'이라는 이름으로 알려진 이런 처방을 레나슈S. Reinach는 '애니미즘의 전략'이라고 부른다.[88] 하지만 나는 위베르H. Hubert나 모스M. Mauß[89]와 함께 이 전략을 오히려 애니미즘의 기술과 비교하고 싶다.

마법과 주술을 개념적으로 구분할 수 있을까? 언어 관습의 변동에 대한 어느 정도의 독단을 무시한다면 그것도 가능할 것이다. 그렇다면 마법이란 본질적으로 인간을 다루는 것과 같은 조건으로 정령에 영향을 미치는 기술이다. 그러니까 마법은 정령을 달래고, 진정시키고, 길들이고, 위협하고, 그 힘을 강탈함으로써 인간의 의지에 복종시키는 기술이다.

---

88 레나슈, 『숭배, 신화 종교Cultes, mythes et religions』(1909), 15쪽
89 『사회학 연감』(1904), 제7권

우리는 이런 수단들이 살아 있는 사람에게 영향을 끼치는 것을 보아 왔다. 그러나 주술은 다른 어떤 것이다. 주술은 근본적으로 정령과는 무관하며, 평범한 심리학적 방법이 아니라 특별한 수법을 사용한다. 우리는 주술이 애니미즘 기술의 더 근원적이고 의미심장한 부분이라는 것을 쉽게 추측할 수 있다. 그 이유는 정령을 다루는 수단들 가운데 주술적인 것이 있는데[90] 자연의 정신화가 수행되지 않았던 경우에도 주술은 사용되기 때문이다.

주술은 가장 다양한 목적에 도움이 되어야만 한다. 다시 말해서, 주술은 인간의 의지가 자연의 과정을 지배하고, 개인을 적이나 위험으로부터 지키고, 개인에게 적을 손상할 만한 힘을 부여할 수 있는 그런 목적에 부합되어야 한다. 그러나 주술적 행위가 전제로 하는 원칙들, 아니 그보다 주술의 원칙은 너무나 눈에 잘 띄기 때문에 모든 저자에게 당연히 인식되었다. 여기에 부가된 가치 판단을 배제한다면, 이에 대해 가장 간결하게 표현한 것은 타일러의 말로, "이념적인 맥락을 실제적인 것으로 오해하는 것"이라고 했다. 이제 두 그룹의 주술적 행위를 가지고 이 성격을 해명해 보자.

적을 해치기 위한 주술 중에서 가장 널리 퍼져 있는 주술의 하나는 임의의 재료로 적과 동일한 상을 만드는 일이다. 이런 경우에 유사성은 거의 문제가 되지 않는다. 어떤 대상이든 적과 비슷한 것이라고 '지명'만 하면 된다. 이 동일한 상에 해를 가하면, 미움을 받는 본래의 대상에게도 해가 미친다. 더욱이 어떤 신체 부위에 전자를 손상하면, 후자도 같은 부

---

90 소음이나 고함 소리로 영을 쫓을 경우 이것은 순전히 마술적인 행위이다. 그 이름을 장악함으로써 영을 통제할 수 있게 된다면 그것은 영에 대한 주술이다.

위에 상처가 생긴다. 이와 같은 주술의 기술은 개인적인 적대감을 나타내는 데 사용할 수 있을 뿐만 아니라 신성함을 표현하는데, 또는 나쁜 악령에 대항하는 신들을 돕는 데도 사용할 수 있다. 이와 관련하여 나는 프레이저를 인용한다.[91]

"고대 이집트의 태양신 라^{Ra}가 매일 밤 불타는 서쪽에 있는 자기 집으로 내려가면, 불구대천의 원수 아페피^{Apepi}가 거느리는 악마의 무리와 혹독한 전투를 벌여야만 했다. 그는 그들과 밤새도록 싸웠는데, 종종 어둠의 힘이 너무 강하여 대낮에도 푸른 하늘에 검은 구름이 깔려서는 그의 힘을 약화시키고 태양 빛을 막았다. 이 태양신을 돕기 위해 테베의 신전에서는 사람들이 매일 같이 의식을 벌였다. 여기서 그들은 밀랍으로 된, 흉측한 악어나 길게 똬리를 튼 뱀의 형상을 한 태양신의 적 아페피 상을 만들고, 이 위에 초록색 물감으로 악마의 이름을 적었다. 이런 다음 사제는 아페피의 모습이 그려진 파피루스 상자 속에 아페피의 상을 싸서 넣은 뒤 검은 머리카락으로 두르고, 이 위에 침을 뱉고 돌칼로 찌른 다음 바닥에 내던졌다. 이어서 사제는 왼발로 이것을 짓밟고, 모종의 식물로 지핀 불 속에 넣어 태웠다. 이런 식으로 아페피가 제거되면, 그의 부하인 모든 악마들이 같은 방식으로 처리되었다. 모종의 주문을 암송해야 하던 이 제식은 아침, 정오, 저녁에 반복될 뿐만 아니라 폭풍이 불거나 폭우가 쏟아지고 하늘에 검은 구름이 낄 때도 항상 되풀이된다. 그러면 사악한 적들은 밀랍

---

91 프레이저, 『황금가지』, 「주술의 기술The Magic Art」, II, 67쪽

의 상들이 겪었던 징벌의 고통을 정말 자신들이 당하는 것처럼 느꼈다. 이로써 적들은 달아나고 태양신은 다시 승리를 구가하였다."[92]

근거가 비슷한 엄청나게 많은 주술적 행위로부터 나는 원시 종족들에게서 항상 큰 역할을 하던 두 가지를 더 제시하고자 한다. 그것은 부분적으로 고도의 발전 단계에 있는 신화나 제식에도 남아 있는데, 말하자면 비나 풍작을 바라는 일종의 마법이다. 사람들은 주술적인 방법으로 비를 오게 하는데, 비가 내리는 것을 흉내 내거나 비를 만드는 구름과 폭풍의 모습을 모방한다. 이때 사람들은 마치 '비 흉내 놀이'를 하려는 것처럼 보인다. 예컨대 일본의 아이누족의 몇몇은 커다란 채로 물을 붓고, 다른 몇몇은 마치 배인 양 커다란 쟁반에 돛과 노를 달고는 마을과 정원을 돌아다님으로써 비가 내리기를 염원한다. 또 땅의 풍요는 땅을 향해 성교하는 연극을 보여줌으로써 주술적인 방법을 확보하기도 하였다. 자바의 여러 지역에서는(수많은 사례 중 하나만 소개하자면) 벼가 개화할 시기에 남녀 농부들이 밤중에 들판으로 나가 성교함으로써 벼에 풍요를 자극하곤 하였다.[93]

반면에 엄격하게 금지된 근친상간에 대해서는 그것이 흉작과 땅의 불모를 초래할 수 있다는 두려움이 사람들에게 자리 잡고 있었다.[94] 어떤 소극적인 규정, 그러니까 주술적인 경고도 이 첫 번째 그룹에 배열될 수

---

92 뭔가 살아 있는 모습의 상을 만들지 못하게 하는 성서의 금기는 조형 예술의 원칙적인 거부에서 비롯된 것이 아니라 히브리 종교가 엄금하던 주술로부터 수단을 박탈하려는 데서 생겼다고 할 수 있다. 『황금가지』, 87쪽

93 「주술의 기술」, II, 98쪽

94 소포클레스의 『오이디푸스 왕』에 이런 잔영이 나타난다.

있다. 다이야크족 마을 주민들 일부가 멧돼지 사냥을 나갔다면, 남아 있는 주민들은 사냥꾼들이 돌아올 때까지 기름이나 물에는 손을 대지 않는다. 그렇지 않으면 사냥꾼들 손이 미끄러워져서 포획한 것은 그들의 손에서 빠져나간다.[95]

그밖에 길리야크족 사냥꾼들이 숲속에서 야생 동물을 쫓을 때면, 집에 있는 아이들은 나무나 모래에 그림을 그리는 것이 금지된다. 만일 그림을 그리면 짙은 숲속의 오솔길이 그림에 그려진 선처럼 뒤엉켜서 사냥꾼들은 집으로 오는 길을 찾지 못하게 된다.[96]

주술적 작용에 대한 이 마지막 사례뿐만 아니라 많은 다른 사례에서도 떨어져 있는 거리가 아무 역할을 못하고, 그로 인해 텔레파시가 당연한 것으로 받아들여진다면, 주술의 이런 특성을 이해하는 것은 그리 어려운 일이 아니다.

이 모든 사례에서 무엇이 영향력 있는 것인지는 의심의 여지가 없다. 그것은 주술에서 실행된 행위와 기대되는 사건 사이의 **유사함**이다. 그래서 프레이저는 이런 종류의 주술을 **모방 주술**imitative Magie 또는 **유사 주술**homöopathische Magie이라고 부른다. 예컨대 내가 비가 오기를 바란다면, 비처럼 보이지만 비를 연상시키는 어떤 행위를 하면 되는 것이다. 더 확장된 문화 발전의 국면에서는 이런 주술적 비의 마술 대신에 행렬을 지어 사원으로 기도하러 가거나 거기에 거주하는 성인에게 기우제를 청한다. 궁극적으로는 이런 종교적 기법까지도 포기하고 대기에 영향을 주어 어떻게든 비를 내리게 하는 수단을 쓸 것이다.

---

95 「주술의 기술」, I, 120쪽
96 같은 책, 122쪽

주술적 행위의 두 번째 그룹에서 유사성이라는 원칙은 더는 관찰의 대상이 되지 않는다. 그 대신에 다음의 사례에서 분명해지는 다른 원칙이 관찰의 대상이 된다. 적에게 해를 끼치기 위해서는 다른 방법이 사용될 수도 있다. 어떤 적의 머리카락, 손발톱, 쓰레기나 의복의 일부를 빼앗아 이것으로 적대적인 행위를 꾸민다. 그러면 마치 적을 사로잡아 해를 가하는 것과 같아진다. 즉 사람과 관련된 물건에 해를 가하는 것은 당사자에게 해를 가하는 것과 마찬가지이다. 미개인들의 관점에 따르면, 이름은 본질적 구성 요소에 속한다. 그러므로 사람이나 정령의 이름을 안다면, 그 이름을 가진 사람에 대한 지배권을 획득하는 것도 가능하다. 그래서 미개인들에게는 이름의 사용이 놀랄 만큼 조심스럽고 제한적인데, 이는 터부에 대한 논문에서도 자주 다루어지는 문제이다.[97] 이런 사례들에서 유사성은 분명히 **동질성**으로 대치된다.

미개인들의 식인 습관도 이와 유사하게 조금은 더 고상한 동기를 보여준다. 그들은 어떤 사람의 육체 일부를 먹어 치워 자기 내부에 흡수함으로써 그 사람에게 속했던 특질을 자기 것으로 만든다. 이로부터 특수한 상황에 따르는 식사에 대한 배려와 제한이 생겨난다. 예컨대 임신부는 특정한 동물의 고기를 먹는 것을 엄격하게 피하는데, 왜냐하면 그 동물이 지닌 바람직하지 못한 특성, 즉 겁쟁이 같은 기질이 태아에게 전해질지도 모르기 때문이다. 주술적인 작용에 관한 한 양자의 관계가 이미 폐기되었든, 그 관계가 단 한 번의 중요한 접촉에서 생긴 것에 지나지 않든 큰 차이가 없다. 예를 들어, 어떤 상처와 그 상처를 만들었던 무기를 연결하는 주술적인 유대의 믿음은 수천 년 동안 변함없이 지속되어 왔다.

---

97 같은 책, 69쪽 이하

이와 관련하여 만일 멜라네시아인이 자기에게 상처를 입힌 활을 손에 넣었다면, 그는 상처의 염증을 가라앉히기 위해 그 활을 서늘한 곳에 보관할 것이다. 그러나 활이 적의 소유로 남아 있었다면, 적은 틀림없이 활을 불 근처에 걸어 놓음으로써 상대방의 상처에 염증이 생기게 하거나 화상을 입게 할 것이다.

플리니우스Plinius는 그의 『박물지Natural History』 28권에서 '타인에게 상처를 입힌 것을 후회한다면, 그 상처를 입힌 자기 손에 침을 뱉어라. 그러면 상처 입은 사람의 고통이 즉시 완화될 것'이라고 권고한다. 프랜시스 베이컨도 그의 『박물지』에서 상처를 찌른 무기에 기름을 바르면 그 상처가 낫는다는, 당시 일반적으로 통용되던 믿음을 거론하고 있다. 영국의 농부들은 오늘날에도 낫에 상처를 입으면 화농이 생기지 않도록 그 낫을 꼼꼼하게 닦아 둔다고 한다. 영국의 어느 지역 주간지의 보도에 따르면 1902년 6월 노위치에 사는 마틸다 헨리라는 부인은 우연히 못에 발바닥이 찔렸는데, 병원에서 진찰을 받거나 양말도 벗지 않은 채 딸에게 그 못에 기름을 칠해 두라고 했다는 것이다. 그렇게 하면 아무 일도 일어날 수 없을 것이라는 믿음을 가졌던 부인은 살균 치료를 게을리한 결과로 며칠 뒤에는 파상풍으로 죽고 말았다.[98]

후자의 사례는 프레이저가 모방 주술과 구별하여 감염 주술Kontagiöse Magie이라고 부르는 것이 무엇인지를 설명하고 있다. 이런 사례에서 영향력 있다고 생각되는 것은 유사성이 아니라 공간의 관련성, 적어도 상상할 수 있는 근접성, 다시 말해 근접해 있는 존재에 대한 회상이다. 그러나 유사성과 근접성은 연상 과정의 본질적인 두 원칙이기 때문에 실제로

---

[98] 『주술의 기술』, I, 201-203쪽

관념 연상의 지배가 주술적 규정의 그 모든 광기에 대한 설명으로서 부각된다.

앞에서 인용한 주술의 성격에 대하여 '관념적인 관계를 실제적 관계로 오해하기'와 같은 타일러의 말은 아주 적절해 보인다. 이와 거의 같은 의미로 프레이저는 다음과 같이 표현했다.

"사람들은 그들의 관념 질서를 자연의 질서로 오해하여 자기가 가지고 있는, 또는 가지고 있는 것처럼 보이는 사고에 대한 지배가 이에 상응하는 사물에 대한 지배를 허용했다고 상상했다."[99]

그렇다면 많은 저자가 주술에 대한 이 명백한 설명에 불만스러워하며 비난하고 있다는 사실이 일단 우리에게는 낯설게 느껴진다.[100] 그러나 더 깊이 생각해 보면 이런 비난은 타당할 수밖에 없다. 요컨대 주술의 '연상이론Assoziationstheorie'은 주술이 나아가는 방향만 설명할 따름이고, 주술의 고유한 본질, 즉 주술이 자연의 법칙을 심리학적 법칙으로 대치한다는 오해를 설명하지는 못한다. 여기서 분명한 것은 역동적인 계기가 필요하다는 사실이다. 그런데도 프레이저 이론의 비판자들이 이런 계기를 찾으려다가 오류에 빠지는 동안, 단지 주술의 연상이론만을 확대하고 심화시키려 한다면, 주술에 대하여 충분하게 해명하는 게 어렵지 않을 것이다.

우선 모방 주술의 비교적 단순하면서도 훨씬 의미심장한 사례를 고찰해 보자. 프레이저에 따르면 감염 주술이 일반적으로 모방 주술을 전제로 하는 반면에, 모방 주술은 단독으로 수행될 수 있다.[101] 이때 주술을 수

---

99 같은 책, 420쪽 이하
100 브리태니커 백과사전 Ⅱ판에 나오는 토머스N. W. Thomas가 쓴 항목을 참조한다.
101 「주술의 기술」, 54쪽

행하게 만드는 동기는 쉽게 파악이 되는데, 그것은 바로 인간의 소망이다. 우리는 미개인이 소망의 힘에 대단한 신뢰를 가지고 있다는 것만 인정하면 된다. 근본적으로 미개인이 주술 과정에서 이루는 그 모든 것은 그가 그것을 소망하기 때문에 일어난다. 이렇게 처음에는 그의 소망만이 강조된다.

이와 유사한 심적인 조건에 놓여 있지만, 아직은 실행 능력이 없는 어린아이에 대하여 우리는 다른 논문에서 어린아이는 자신의 감각기관의 원심적 자극을 통하여 만족스러운 상황을 만들어냄으로써 자신의 소망을 우선 환각적으로 충족시킨다는 가설을 내세운 적이 있다.[102] 그러나 성년의 미개인에게는 다른 과정이 나타난다. 미개인의 소망에는 동적인 충동인 의지가 들어 있다. 이 - 나중에 소망을 충족시키기 위해서라면 땅의 모습을 바꿀지도 모르는 - 의지는 지금은 만족을 나타내는 데만 사용되기 때문에 말하자면 우리는 동적인 환각을 통해서만 만족을 체험할 수 있다. 이런 소망 충족의 표현은 어린아이들의 놀이에 비교할 수 있다. 어린아이들에게 놀이는 소망 충족의 순수 감각적인 기술과도 같다.

어린아이들과 미개인들에게 놀이나 모방적인 표현이 충분하다고 해도, 그것은 우리가 알고 있는 의미의 겸손 표시나 자신들의 현실적 무기력에서 나오는 체념의 표시도 아니다. 그것은 그들의 소망, 소망에 의존하는 의지와 의지가 개척한 길을 과대평가한 데서 오는 당연한 결과이다. 시간이 흘러가면서 심적인 강세는 주술적 행위의 동기로부터 그 행위의 수단, 행위 자체로 자리를 바꾼다. 아마도 우리는 이 수단을 통하

102 심적인 사건의 두 원칙에 대한 공식. 『정신분석 연구에 대한 연감Jahrb. f. psychoanalyt. Forschungen』, 3권 (1912), 2쪽, 전집 8권

여 미개인들에게는 그제야 그들의 심적 행위의 과대평가가 뚜렷해진다고 말하는 것이 더 정확할 것이다. 이제 소망하던 것과 유사하다는 의미에서 소망의 실현을 강요하는 것은 주술적인 행위와 전혀 다른 어떤 것이 아닐 것 같다. 참된 사태를 객관적으로 증명할 기회는 애니미즘의 사유 단계에서는 존재하지 않는다. 하지만 그런 기회는 추후의 단계, 즉 이런 모든 과정이 이행될지라도 의혹의 심적인 현상을 이미 억압적 경향의 표현으로 볼 수 있는 단계에 이르면 가능해진다. 그러면 사람들은 정령에 대한 믿음이 없으면 정령을 부르는 것이 전혀 성과가 없고, 경건한 마음이 배후에서 작용하지 않으면 기도의 마력도 허사가 된다는 것을 인정하게 될 것이다.[103]

그렇다면 근접성 연상에 의존하는 감염 주술의 가능성은 우리에게 소망과 의지의 심적인 가치평가가 의지에 따르는 모든 심적인 행동으로까지 확장되었다는 것을 보여 준다. 그러므로 이제 세계를 바라보는 영적인 과정의 일반적인 과대평가가 일어난다. 세계는 현실과 사유의 관계에 대한 우리의 통찰에 따라서 사유의 이와 같은 과대평가로서 나타날 수밖에 없다. 이렇게 되면 사물은 상상에 반하여 뒤로 물러선다. 그러니 상상과 함께 일어나는 일은 사물에도 일어나지 않으면 안 된다. 상상들 사이에서 생겨나는 관계는 사물들 사이에서도 전제 조건으로 나타난다. 사유는 거리를 알지 못하고, 공간적으로 가장 멀리 떨어졌을 뿐만 아니라 시간상으로 가장 상이한 것도 가볍게 의식적 행동으로 연결할 수 있기 때문에 주술적 세계도 텔레파시로 공간적인 거리를 뛰어넘고 과거의 관계

---

103 햄릿의 3막 3장에 나오는 왕의 독백은 다음과 같다. "내 말은 허공으로 날아가도 내 생각은 땅 밑에 남아 있다. 생각 없는 말은 결코 하늘로 가지 못한다."

도 현재의 관계처럼 다루게 될 것이다. 애니미즘의 시대에서 내적 세계를 반영하는 영상은 우리가 인식하고 있다고 믿는 다른 세계의 영상을 눈에 보이지 않게 만들 수밖에 없다.

그런데 우리는 유사성과 근접성이라는 연상의 두 원칙이 **접촉**Berührung이라는 더 높은 통일성 속에서 일치한다는 점을 강조할 필요가 있다. 근접성 연상은 직접적인 의미에서의 접촉이며, 유사성 연상은 비유적인 의미에서의 접촉이다. 우리가 아직은 이해하지 못하는 심적 과정에서의 동일성은 두 종류의 결합에 대한 동일한 말을 통하여 보증된다. 터부의 분석에서 제시된 개념은 접촉의 개념과 같은 범주에 속한다.[104]

우리는 이제 주술, 즉 애니미즘적 사유 방식의 기법을 지배하는 원리는 '생각의 만능Allmacht der Gedanken'이라고 요약할 수 있다.

〈3〉

나는 '생각의 만능'이라는 명칭을 강박관념에 시달리다가 정신분석 치료를 받고 회복한 후 유용성과 분별력을 보여 준 매우 지적인 남자에게서 받아들였다. 그는 자신만이 아니라 그와 유사한 고통을 겪고 있는 다른 사람들을 괴롭히는 것처럼 보이던 특별하고 무서운 사건의 근거를 설명하기 위해 이 말을 만들어 낸 바 있다.[105] 만일 그가 어떤 사람을 생각했다면, 그는 마치 주문을 외워 그 사람을 불어내기라도 한 것처럼 해당자와 만나곤 했다. 그런가 하면 갑자기 오래 만나지 못한 지인의 안부를 묻

---

104 이 책의 두 번째 논문을 참조한다.
105 『강박신경증의 한 사례에 대한 언급Bemerkungen über einen von Zwangsneurose』(1909), 전집 제7권

기만 하면, 그 지인이 사망했다는 소식을 듣게 되었다. 그래서 그는 지인이 자신에게 텔레파시로 소식을 알려온 것이라고 믿게 되었다. 그리 심각한 의도는 아니었지만, 그가 타인에게 저주의 말을 내뱉었다면, 그런 뒤 즉시 타인은 죽었고, 자신은 그 책임을 져야 할 것이라고 믿었다. 그는 치료를 받는 동안 나에게 이런 많은 사례에 대해 이야기했는데, 어떻게 해서 이런 착각이 일어나는지 그리고 자신의 미신적인 기대를 강화하기 위해 그 자신이 어떻게 가담하게 되었는지를 설명하곤 했다.[106] 강박신경증 환자들은 모두가 이런 식으로 탁월한 통찰력에 비해서 미신적인 성향을 보인다.

생각의 만능과 같은 증상의 지속은 강박신경증 환자에게서 가장 명백하게 드러나는데, 이런 원시적 사유 방식의 결과가 의식에 가장 가까이 있기 때문이다. 그러나 우리는 이런 것이 강박신경증의 특징적인 성격으로 보는 것을 경계해야 한다. 그 이유는 정신분석학적 연구가 다른 신경증에서도 같은 것을 찾아냈기 때문이다. 모든 신경증에서 징후 형성의 표준은 체험의 현실이 아니라 사유의 현실이다. 신경증 환자는 특수한 세계에서 살고 있는데, 내가 다른 곳에서 표현했듯이 거기서는 '신경증 화폐'만 통용된다. 즉 집중적인 생각과 열정적으로 상상된 것만이 그들에게 영향력이 있으며, 외적인 현실과의 일치는 부차적이다.

히스테리 환자는 발작 중에 환상 속에서 했던 체험을 반복하고 그 증상을 통하여 고착시킨다. 물론, 이런 체험은 실제의 사건이나 그것에 바탕을 둔 체험으로 되돌아가기도 한다. 신경증 환자의 죄의식을 실제의

---

106 우리는 생각의 만능과 애니미즘적 사유 방식 일반을 입증하려는 그런 인상들에 '섬뜩한 것das Unheimliche'이라는 성격을 부여하는 것처럼 보인다.

범행에 근거한다고 생각한다면 잘못 이해한 것이다. 강박신경증 환자는 연쇄살인범에게나 있을 법한 죄의식에 짓눌려 있을 수 있다. 그는 이웃에게 가장 사려 깊은 사람이자 양심적인 사회적 일원으로 처신해 왔고, 어린 시절부터 그렇게 행동해 왔다. 하지만 그의 죄책감이 근거가 없는 것은 아니다. 그의 죄책감은 자기의 내부에서 이웃들에게 무의식적으로 싹트고 있는 강렬하고도 자주 일어나는, 죽음을 바라는 소망에 기초한다. 무의식적인 사고와 의도되지 않은 행동이 고려되고 있다는 점에서 그의 죄책감은 근거가 없지 않다.

이렇게 생각의 만능, 현실보다는 영적인 과정을 과대평가하는 행위는 신경증 환자의 정신 활동의 삶과 이것으로부터 파생되는 모든 결과에서 제한 없이 영향을 미친다. 그러나 그에게 잠재하는 무의식을 의식하게 만드는 정신분석 치료를 시도한다고 해도 그는 생각이 자유롭다는 것을 믿을 수 없을 것이며, 매번 뭔가 나쁜 생각을 표현하면 마치 소망이 이루어져 타인에게 피해를 줄 수밖에 없다는 듯이 사악한 소망을 표현하는 것을 두려워할 것이다. 자신의 삶에서 일어나는 미신뿐만 아니라 이런 행동을 통하여 신경증 환자는 단지 생각만 해도 외부 세계를 변화시킬 수 있다고 믿는 미개인과 얼마나 비슷한지 우리에게 보여 준다.

이런 신경증 환자의 일차적 강박 행위는 본래 철저히 주술적인 본질을 지닌다. 여기서 강박 행위는 마술이 아니라면 반反 마술이다. 그것은 신경증의 초기 증세가 되곤 하는 '재앙에 대한 기대Unheilserwartung'를 방어하게 되어 있다. 나는 이 비밀의 내부를 자주 뚫고 들어갈 수 있었는데, 이 재앙에 대한 기대는 죽음을 내용으로 하고 있었다. 쇼펜하우어에 따르면 죽음의 문제는 모든 철학의 입구에 간판처럼 붙어 있다. 우리가 들어서 알고 있듯이 애니미즘의 특징인 영적인 표상과 악령에 대한 믿음의 형성도 죽음이 인간에게 만들어 준 인상으로부터 출발한다. 이 최초의 강박 행동 또는 방어 행동이 유사성의 원리를 따르는지 아니면 그것과는 대조적인 원리를 따르는지 판단하기는 쉽지 않다. 이런 행동은 신경증의 조건에서는 자주 나타나는 현상으로 어떤 가장 미세한 것, 지극히 사소한 행동으로의 전위를 통하여 왜곡되기 때문이다.[107] 강박신경증의 방어 공식에 대응하는 것 또한 주술의 마법적 공식이다. 그러나 강박 행위의 발달사는 가능한 한 강박 행위가 어떻게 하면 성적인 것에서 멀어진 채 사악한 소망에 대한 마법으로 시작하여 가급적 그것을 성실하게 모방하는 금지된 성행위의 대체 수단으로서 끝날 것인가를 강조함으로써 기술될 수 있다.

우리가 앞에서 언급한 **애니미즘적** 단계에서 **종교적** 단계를 거쳐 **과학적** 단계로 이어지는 세계관의 발달사를 받아들인다면, 이 단계들을 통하여 '생각의 만능'의 운명을 추적하는 것도 어려운 일이 아니다. 애니미즘의 단계에서 인간은 자신을 만능이라고 생각했다. 종교적 단계에서 인간은 만능을 신에게 양도했지만, 그렇다고 해서 그것을 완전히 단념한 것은 아니었다. 인간은 자신의 소망에 따라 다양한 영향력을 행사하여 신들을 조종할 수 있는 권리를 보유하고 있기 때문이다. 과학적 세계관의 단계에서는 더는 인간의 만능성을 위한 공간이 없다. 이 단계에서 인간은 자신의 사소한 존재를 인정하고, 자신이 죽음이나 다른 모든 자연적 필연성에 종속된 것으로 체념한다. 그러나 현실의 법칙을 고려하는 인간 정신이 지니는 힘에 대한 신뢰에는 원시적 만능 신앙의 일부가 여전히 살아 있다.

---

107 가장 사소한 행동으로의 전위에 대한 더 포괄적인 동기는 다음 설명들에서 해명한다.

인간의 성숙기에서 유아기의 초기 형태까지 리비도 성향의 발전 과정을 역으로 추적하면, 1905년에 내가 『성 이론에 관한 세 편의 논문Drei Abhandlungen zur Sexualtheorie』에서 다룬 바와 같이 하나의 중요한 특징이 나타난다. 이에 따르면, 성적 충동의 표현을 처음부터 인식할 수 있지만, 그것이 외부의 대상을 향하는 것이 아니라는 점이다. 성욕의 개별적 충동의 요소는 서로 독립적으로 쾌락을 획득하고 자기 육체를 통해 만족을 얻으려고 한다. 이 단계가 **자기성애**Autoerotismus의 단계인데, **대상선택** Objektwahl의 단계가 이 단계를 교체한다.

후속 연구에 따르면, 이 두 단계 사이에 제3의 새로운 단계가 삽입되거나, 자기성애의 첫 단계가 말하자면 두 단계로 분리되는 것이 합목적적이고 거부할 수 없는 과정으로 나타난 바 있다. 연구의 중요성이 점점 커지는 이 중간 단계에서는 앞서 분리되었던 성적 충동이 통합되면서 하나의 대상을 찾게 된다. 그러나 이 대상은 외적인 것, 낯선 상대가 아니라 이 시기에 구성되는 자신의 고유한 자아이다. 나중에 고찰하게 될 이런 상태의 병리학적 고착을 고려하여 우리는 이 새로운 단계를 **나르시시즘** Narzißmus의 단계라고 부른다. 이때 사람은 자신에게 사랑에 빠진 듯이 행동한다. 자아 충동과 리비도적 소망은 우리의 정신분석학에서 서로 분리될 수 없다.

이제까지 분리되어 있던 성적 충동이 하나의 통일체를 이루고 자아를 대상으로 점유하는 이 나르시시즘 단계의 충분히 날카로운 성적 규정은 아직 불가능하지만, 우리는 나르시시즘의 조직화가 완전히 끝나지 않았음을 짐작할 수 있다. 인간은 리비도를 위한 외적 대상을 발견한 뒤로도 어느 정도는 나르시시즘적인 상태로 남아 있게 된다. 인간이 시도하는 대상점유Objektbesetzung는 말하자면 자아에 남아 있는 리비도의 방출로, 다시 리비도로 환원될 수 있다. 정신병의 표준적 전형인 심리학적으로 사랑에 빠지는 특이한 상태는 나르시시즘의 수준과 비교하면 리비도 방출의 최고 단계와 일치한다.

우리가 발견한 심적 행동의 - 우리의 관점에서는 과대평가인 - 호평은 미개인과 신경증 환자에게서는 나르시시즘과 관련되며, 그것은 나르시시즘의 본질적 부분으로 파악된다. 우리는 미개인이라면 생각이 여전히 고도로 성욕화되어 있다고 본다. 그러므로 생각의 만능에 대한 믿음이 세계 지배의 가능성에 대한 신뢰의 근거가 되면서도 인간에게 - 세계에서 그의 실제적인 위치에 대하여 가르침을 줄 수도 있는 - 쉽게 해볼 수 있는 경험에 접근하지 못하게 하는 원인이 되기도 한다. 신경증 환자의 경우 한편으로는 두드러질 만큼 이런 미개인의 태도가 남아 있지만, 다른 한편으로는 자신에게서 일어나는 성적 충동의 억압을 통하여 사유 과정의 새로운 성욕화가 야기되기도 한다. 리비도의 과잉 점유가 근원적으로 의도된 것이든, 퇴행적으로 의도된 것이든, 두 경우에서 일어나는 심적인 결과는 동일하다. 지적인 나르시시즘, 생각의 만능이 그러하다.[108]

우리가 미개인들이 생각의 만능을 믿는 경향을 나르시시즘에 대한 증거로 보아도 좋다면, 인간의 세계관 발달 과정을 개체의 리비도 발달 과정과 비교하려는 시도도 해볼 수 있다. 그렇다면 시간적으로나 내용적으로도 애니미즘 단계는 나르시시즘 단계에 해당하고, 종교적 단계는 부모와의 결합을 통해 특징화하는 대상 발견의 단계에 해당하며, 과학적인

---

108 일종의 유아론Solipsism 또는 유심론Berkeleianism(슐리Sully 교수가 어린아이에게서 발견하고 이렇게 명명했다)의 작용 때문에 미개인들이 죽음을 사실로 인정하지 않는다는 것은 이 주제를 다루는 저자들에게는 거의 하나의 공리로 되어 있다. 마레트Marett의 『초기 애니미즘적 종교Pre-animistic Religion』, 제11권(1900), 178쪽

단계는 쾌락 원칙을 포기하고 현실에 적응하면서 외부 세계에서 대상을 찾는 개인의 성숙한 단계에 해당한다.[109]

우리의 문화에서는 생각의 만능이 단지 한 영역, 즉 예술 분야에서만 허용된다. 오로지 예술에서만 소망을 쫓는 인간이 만족과 유사한 어떤 것을 만들어 내고, 이 유희가 예술적인 환상 덕분에 감정적 영향을 불러일으키는 일이 발생한다. 이를 두고 '예술의 마술'이라고 부르며 예술가를 마법사와 비교하는 것도 당연하다. 그러나 이런 비교는 우리가 생각하는 것 이상으로 의미심장하다. 예술은 '**예술을 위한 예술**l'art pour l'art'로 시작된 것이 아니었으며, 근원적으로 오늘날에는 대부분 소멸해 버린 경향들에 봉사해 왔다. 우리는 이런 경향들 가운데 여러 가지 주술적인 의도가 있다는 것을 추측할 수 있다.[110]

〈4〉

인간이 성취한 최초의 세계관, 애니미즘 세계관은 즉 심리적 세계관이었고, 그 기초를 확립하는 데 과학은 필요 없었다. 그도 그럴 것이 과학은 인간이 스스로 세계를 알지 못하고 있음을 깨닫고, 그것을 알기 위한 길을 찾아야 한다고 통찰했을 때 비로소 시작하기 때문이다. 그러나

---

109 여기서는 어린아이의 근원적 나르시시즘이 성격 발달을 이해하는 기준이며, 어린아이의 경우 이 나르시시즘이 원시적 열등감의 표현이라는 가정은 수긍할 수 없다는 점만을 시사해 두고자 한다.

110 레나슈의 『제식, 신화와 종교라는 집단에서 예술과 주술L'art et le magie in der Sammlung Cultes, Mythes et Religions』, 제1권, 125-136쪽
레나슈는 프랑스의 동굴에 동물 그림을 새기거나 그린 원시 예술가들이 '마음에 들게 하기' 위해서가 아니라 '주술로 불러내기' 위해서라고 생각한다. 그는 이 그림들이 동굴의 가장 어두운 곳, 가장 접근하기 어려운 곳에 있다는 것, 그림에서 무서운 맹수가 제외되었다는 것을 내세워 그렇게 설명한다.

애니미즘은 미개인들에게 자연적이고 확고한 것이었다. 애니미즘은 세계의 사물들이 어떤 것인지를 인간이 자신을 느꼈던 것처럼 그렇게 알고 있었다. 그러므로 우리는 미개인이 자기 마음의 구조 상태를 외부 세계에 옮겨 놓았다[111]는 것을 충분히 알아차릴 수 있다. 다른 한편으로 우리는 애니미즘이 사물의 본질에 대해 가르치는 것을 인간의 영혼에 다시 적용해도 좋을 것이다.

주술이라는 애니미즘의 기술은 실제의 사물에 영적인 삶의 법칙을 강제하려는 의도를 가장 명백하고 순수하게 보여 준다. 이때 정령이 주술적인 처리의 대상이 될 수는 있어도 스스로 어떤 역할은 하지 못한다. 그러니 주술의 전제는 애니미즘의 핵심을 이루는 정령에 관한 학설보다 더 근원적이고 연원이 깊다. 여기서 우리의 정신분석학적 고찰은 애니미즘에 선행하는 **전 애니미즘 단계**를 제시하는 마레트[R. R. Marett]의 이론과 일치한다. 이 단계의 성격은 '애니머티즘[Animatismus](사물에 생명이 있음을 주장하는 학설)'이라는 명칭을 통하여 암시된다. 전 애니미즘에 대해서 더는 경험에 근거하여 말하는 학설이 거의 없는데, 정령에 관한 관념이 없는 민족은 아직 만나보지 못했기 때문이다.[112]

주술이 생각의 만능을 보유하고 있다면, 애니미즘은 이 만능의 일부를 정령에 양도함으로써 종교 형성의 길로 접어들게 되었다. 그렇다면 미개인이 처음으로 이것을 포기하게 한 것은 도대체 무엇인가? 미개인이 이 전제를 잘못된 것으로 본 것은 아닌 것 같다. 미개인은 주술적 기술을 계속 유지하고 있기 때문이다.

---

111 이른바 내적 심리의 지각을 통하여 인식했음을 뜻한다.
112 마레트, 『전 애니미즘 종교, 민속학[Pre-animistic Religion. Folklore]』, 제11권, 런던(1900)
　　분트의 『신화와 종교[Mythus und Religion]』, 제2권, 171쪽 이하를 참조한다.

다른 곳에서 시사했듯이 정령과 악마는 인간의 감정 자극의 투사와 전혀 다른 것이 아니다.[113] 미개인은 자신의 감정적 점유를 사람들에게 행하고, 그것으로 사람들이 거처하는 세상을 만들고는 이제 자신의 영적 과정을 그의 외부에서 재발견한다. 이는 편집증 환자 슈레버와 아주 유사하다. 그는 자신의 리비도의 속박과 해방을 그가 결합한 '신의 광채 Gottesstrahlen'의 운명 속에서 반영되는 것을 발견하였다.[114]

바로 앞에서 인용했듯이[115] 우리는 여기서도 영적인 과정을 외부로 투사하려는 경향이 어디에서 유래하는가 하는 문제는 일단 피하고자 한다. 그러나 우리는 투사가 심적인 위안이라는 장점을 가져오는 경우에 이런 경향이 강해진다는 가정을 믿어도 좋을 것 같다. 생각의 만능을 얻으려는 충동이 서로 갈등할 때, 이런 장점은 분명히 기대할 수 있다. 모든 충동이 만능일 수는 없기 때문이다.

편집증의 병적 과정은 영적인 삶에서 일어나는 갈등을 처리하기 위해 실제로 투사라는 기제를 이용한다. 이제 이와 같은 갈등의 전형적인 사례는 상호 대립하는 양자 사이에서 보이는 양가적 태도에서 볼 수 있는 사례이다. 우리는 이것을 소중한 동료가 세상을 떠났을 경우 그 죽음을 애도하는 사람의 입장을 설명할 때 자세히 분석한 바 있다. 이런 사례는 투사의 형상을 창조하는 동기로서 파악할 때 잘 어울리는 것처럼 보인다. 우리는 여기서 악령을 모든 정령들 중에서 가장 먼저 생겨난 것으로 설명하고, 영혼이라는 관념의 기원을 죽음이 생존자에 미치는 인상으로부터

---

113 우리는 이 초기적인 나르시시즘 단계에서 리비도적인 자극원과 다른 자극원에서 생긴 점유가 어쩌면 구별하기 어려울 만큼 서로 결합되어 있을지도 모른다고 가정한다.
114 슈레버Schreber, 『신경증 환자의 기억할 만한 일Denkwürdigkeiten eines Nervenkranken』(1903)
    프로이트, 『편집증의 자서전적으로 기술된 사례에 대한 정신분석학적 언급』(1911), 전집 8권
115 앞에 인용한 전집 8권에서 슈레버에 대한 나의 논문을 참고한다.

도출하는 저자들의 견해와 다시 일치시킨다. 하지만 단 하나의 차이점만은 지적되어야 한다. 즉 우리는 죽음이 살아 있는 사람에게 부과하는 지적인 문제를 강조하는 것이 아니라, 우리의 연구 추진력을 죽음이라는 상황으로 인해 생존자가 빠져드는 감정적 갈등에 집중하고 있다는 점이다.

정령의 창조라고 하는 이 인류 최초의 이론적 업적은 인류가 추종하는 최초의 윤리적 제약, 즉 터부 규정과 같은 근원에서 생겨난 것으로 짐작된다. 하지만 근원이 같으므로 생성 시기도 같다는 편견을 가져서는 안 된다. 만능의 일부를 정령에게 양도함으로써 행위의 자유로운 의지 일부를 희생하지 않을 수 없었던 것이 실제로 죽은 자에 대한 생존자의 - 미개인을 먼저 숙고하게 만든 - 상황이었다면, 이 문화 창조는 인간의 나르시시즘과 모순되는 **운명**Ananke에 대한 최초의 인정인지도 모른다. 미개인은 죽음을 부정하는 것처럼 보이는 몸짓을 통하여 죽음의 압도적인 힘에 굴복하고 있는 것 같다.

우리가 우리의 전제를 더 발전시켜 나갈 용기를 갖는다면, 심리적 구조의 어떤 본질적 부분이 영혼과 정령의 투사에 의한 창조에 반영되고 되풀이되는지 의문을 제기할 수 있다. 그렇다면 원시적 영혼에 대한 관념은 후세의 비물질적인 영혼의 관념과는 멀어졌다 해도 본질적으로 일치한다는 것을 논박하기 어려울 것이다. 그러니까 인간과 사물은 이원적이고, 이미 알려진 속성과 변화는 이 이원성을 구성하는 두 부분에 배분되어 있다. 스펜서의 표현[116]에 따르면 이 근원적 이원성은 우리에게 잘 알려진 육체와 정신의 분리에서 나타나는 이원성과 동일하다. 우리는 이에 대한 확고한 표현을 예컨대, 실신한 사람이나 미친 사람을 두고 제정

---

116 스펜서, 『사회학 원리Prinzipien der Soziologie』, 제1권
117 같은 책, 179쪽

신이 아니라고 말할 때 인식할 수 있다.[117]

　우리가 미개인과 똑같이 무엇인가를 외적인 현실에 투사한다면, 그것은 어떤 사물이 감각과 의식에 부여하고 있는 상태에 대한 인식과 다르지 않다. 그런데 이 상태 옆에는 잠재적이지만 다시 겉으로 드러날 수 있는 다른 상태가 있다. 말하자면 지각과 기억이 공존하는 것이다. 이를 일반화하면, 의식적 영혼의 과정과 더불어 무의식적 영혼의 과정이 존재한다.[118] 즉 사람이나 사물의 정령은 설령 영혼의 과정이 지각되지 못할지라도 기억과 상상으로 되살아날 수 있는 능력으로 변화한다.

　우리는 물론 미개인이나 현대인의 '영혼'에 대한 관념 어느 쪽으로부터도 영혼과 다른 부분과의 경계 설정이 오늘날 과학이 의식적 영혼의 활동과 무의식적 영혼의 활동 사이에 나누고 있는 선을 엄수하리라는 것을 기대하지는 못한다. 애니미즘적인 영혼이 양자의 규정을 오히려 더 많이 자체 내에 통합하고 있다. 애니미즘적인 영혼의 일시적인 발산성과 민첩성, 육체를 떠날 수 있고 또한 지속적이든 잠정적이든 다른 육체를 점유할 수 있는 능력, 그것이야말로 의식의 본질을 부지불식간에 떠올리게 하는 성격인 것이다. 하지만 개인적 현상의 배후에 숨어 있는 방식은 무의식을 상기시킨다. 불변성과 불멸성은 더 이상 의식적인 과정이 아니라 무의식적인 과정에 속한다. 우리는 이것을 영적 활동의 본래 전달자로도 간주한다.

　우리는 앞에서 애니미즘은 하나의 사고 체계이며, 최초의 완벽한 세계에 대한 이론이라고 말했다. 우리는 이제 이런 체계에 대해 정신분석

---

118 나의 소논문 「심리연구협회 회보에 나오는 정신분석에서의 무의식에 관한 노트」, 회보 26권, 런던(1912), 전집 제8권을 참조한다.

학적 이해로 모종의 결과를 이끌어 내고자 한다. 우리의 일상적인 경험은 이 '체계'의 주요 특성을 늘 새롭게 보여 준다. 우리는 한밤중에 꿈을 꾸고, 낮에는 그 꿈을 해석하는 방법을 익혀 왔다. 꿈은 혼란하고 연관성 없이 맹목적으로 나타나는데, 그렇다고 이것이 꿈의 본질을 부정하는 것은 아니다. 그러나 정반대로 꿈은 어떤 체험에서 받은 인상의 순서를 모방하고, 어떤 사건으로부터 다른 사건을 도출하며, 그 내용의 일부를 다른 내용과 연관시키기도 한다. 꿈은 이런 일에 대체로 성공하는 것처럼 보이기도 하지만, 어딘지 구조적인 불합리나 빈틈이 나타나지 않을 만큼 완벽하게 성공하는 경우는 거의 없다.

우리가 꿈을 해석할 때 꿈의 구성 요소가 불안하고 불규칙하다는 것은 꿈을 이해하는 데 있어서 큰 문제는 아니다. 꿈에서 본질적인 것은 말할 것도 없이 의미 관계를 지닌 채 질서화되어 있는 '꿈생각Traumgedanken'이다. 그러나 꿈생각이 드러내는 질서는 우리가 꿈의 내용을 가장 명료하게 기억하던 때와는 아주 다른 질서이다. 꿈생각의 연관 관계는 포기되어 이미 사라져 버렸거나 꿈 내용의 새로운 관계를 통하여 교체될 수도 있다. 꿈의 요소가 응축되어 있는 것이 아니라면 다소의 차이는 있을 지언정 이전의 배열과는 무관하게 순서의 새로운 배열이 거의 규칙적으로 이루어진다. 우리는 이제 꿈작업Traumarbeit을 통하여 꿈생각의 소재에서 생겨나는 것은 어떤 새로운 영향, 이른바 **이차 가공**sekundäre Bearbeitung의 영향을 받는다고 결론 내릴 수 있다. 이 가공의 의도는 분명히 새로운 '의미Sinn'를 위하여 꿈작업의 결과에서 비롯된 무관련성과 무의미성을 제거하려는 데 있다. 이차 가공을 통하여 얻어진 새로운 의미는 더 이상 꿈생각의 의미가 아니다.

꿈작업에 의한 생산물의 이차 가공은 어떤 체계의 본질과 요구에 대한 훌륭한 본보기이다. 우리 내부에 있는 지적 기능은 그것이 장악하는 지각이나 사유의 소재로부터 통일성과 연관성, 이해의 가능성을 요구한다. 이런 지적 기능은 특수한 상황에 따라 올바른 연관성을 파악하지 못하면 잘못된 연관성을 만들어 내는 것도 피하지 않는다. 우리는 이런 체계의 형성이 꿈에서뿐만 아니라 공포증, 강박적 사고와 망상의 형태에서도 나타난다는 것을 알고 있다. 이 체계의 형성은 망상장애(편집증)에서 가장 두드러진 현상이지만, 다른 정신신경증에서도 잘 나타난다는 것을 간과해서는 안 된다. 우리는 이 모든 사례에서 심적인 소재의 변형된 배열은 새로운 목적을 위하여 발생한다는 것, 변형된 배열이 체계의 관점에서만 파악되는 것처럼 보일 때는 그것이 종종 근본적으로 아주 강박적이라는 것을 증명할 수 있다. 그렇다면 체계의 결과는 매번 적어도 두 가지 동기를 드러낸다는 것이 체계 형성의 가장 두드러진 특징이다. 두 가지 중에서 하나는 체계의 전제에서 나오는 동기(그러므로 때에 따라 망상적인 것)이고, 다른 하나는 은폐되어 있는 동기이다. 그러나 우리는 은폐되어 있는 동기를 정말 유효하고 현실적인 것으로 인정해야만 한다.

그러면 이제 신경증의 한 사례를 살펴보자. 터부에 대한 논문에서 나는 마오리족의 터부와 일치하는 강박에 의한 금지를 지키는 여성 환자를 언급했었다.[119] 이 부인의 신경증은 자신의 남편을 향한 것이었다. 신경증은 남편이 죽기를 바라는 무의식적 소망을 억제하려고 할 때 절정에 이르렀다. 이 부인의 명백하고 체계적인 공포증은 죽음이라는 것을 거론할 때면 생겨났다. 이런 경우에도 남편은 이런 공포증의 전면에 나타나는 법이 없었고, 의식적인 염려의 대상이 되지도 않았다.

---

119 같은 책, 50쪽

그런데 어느 날 남편은 부인에게 무뎌진 면도칼을 어떤 특정한 상점으로 가지고 가서 갈아 오라고 요청했다. 부인은 불안에 싸인 채 그 상점으로 갔다가 그냥 집으로 돌아온 후에 남편에게 그 면도칼을 완전히 없애 버리라고 했다. 그녀는 남편이 말한 그 상점 옆에 관이나 장례용품 등을 파는 대리점이 있는 것을 발견했기 때문이다. 남편이 부탁한 면도칼만 보면 죽음을 떠올리지 않을 수 없었고, 이것이 스스로 금지를 지키게 된 체계적인 동기이다. 우리는 이 환자가 장례용품 대리점을 발견하지 않았더라도 면도칼에 대한 금지를 집에서 지켰을 거로 확신한다. 그럴 것이 그녀가 상점으로 가는 도중에 영구차나 상복을 입은 여자, 또는 조화를 들고 가는 여자를 만났을 것이기 때문이다. 금지를 받아들이게 된 조건의 그물은 아주 넓게 펼쳐져 있어서 어쨌든 수확이 있을 수밖에 없다. 그렇다면 문제는 그녀가 그물을 잡아당기기를 원했는지 아닌지에 달려 있다. 우리는 경우가 달랐다면, 그녀가 금지의 조건을 행동으로 옮기지 않았을 것이라고 확신하는데, 평소보다 "날씨가 더 좋아서"라고 말했을지도 모른다. 물론 면도칼에 금지를 부여한 실제적인 원인은 쉽게 추측할 수 있다. 즉 남편이 새로 갈아온 면도칼로 목을 자를 수도 있다는 상상에서 오는 쾌감에 대한 저항임을 추측할 수 있었다.

보행장애Abasie나 광장공포증Agoraphobie도 그 징후가 무의식적 소망을 대변하거나 이에 대한 방어를 강요하면 앞의 경우와 아주 유사하게 완벽하면서도 세밀하게 진행된다. 그 밖에도 무의식적 환상과 영향력 있는 회상이 환자의 내부에 있으면, 그것은 언제가 개척한 통로를 따라 징후적인 표현으로 쇄도하면서 보행장애의 틀 내에서 목적성에 따라 새로운 질서로 자리를 잡는다. 그러므로 우리가 기본 전제로부터 예컨대 광장공포증이 보여 주는 징후의 복합 구조나 개별적 요소를 이해하려고 한다면, 헛된 일이자 정말 어리석은 일이다. 여기서 나타나는 모든 연관관계의 일관성과 엄밀함은 겉보기에만 그럴 뿐이다. 보다 날카롭게 관찰해 보면 꿈의 전면이 그렇듯이 증상 형성의 지극히 의심스러운 불일치와 자의적인 우연성이 드러난다. 이런 체계적인 공포증에서 엿보이는 개별적 성격은 보행장애와는 전혀 관계도 없는 결정 요소에 그 동기가 숨어 있다. 그런 이유로 이와 같은 공포증의 형태는 사람에 따라 아주 다양하고 모순적으로 나타난다.

이제 우리가 열중하던 애니미즘 체계로 되돌아가면, 다른 심리학적 체계에 대한 우리의 통찰로부터 다음과 같은 결론을 내릴 수 있다. 즉, 어떤 개별적 풍습이나 규정이 생겨나게 된 동기는 미개인에게서도 '미신'만이 유일하고 본질적인 동기는 아니며, 또한 이런 동기가 그 배후에 숨어 있는 동기를 찾아내야 하는 우리의 의무를 면제하는 것도 아니라는 점이다. 애니미즘 체계 아래서는 모든 규정과 활동이 우리가 오늘날 '미신적'이라고 부르는 어떤 체계적 근거를 얻는다는 것이 불가능하다. '미신'은 '불안'이나 '꿈', '악령'처럼 정신분석학 연구로 인해 사라진 과도적인 심리학의 하나인 것이다. 우리가 담장처럼 인식을 가로막는 이 구조물의 배후로 들어가면, 우리는 미개인의 영적인 생활과 문화 수준이 아직까지도 그럴싸한 평가를 얻지 못하고 있음을 추정할 수 있다.

충동의 억압을 지금까지 도달한 문화 수준의 척도로 간주한다면, 미신적인 동기 때문에 그것이 부당하게도 과소평가되어 왔으나, 애니미즘 체계에도 진보와 발전이 있었다는 것을 인정해야 한다. 미개한 종족의 용사들이 전쟁터로 나가자마자 가장 큰 순결과 정결의 의무를 다짐한다는 말을 들으면, 그들은 인격의 한 부분인 배설물을 적이 탈취하여 그것을 가지고 주술적인 방식으로 자신들에게 해를 입히지 않도록 오물을 처리한다[120]는 설명을 이해할 수 있다. 그들의 절제에 대해서도 우리는 이와 유사한 미신적인 동기들을 미루어 짐작할 수 있다. 그런데도 충동 포기의 사실은 여전히 남아 있다. 이와 관련하여, 미개 종족의 용사는 보통 때 금지되어 있는 잔인하고 적대적인 자극의 만족감을 이제 최대한 누리려는 시점이기 때문에 이런 제한을 스스로 지키려 한다고 가정한다면, 이와 같은 경우는 이해하기가 훨씬 쉬워진다.

이는 어렵거나 책임 있는 일들에 전념하는 한 성적 제약을 지켜야 하는 수많은 사례에도 마찬가지로 해당한다.[121] 이런 금지의 근거가 어쨌든 주술과 관련되어 있는지도 모르지만, 충동에 대한 만족을 포기함으로써 더 큰 힘을 얻고자 하는 기본 관념은 오해의 여지가 없다. 나아가 금지의 위생적인 근거도 그것의 주술적인 합리화와 함께 소홀히 해서는 안 된다. 미개한 종족의 남자들이 사냥이나 고기잡이, 전쟁, 귀중한 식물의 채집에 나가면, 그들의 아내들은 그동안 집에서 수많은 억압적인 제한에 따라야 한다. 미개인들은 원정의 성공에 끼치는 - 먼 곳에 이르는 교감 작용의 - 영향을 이런 금지의 덕분으로 돌린다. 하지만 이 먼 곳까지 작용하는 힘은 고향을 떠난 사람들의 고향에 대한 향수일 따름이다. 이런 비유적 표현의 배후에는 감시를 받지 않고 남아 있는 아내들에 대하여 남자들이 완전히 안도할 수 있을 때만 최고로 일을 잘할 것이라는 근사한 심리적 통찰이 숨어 있다. 아내의 불륜이 책임 있는 활동을 하러 떠나 있는 남편의 노고를 좌절에 빠트리기도 한다는 것은 다른 기회에 주술적 동기와는 상관없이 거론될 것이다.

---

120 프레이저, 『황금가지』, 「터부와 영혼의 위기」, 158쪽
121 같은 책, 200쪽

미개인 여자들이 생리 기간 동안 지켜야 하는 수많은 터부 규정은 피에 대한 미신적인 혐오를 통하여 동기화되고 있는데, 혐오는 터부 규정에 대한 실제적인 근거이다. 그러나 이 피에 대한 혐오가 여기서도 미적이고 위생적 의도에 조력한다는 가능성을 간과해서는 안 된다. 하지만 이런 의도는 늘 주술적인 동기에 가려져 있기 마련이다.

여기서 우리가 착각해서는 안 될 점은 이와 같은 우리의 설명이 오늘날의 미개인에게서 개연성을 훨씬 넘어서는 영적 활동의 미세함까지 기대한다는 비난에 빠질 수도 있다는 점이다. 물론, 애니미즘 단계에 머물러 있는 민족들의 심리는 우리가 더는 성인에게서 이해하지 못하는 아이들의 영적인 생활과 유사한 점을 보인다. 그래서 우리는 어린아이들의 생활에서 나타나는 그 풍부함과 예민한 감성을 너무 과소평가해 왔다.

끝으로 나는 지금까지 설명된 적이 없는 터부 규정을 떠올리고자 한다. 이런 규정을 정신분석학자는 좀 더 쉽게 설명할 수 있기 때문이다. 많은 미개한 종족은 날카로운 무기와 날이 잘 드는 도구를 집에 보유하는 것이 금지되어 있다.[122] 프레이저는 칼이란 날을 위로 향하게 놓아두는 것이 아니라는 독일의 미신을 인용했는데, 신이나 천사가 그것에 다칠 수 있기 때문이라는 것이다. 이 터부에서 우리는 날카로운 무기가 무의식적인 나쁜 충동에 의해 사용될지도 모르는 어떤 '징후 행위'에 대한 예감을 인식하는 것은 아닐까?

---

122 프레이저, 『황금가지』, 「터부와 영혼의 위기」, 237쪽

토테미즘의
유아기적 회귀

Die infantile Wiederkehr des Totemismus

Totem und Tabu: Einige
übereinstimmungen im Seelenleben der
Wilden und der Neurotiker

심적인 행동과 형성의 규칙적인 중층결정overdetermination을 밝혀낸 정신분석학으로부터 종교처럼 복잡한 어떤 것을 단 하나의 근원에서 도출하려는 것을 두려워할 필요는 없다. 정신분석학이 필연적이고 아주 당연한 일면성 속에서 종교라는 제도의 유일한 근원을 인식한다면, 정신분석학은 우선 종교라는 제도에 대해 공동으로 작용하는 계기들 가운데 최고의 계기와 같은 독단을 거의 요구하지 않는다.

연구의 상이한 영역으로부터 어떤 종합이 이루어질 때야 비로소 여기에서 검토하려는 메커니즘이 종교의 발생에 어떤 상대적인 의미를 지니는지 결정할 수 있다. 그러나 이런 작업은 정신분석학자들이 사용하는 수단뿐만 아니라 본연의 의도를 훨씬 넘어선다.

〈1〉

이런 계열의 논문 중 첫 번째 논문에서 우리는 토테미즘의 개념을 알게 되었다. 우리는 토테미즘이란 오스트레일리아, 아메리카, 아프리카 등지의 어떤 미개한 종족들에게 종교의 위치를 대변하면서 사회 조직의 기초가 되는 하나의 체계라는 것을 알게 된 것이다. 우리가 잘 알고 있는 바와 같이 스코틀랜드의 맥 레넌[Mac Lennan]이 1869년 과거와 현대의 다양한 사회에서 드러나는 수많은 풍습이나 관습을 토테미즘 시대의 잔재로 이해해야 한다는 가설을 발표함으로써, 그때까지만 해도 단지 진기한 일로만 평가되던 토테미즘의 현상이 아주 폭넓은 관심을 끌었다. 이때부터 과학은 토테미즘의 의미에 대해 아주 포괄적으로 인식하게 되었다. 이런 문제에 대한 최근의 발언으로서 나는 분트의 『민족심리학의 요소[Elemente der Völkerpsychologie]』에서 한 부분을 인용하고자 한다.[123]

"이 모든 것을 취합할 때 토테미즘 문화는 모든 곳에서 추후적인 발전의 전 단계를 이루고 있었고, 미개인들의 상태와 영웅 및 신들의 시대 사이의 과도기를 형성하고 있었다는 높은 개연성을 결론으로 내세울 수 있다."

이 논문의 의도에 접근하기 위하여 우리는 토테미즘의 성격을 더 심원하게 다루어야 한다. 나중에 밝혀지는 몇 가지 이유로부터 나는 레나슈의 주장을 먼저 논하고자 한다. 레나슈는 1900년에 토테미즘 신앙의 교리문답과 같은 12개 항목으로 이루어진 다음과 같은 '토테미즘 법전[Code du totémisme]'을 구상하였다.[124] 그것은 다음과 같다.

---

123 분트, 『민족심리학』(1912), 139쪽
124 『과학평론[Revue scientifique]』(1900), 10월호, 네 권짜리 저서 『제식, 신화와 종교[Cultes, Mythes et Religion]』(1909), 제1부, 17쪽 이하에 다시 수록되었다.

① 어떤 동물들은 죽이거나 먹어서는 안 된다. 그러나 사람들은 개별적으로 그런 종류의 동물을 사육하고 보호한다.

② 이런 동물이 우연히 죽으면 애도를 표하고, 종족의 일원처럼 경의를 표하며 묻어 준다.

③ 식용 금지는 때때로 특정 동물의 육체 일부로만 제한된다.

④ 보통 때는 소중히 여기던 동물이지만, 필연성의 압박을 받아 죽여야 할 경우에는 그 동물에게 용서를 구하고, 살해라는 터부의 위반을 다양한 책략과 핑계를 통해 완화시키려고 노력한다.

⑤ 동물을 제물로 바칠 때는 그 동물에게 정중하게 애도를 보낸다.

⑥ 어떤 의식, 종교적 제식에서는 특정 동물의 가죽을 걸친다. 토테미즘이 아직 남아 있을 때는 그것이 토템 동물이 된다.

⑦ 종족 및 개인은 동물의 이름, 바로 토템 동물의 이름을 사용한다.

⑧ 많은 종족은 동물의 형상을 문장으로 사용하고, 그것으로 무기도 장식한다. 남자들은 동물의 형상을 몸에 그리거나 문신으로 새긴다.

⑨ 토템이 무섭고 위험한 동물에 속한다면, 그 이름을 붙인 종족을 그 동물이 보호해 준다.

⑩ 토템 동물은 그 종족의 일원들을 보호하고 위험을 경고해 준다.

⑪ 토템 동물은 자기에게 충실한 사람들의 미래를 예언하고 그들의 지도자로 헌신한다.

⑫ 한 토템 종족의 구성원은 그들이 토템 동물과 공동 혈통의 띠로 연결되어 있다는 것을 믿는다.

레나슈가 여기서 토테미즘 체계의 기존에 존재하던 것을 떠올리는 데 필요한 모든 징후와 자취를 기록했다는 것을 고려할 때에야 비로소 우리는 이 토템 종교의 교리문답을 올바르게 평가할 수 있다. 하지만 문제에 대한 저자의 특수한 견해는 토테미즘의 본질적 성향을 어느 정도는 소홀히 다루는 데서 나타난다. 우리는 그가 토테미즘 교리문답의 두 가지 주요 명제로부터 하나는 배후로 돌리고, 다른 하나는 완전히 건너뛰었다는 것을 입증하게 될 것이다.

토테미즘의 성격으로부터 올바른 상을 얻기 위해서 우리는 이 주제로 네 권의 저서를 쓴 또 한 사람의 저자에게 접근할 필요가 있다. 이 저서는 토테미즘의 성격에 관한 사례를 빠트리지 않고 수집했을 뿐만 아니라 여기서 제기된 문제를 철저히 논의하고 있는데, 그는 바로 『토테미즘과 족외혼Totemism and Exogamy』의 저자 프레이저다. 그의 연구가 정신분석학적 연구와는 훨씬 동떨어진 결과에 도달했을지라도, 그가 우리에게 보여준 즐거운 체험과 가르침에 대해서는 감사한 마음이다.[125]

프레이저는 그의 첫 논문에서 다음과 같이 밝혔다.[126]

"토템이란 하나의 물질적 대상이다. 미개인은 그 자신과 이런 종류의 사물 사이에 특수한 관계가 있다고 믿기 때문에 이것을 미신적으로 존경한다. 인간과 토템 사이의 관계는 상호적인 관계이므로 토템이 인간을 보호한다면, 인간은 여러 가지 방법으로 거기에 존중을 표해야 한다. 예컨대 토템이 동물

---

125 그러나 먼저 독자에게 이 분야에서 확증을 얻는 것이 어렵다는 것을 언급한다. 우선 관찰한 것을 수집하는 사람들과 이것을 충분히 검토하고 논의하는 사람들이 같지 않다는 점을 알아야 한다. 전자는 여행자나 선교사이고, 후자는 연구의 대상을 어쩌면 전혀 보지도 못했을지 모르는 학자이다. 말하자면 미개인과의 소통이 쉽지 않은 것이다. 나아가 모든 관찰자가 미개인의 언어에 미숙해서 통역자의 도움을 빌리기도 하지만, 엉터리 영어를 보조어로 사용하여 질문자와 소통할 수밖에 없는 경우도 있었다. 미개인들은 그들 문화의 가장 비밀스러운 일에 대해서는 전달하지 못하고, 수년간 자신들의 중심에서 지낸 이방인에게만 솔직하게 내막을 공개한다. 그들은 너무나 상이한 동기로부터 잘못되거나 오해의 여지가 많은 정보를 공개한다. 우리는 이런 미개 종족들이

이면 죽이지 않을 것이며, 토템이 식물이면 뽑아내지 않는다. 토템과 물신Fetisch의 차이는 토템이 물신과 같은 개별 사물이 아니라 늘 하나의 종Gattung이라는 데 있다. 토템은 일반적으로 어떤 동물 또는 식물의 종류이고, 드물게는 무생물의 부류일 경우도 있고, 더 드물게는 인공적으로 만들어진 대상일 수도 있다."

토템은 적어도 세 종류로 구분할 수 있다.

(1) 종족 토템 : 한 종족 전체에 속하는 것으로 세습적이어서 한 세대에서 다음 세대로 계승된다.
(2) 성별 토템 : 한 종족의 남성 전체 또는 여성 전체에 속하되 성이 다르면 토템에서 배제된다.
(3) 개인 토템 : 개별적 인간에게 고유한 것으로 후대로는 넘어가지 않는다.

신생 민족이 아니라 본래 문명이 진보한 민족과 같은 정도로 오래된 민족일 수도 있다는 사실을 잊어서는 안 된다. 또한, 미개 종족들이 그들의 근원적인 관념과 제도를 우리의 지식 수용을 위해 매번 발전시키거나 왜곡도 하지 않은 채 보존했을 것이라고 기대해서도 안 된다. 오히려 미개인들의 경우 모든 면에서 근본적인 변화가 일어났다는 것이 분명하며, 따라서 화석 같은 그들의 현재 상태와 견해에 근원적인 과거가 남아 있는지, 어떤 것이 과거의 왜곡이고 어떤 것이 과거의 변화에 해당하는지를 결코 주저 없이 결정해야만 한다. 그래서 무엇이 어떤 미개 문화의 특성에서 이차적인 것이고 또한, 무엇이 추후의 이차적인 형태로 파악되어야 하는지가 저자들에 따라 지나치게 논쟁거리가 되고 있다. 고로 근원적인 상태의 확증은 매번 구성의 문제로 남는다. 결국, 미개인들의 사유 방식에 감정을 이입하는 것은 쉬운 일이 아니다. 우리는 그것을 어린아이처럼 쉽게 오해하며, 그들의 행동과 느낌을 언제나 우리 자신의 심적인 위치에 따라 해석하는 경향이 있다.
126 『토테미즘과 족외혼』 제1권에 수록된 「토테미즘」(1887)

두 번째와 세 번째 토템은 중요성에서 종족 토템과는 비교가 되지 않는다. 그것은 비교적 추후적인 것이어서 토템의 본질로 볼 때 별로 중요한 것이 아니다.

종족 토템은 남자들과 여자들로 된 집단의 숭배 대상이다. 이 집단은 토템의 이름을 따르고 있으며, 각 구성원은 공통의 조상에서 태어난 혈족이라고 간주하면서 서로 공동 의무와 신앙을 통하여 토템에 대한 믿음으로 굳게 결속되어 있다.

토테미즘은 종교적인 체계이자 사회적인 체계이다. 종교적 측면에서 토테미즘은 인간과 토템 사이의 상호 존중과 보호이다. 사회적 측면에서는 상호 부족 구성원과 다른 종족에 대한 의무 관계로 이루어져 있다. 이후 토테미즘의 역사에서 이 양쪽 측면은 서로 분리되는 경향을 보인다. 그런데 사회 체계는 종교 체계보다 더 오래 유지될 때가 많은데, 반대로 토테미즘의 잔재는 토테미즘에 근거를 둔 사회 체계가 소멸한 나라들의 종교에 남아 있는 경우가 많다. 우리는 토테미즘의 이런 양면성이 근원적으로 어떻게 서로 연관되어 있는지를 우리의 제한된 지식만으로는 그 원천에 대해 확실하게 말할 수 없다. 하지만 토테미즘의 양면성이 처음에는 서로 불가분의 관계였다는 것에 대해서는 전반적으로 확실해 보인다. 다른 말로 표현하자면, 시대를 거슬러 올라가면 올라갈수록 특정 종족에 속하는 자는 자신을 자기 토템과 동일시했고, 토템에 대한 자신의 태도와 종족 구성원에 대한 태도를 구별하지 않았으리라는 것이 그만큼 더 분명하게 나타난다.

프레이저는 종교 체계로서의 토테미즘을 상세히 기술하는 서문에서 한 종족의 구성원은 자신들의 이름을 토템의 이름을 따라 부르면서 **일반적으로 자신들은 토템에서 나온 자손임을 믿는다**고 언급한다. 이런 믿음의 결과, 그들은 토템 동물을 사냥하거나 죽이거나 먹지도 않고, 그 토템이 동물과 다른 어떤 것일 때는 토템을 다른 용도로 사용하지 않게 되었다는 것이다. 게다가 토템을 죽이거나 먹어서는 안 되는 금지만이 유일한 터부가 아니다. 때때로 만지거나 보는 것조차 금지되어 있으며, 많은 경우에 토템의 이름을 그대로 불러서는 안 된다. 토템을 지키려는 터부 규정을 어기면 자동으로 중병에 걸리거나 죽임을 당하는 벌을 받는다.[127]

토템 동물의 표본은 때때로 부족에 의해 길러지고 우리에서 사육되기도 한다.[128] 죽은 채 발견된 토템 동물은 부족의 구성원처럼 추모식을 거친 뒤 매장된다. 어떤 토템 동물을 죽여야 한다면, 규정된 절차에 따라 사죄의 의례와 속죄 제식을 거행해야 한다.

종족은 토템으로부터 보호와 돌봄을 기대한다. 토템이 위험한 동물(맹수, 독사)일지라도, 토템이 종족의 구성원을 전혀 해치지 않을 것이라고 가정한다. 이 전제가 실행되지 않는다면, 해를 당한 자는 종족으로부터 추방된다. 프레이저는 토템에 대한 서약이 근원적으로 신의 명령이라고 생각한다. 이에 따라 혈통 및 순종 검사도 토템의 결정에 맡겨진다. 토템은 병의 치유를 돕고, 종족에게 전조를 나타내고, 나쁜 일에 대해 경고도 한다. 토템이 어떤 집 근처에 나타났다는 것은 죽음을 예고하는 경우가 많다. 말하자면, 토템은 친족을 데리러 온 것이다.[129]

갖가지 의미심장한 상황에서 종족의 구성원들은 토템과 비슷하게 차려입거나 토템 동물의 가죽을 몸에 두르고, 그 모습을 몸에 새기는 행동

---

127 이 책에서 터부에 대한 논문을 참조한다.
128 오늘날에도 로마의 카피톨Kapitol 언덕 계단의 우리 안에 늑대들, 베른의 굴속에 있는 곰을 그 예로 들 수 있다.
129 많은 귀족 가문에서 임종 시에 출몰하는 유령인 백부인weiße Frau과 같다.

따위를 함으로써 토템과의 친족 관계를 강조하려고 한다. 그들은 출산, 성년식, 매장 의식이 거행될 때는 행동과 말을 통하여 이 토템과 동일하다는 것을 강조한다. 모든 구성원이 토템으로 변장하고 거동을 모방하는 춤들은 다양한 주술적, 종교적 의도에 헌신한다. 끝으로 동물을 의례적으로 죽이는 제식이 거행된다.[130]

토테미즘의 사회적 측면은 엄수된 금지와 광범위한 제한을 통해 표출된다. 한 토템 부족의 구성원은 서로 형제 자매간이며, 서로 돕고 보호할 의무를 갖는다. 부족 구성원이 타인에게 죽임을 당할 경우 가해자의 전체 부족이 살인에 대해 책임을 진다. 살해된 부족은 흘린 피에 대한 보상을 요구할 때 서로가 강한 연대감을 느낀다. 토템에 의한 결속은 현재의 가족 결속보다 훨씬 강하다. 하지만 양자가 같은 것은 아닌데, 토템의 계승은 일반적으로 모계를 통해 수행되며 근원적으로 부계 계승은 전혀 통용되지 않았던 것으로 보인다.

그러나 이에 상응하는 터부 제약은 같은 부족 구성원들 사이에 결혼은 허용되지 않았고, 상호 간의 성적 결합도 있어서는 안 된다는 금지 조항을 그 본질로 하고 있다. 이것이 바로 토테미즘과 관련된 그 유명하고도 수수께끼 같은 **족외혼**Exogamie이다. 우리는 족외혼에 대해 이 책의 연속적인 논문들 가운데 첫 논문에서 상세하게 다룬 바 있었다. 그래서 여기서는 족외혼이 미개인들의 아주 민감한 근친상간 기피에서 유래했다는 것, 집단적인 결혼에서 근친상간을 막기 위한 방지책으로 완벽하게 이해될 것이라는 것, 처음에는 젊은 세대에 대한 근친상간을 막으려는 것이었지만 한층 발전한 뒤에는 더 나이 든 세대에 대해서도 근친상간을 막

---

130 프레이저, 『토테미즘과 족외혼』, 45쪽의 희생제를 참조한다.

으려는 수단이 되고 있다는 것만을 언급할 필요가 있다.[131]

◆»»◆·«««◆

프레이저의 토테미즘에 대한 설명, 즉 토테미즘을 대상으로 하는 문헌 중 가장 오래된 것 중 하나에 나는 최근의 요약본 중 하나에서 나온 몇 가지 발췌문을 연결하고자 한다. 분트[132]는 1912년에 출간된 『민족심리학의 요소』에서 다음과 같이 말한다.

"토템 동물은 해당 집단의 조상 동물로 간주된다. 토템은 그러므로 한편으로는 집단의 이름인 동시에 다른 한편으로 혈통의 이름이며, 후자의 관계에서 볼 때 이 이름은 신화적 의미를 지닌다. 그러나 이런 개념의 다양한 사용은 서로 맞물려 있어서 개별적인 의미들은 축소될 수 있다. 즉 많은 경우에 토템의 이름은 단순히 종족에서 단위 부족의 이름이 되어 버리는 한편, 다른 경우에는 혈통의 표상이나 토템의 제의적 의미가 전면에 부각되기도 한다. (…) 토템의 개념은 **종족 분류 및 종족 조직화**에 결정적인 기준이 된다. 종족 구성원의 믿음과 감정에서 이런 기준과 그것의 확고한 정착은 어쨌든 토템 동물을 근원적으로 종족의 한 단체에 대한 이름으로 간주할 뿐만 아니라 동물이 주로 해당 부족의 조상으로 통용되는 것과 관련이 있다. (…) 그렇다면 동물 조상이 숭배를 받는다는 것도 이와 관련되어 있다. (…) 특정한 의례와 의례적인 제

---

131 이 책의 첫 번째 논문을 참조한다.
132 분트, 『민족심리학의 요소』, 116쪽

159

식을 배제한다면, 이 동물 숭배는 무엇보다 토템 동물에 대한 태도에서 근원적으로 표출된다. 개별적인 동물뿐만 아니라 같은 종류를 대표하는 그때그때의 동물이 어느 정도 신격화된 동물이며, 토템 동물의 고기를 먹는 것이 토템 구성원에게는 금지되거나 특정한 상황에서만 허용된다. 이런 일반적인 금지는 특정한 조건 하에서 토템 고기를 먹을 수 있는 일종의 의례적 제식이 일어난다는 의미심장한 반대 현상과 배치되는 것은 아니다. (…)"

"(…) 그러나 이 토테미즘적 종족 분류의 중요한 사회적 측면의 본질은 그것이 부족 집단들 간의 상호 교류에 대해 풍습의 특정한 기준들과 서로 연관된다는 점에 있다. 이 기준들 가운데 결혼에 대한 기준이 가장 선두에 있다. 그래서 이 종족 분류는 토템미즘 시대에 최초로 나타나는 중요한 현상인 족외혼과 관련된다.

우리가 추후에 발전하거나 아니면 약화될지도 모르는 그 모든 요소를 통하여 근원적인 토테미즘의 성격에 도달하고자 한다면, 다음과 같은 본질적인 성향이 그 결과로서 나타난다.

---

133 이 원문은 프레이저가 같은 대상에 대한 그의 두 번째 논문인 「토테미즘의 기원The Origin of Totemism」(1898)에서 도출하는 토테미즘에 대한 결론과 일치한다.
"이처럼 토테미즘은 일반적으로 종교 및 사회 양쪽의 원시적 체계로 다루어져 왔다. 종교 체계로서의 토테미즘은 미개인과 그 토테미즘의 신비적 결합을 포괄하고, 사회 조직으로의 토테미즘은 같은 토템의 남녀가 맺고 있는 관계와 다른 토템 집단의 구성원에 대한 관계를 포괄하고 있다. 그리고 체계의 두 측면에 상응하여 토테미즘의 거칠면서 준비된 두 시험이 존재한다. 첫째, 자신의 토템 동물이나 토템 식물은 죽이거나 먹어서는 안 된다는 규칙이고, 둘째로 같은 토템 여자와는 결혼하거나 같이 생활해서는 안 된다는 규칙이다."(101쪽) 프레이저는 이어서 우리를 토테미즘에 대한 논의의 한가운데로 이끈다. 두 측면이 - 종교적 측면과 사회적 측면이 - 항상 공존해 왔는지 아니면 본질적으로 무관한지는 지금까지 다양하게 대답되어 왔던 질문이다.

즉, 토템은 근원적으로 오직 동물이었고, 그 동물은 **개별적 혈통의 조상으로 간주되었다. 토템은 단지 모계로만 계승되었다. 토템을 죽이는 것은 금지되어 있었다**(원시적인 상태에서는 먹는 것이나 죽이는 것이나 같았다). **토템의 구성원들에게 상호 성적인 관계는 금지되곤 하였다.**[133]"

이제 우리에게 부각되는 것은 여기서는 레나슈가 제시한 토테미즘 법전에서 중요한 터부 가운데 하나인 족외혼이 전혀 나타나지 않고 있으며, 두 번째로 중요한 터부의 전제인 토템 동물의 기원에 대해서는 부수적으로만 언급되어 있다는 점이다. 하지만 나는 이 주제의 해명에 매우 가치 있는 저자의 서술을 선택함으로써 우리가 앞으로 열중하게 될 저자들의 견해 차이에 미리 대비하려고 한다.

〈2〉

토테미즘이 모든 문화권의 규칙적인 양상을 형성해 왔다는 통찰을 인정하게 될수록 토테미즘을 이해하고 그 본질의 수수께끼를 규명하고 싶다는 욕구가 그만큼 더 절박해졌다. 토테미즘에 나타나는 모든 것이 수수께끼 같다는 것은 사실이다. 하지만 결정적인 문제는 토템 혈통의 유래, 족외혼(족외혼으로 대변되는 근친상간 터부)의 동기, 그리고 토템 조직과 근친상간 금지 사이의 관계에 대한 것이다. 토테미즘에 대한 이해는 역사적인 동시에 심리적이어야 하는데, 어떤 조건을 바탕으로 이 독특한 제도가 전개되었는지, 이 제도는 어떤 정신적인 욕구를 표현해 왔는지를 해명해야 한다.

독자들은 이런 문제에 대한 해명이 얼마나 상이한 관점에서 시도되었느지, 이에 대한 전문가들의 견해가 서로 얼마나 큰 차이를 보였는지를 듣게 되면 틀림없이 놀랄 것이다. 토테미즘과 족외혼에 대하여 일반적으로 주장하고 싶어 하는 것은 모두 상당한 의문점을 남긴다. 1887년에 발표된 프레이저의 글에서 발췌한 앞에 소개한 관념도 나 자신의 자의적인 선호를 표현한 것이라는 비판을 모면할 수 없다. 프레이저 자신도 이 주제에 관한 견해를 반복적으로 바꾼 것처럼 오늘날에는 이 문제에 이의를 제기할지도 모른다.[134]

만일 토테미즘과 족외혼이라는 두 제도의 기원에 접근할 수만 있다면, 이들의 본질을 가장 빨리 파악할 수 있으리라는 것은 당연한 가정이다. 그렇지만 이 문제를 판단할 만큼 원시 민족들조차 제도의 본원적 형태나 그것의 발생 조건을 더 이상 보존하고 있지 않기 때문에 우리는 불완전한 관찰을 보충하도록 가설에라도 의지할 것이라는 앤드류 랭의 언급을 잊어서는 안 된다.[135] 제기된 설명의 시도들 가운데 몇 가지는 심리학자들이 판단하기에 부적절한 것처럼 보인다. 이런 설명의 시도가 너무 합리적이고 설명하려는 것들의 감정적 성격을 전혀 고려하지 못하기 때문이다. 나아가 어떤 시도들은 관찰로는 확증될 수 없는 전제를 그 바탕으로 하고 있으며, 어떤 시도들은 다른 해설에 쓰여야 하는 자료를 끌어들

---

134 의미의 변화와 관련하여 프레이저는 다음과 같이 아름다운 문장을 적었다.
"이렇게 난해한 문제에 대해 나의 결론이 최종이라고 주장할 만큼 나는 어리석지 않다. 나는 반복해서 견해를 바꾸어 왔지만, 매번 새로운 증거가 나타날 때마다 생각을 바꾸려고 결심했다. 왜냐하면 솔직한 연구자란 카멜레온처럼 자신이 밟고 있는 땅의 색깔에 맞추어 그렇게 색깔을 바꾸어야 하기 때문이다."(『토테미즘과 족외혼』 제1권의 서문)
135 앤드류 랭, 『토템의 비밀 The Secret of the Totem』, 27쪽,
"토테미즘의 기원은 우리의 역사적 검증이나 실험의 힘을 벗어나는 것이므로, 우리는 이 문제에 대해 추측에라도 의지해야 한다."
같은 책, 29쪽, "어디서든 우리는 절대적으로 미개한 인간과 만들어지고 있는 토템의 체계를 만날 수는 없다."

이고 있다. 여러 가지 견해를 반박하는 것은 일반적으로 그리 어려운 일이 아니다. 저자들은 흔히 자신의 생산물에서보다 서로 비판할 때 더 강한 경향이 있다. 다루어진 논점의 대부분에 대한 최종 결론은 '논거가 분명치 않음non liquet'이다. 그러니 가장 최근의 - 여기서는 대부분 다루어지지 않은 - 문헌에서 토테미즘 문제의 일반적인 해명을 관철될 수 없는 것으로 거부하려는 뚜렷한 움직임이 나타나고 있다고 해도 그리 놀라운 일이 아니다. 예를 들어, 골든와이저A. Goldenweiser는 『미국 민속학 연감 XXIII』(1910)에서 이런 면을 보여 주었다. 나는 이 서로 상반되는 가설을 전달하면서 연대순은 무시했다.

1) 토테미즘의 기원

토테미즘이 어떻게 발생했는지에 대한 물음은 미개인들이 어떻게 자신과 자기 종족을 동물, 식물, 무생물의 이름으로 부르게 되었는가라는 것으로 공식화할 수 있다.[136]

토테미즘과 족외혼을 학문적으로 연구한 스코틀랜드인 맥 레넌[137]은 토테미즘의 발생에 관한 견해를 발표한 적이 없었다. 앤드류 랭[138]의 보고에 따르면 그는 오랫동안 토테미즘이 문신의 풍습에서 연원하는 것으로 보는 경향이 있었다.

나는 이제까지 알려진 토테미즘의 기원에 관한 이론을 명목론적 이론,

---

136 아마도 처음에는 동물의 이름만 따랐던 것으로 보인다.

137 『동물과 식물 숭배The Worship of Animals and Plants』(1869-1870), 『미개인의 결혼Primitive Marriage』(1865), 이 두 저작은 『고대사 연구Studies in Ancient History』(1876)에 재수록되었다.

138 앤드류 랭, 『토템의 비밀』(1905), 34쪽

사회학적 이론, 심리학적 이론의 세 그룹으로 나누고자 한다.

(1) 명목론적 이론nominalistische Theorie

이 이론에 대한 설명은 내가 붙인 제목에 따라 전체적인 윤곽이 드러날 것이다.

페루 잉카족의 자손인 가르실라소 데 라 베가Garcilaso de la Vega는 이미 17세기에 자기 민족의 역사를 기술한 바 있었다. 그는 토테미즘 현상으로 알려지던 것의 근원을 이름을 통하여 서로를 구분하려는 종족의 요구에서 찾았다고 했다.[139] 이런 생각은 수백 년 이후에 킨A. K. Keane의 인종학 저서에도 나타난다. 그에 따르면 토템은 개인과 가족, 종족이 서로를 구분하려던 문장紋章으로부터 생겨났다고 한다.[140]

막스 뮐러Max Müller도 토템의 의미에 대해 신화학의 기고문에서 같은 견해를 피력한 바 있다.[141] 토템은 (1)씨족의 문장, (2)씨족의 이름, (3)씨족의 조상 이름, (4)씨족이 섬기는 대상의 이름으로 변해 간다는 것이다.

피클러J. Pikler는 1899년에 이렇게 기술했다. "인간들은 공동체와 개인을 위해 기록으로 고정시키기 위한 명칭이 필요했다.(…)" 이렇게 토테미즘은 종교적 필요성 때문이 아니라 인류의 냉정한 일상생활의 필요성에서 생겨난 것이다. 토테미즘의 핵심인 명명하기는 원시적 기록 기술의 결과이다. 토템의 성격에는 쉽게 쓸 수 있는 상형문자의 성격도 포함되어 있다. 하지만 미개인들이 처음에 동물의 이름을 가지고 있었다면, 그들은 이로부터 동물과의 친족 관계라는 관념을 이끌어냈다.[142]

---

139 앤드류 랭, 『토템의 비밀』(1905), 34쪽에서 재인용한다.
140 같은 책에서 재인용한다.
141 같은 책에서 재인용한다.

스펜서도 마찬가지로 토테미즘의 발생에 결정적인 의미를 지니는 것은 명명하기라고 서술했다.[143] 스펜서는 인간 개개인은 자신의 특성을 통하여 동물의 이름을 따르려고 했는데, 이 이름은 처음에는 개인의 경칭이나 별명이었다가 자손에게 전해진다고 설명한다. 원시적 언어는 불분명하고 이해하기 어려워서 후세의 자손들은 자신들이 동물의 이름으로 불리는 것을 알고는 이 동물과 혈족 관계에 있는 증거로 여기게 되었다는 것이다. 스펜서는 토테미즘이 오해에서 비롯된 조상 숭배의 결과였을 것이라고 본다.

에이브버리Avebury 경(예전의 이름인 존 러복 경Sir John Lubbock으로 더 잘 알려져 있다)은 이처럼 오해라는 입장을 강조하지는 않지만 토테미즘의 기원에 대해 아주 유사하게 판단하고 있다. 우리가 동물 숭배를 설명하고자 한다면, 우리는 인간의 이름이 동물의 이름으로부터 빌려온 경우가 많다는 사실을 잊어서는 안 된다. 가령, 곰이나 사자라고 불리는 사람의 자식이나 추종자들은 그 이름을 자연스럽게 종족의 이름으로 삼게 되었다. 이로부터 그 동물 자체가 어떤 주목의 대상이었다가 결국은 숭배의 대상이 되었다는 것이다.

피슨Fison은 토템의 이름이 이런 식으로 개인의 이름이 되었다는 주장에 반하여 논박의 여지가 없어 보이는 이견을 제시하였다.[144] 그는 오스트레일리아 원주민의 상황을 근거로 토템이란 어떤 인간 집단의 표지이지 개인의 표지는 결코 아니라는 것을 보여 준다. 그러나 설령 그런 것이

---

142 피클러와 소믈로F. Somló의 『토테미즘의 기원Der Ursprung des Totemismus』(1901) 두 저자는 그들이 시도한 설명의 특징을 '유물론적 역사 이론에 기여'라고 부르는데, 이는 정당한 것으로 보인다.

143 스펜서의 『동물 숭배의 기원The Origin of Animal Worship』(1870)과 『사회학 원리』 제1권, 169-176쪽

144 피슨의 『카밀라로이와 쿠르나이』, 165쪽
앤드류 랭의 『토템의 비밀』에서 재인용한다.

아니고 토템이 본래 개인의 이름이었다 할지라도, 이것이 모계 계승의 체계에서는 자식들에게 전해질 수 없을 것이다.

이제까지 보고한 이론들은 분명히 불충분하다. 이 이론들은 예컨대 미개인들이 동물의 이름을 원시 종족의 이름으로 사용한 것으로 설명하고 있지만, 이와 같은 이름의 부여가 미개인들에게서 얻게 된 의미인 토템의 체계를 조금도 설명하지 못한다. 이 그룹의 이론들 중에서 가장 주목할 만한 것은 앤드류 랭이 자신의 저서 『사회의 기원Social Origin』(1903)과 『토템의 비밀』(1905)에서 개진한 이론이다. 이 이론도 언제나 이름 부여를 문제의 핵심으로 삼고 있지만, 두 개의 흥미 있는 심리적 계기들을 가공함으로써 토테미즘의 수수께끼를 최종적으로 해결하려고 한다.

앤드류 랭은 미개인 부족이 어떤 식으로 동물 이름을 갖게 되었는지는 일단 고려하지 않았다. 그들은 어느 날 그런 이름을 갖고 있다는 것을 불현듯 의식했지만, 그 이름이 어디서 왔는지는 설명할 줄 몰랐다. **이 이름의 출처는 잊었다는 것이다.** 만일 그렇다면 그들은 사색을 통하여 출처에 대해 알려고 노력할지도 모른다. 그리고 이름의 중요성을 확신하게 되면, 그들은 필연적으로 토테미즘 체계에 내포된 모든 관념에 도달하게 될 수도 있다. 이름은 미개인들에게 - 오늘날의 미개인에게나 우리의 현재 아이들에게처럼[145] - 우리가 지금 경험하는 것처럼 사소하거나 인습적인 어떤 것이 아니라 의미심장하고 본질적인 어떤 것이다. 한 사람의 이름은 그가 지닌 인격의 중요한 구성 요소이자, 어쩌면 그의 영혼의 일부일지도 모른다. 동물과 동일한 이름이라는 것은 미개인들로 하여금 그들의 인격과 이 동물의 종 사이에 비밀스럽고 의미 있는 유대가 있음을 가

---

[145] 앞의 터부에 대한 논문을 참조한다.

정하도록 했을 것이다. 그렇다면 대체 어떤 유대가 혈족 관계와 다르게 생각될 수 있겠는가? 하지만 이름의 동일성에 의하여 언젠가 혈족 관계가 가정되었다면, 혈족 터부의 직접적인 결과로서 족외혼을 포함한 모든 토템 규정은 이것으로부터 생겨났다는 것이다.

> "미지의 기원을 가진 단체의 동물 이름, 동물이든 인간이든
> 같은 이름으로 불리는 것들 사이의 초월적 관계에 대한 믿음
> 그리고 피의 미신에 대한 믿음 - 이 세 가지 것들만이 족외혼
> 을 포함한 토테미즘의 규정과 관습을 발생시키는 데 필요한
> 것들이다."[146]

랭의 설명은 말하자면 두 부분으로 이루어진다. 첫 번째 이론은 - 이름이 언제 부여되었는지를 잊었다는 전제하에서 - 사람이 토템 이름을 가지고 있다는 사실로부터 토테미즘 체계와 심리학적 필연성을 도출하고 있다. 이론의 두 번째 부분은 이 이름의 출처를 해명하고자 노력한다. 이 두 번째 부분은 첫 번째와 완전히 다른 성격이라는 것을 우리는 알게 될 것이다.

랭 이론의 두 번째 부분은 내가 '명목론적'이라고 부른 이론과 본질적으로 그다지 차이가 없다. 즉, 구별해야 할 실제적인 필요성 때문에 개별 종족은 이름을 가질 수밖에 없었는데, 이로 인해 개별 종족은 다른 종족이 부여한 이름에 만족하게 되었다는 것이다. 이 '외부로부터의 이름 부여'가 이론적 구성의 특성이다. 이런 상태에서 갖게 된 이름이 동물로부터 차용되었다는 것은 더 이상 특별히 문제가 되지 않는다. 또한, 동물의 이름을 가졌다고 해서 미개인들이 그것을 모욕이나 조롱으로 느끼지도

---

146 앤드류 랭, 앞(『토템의 비밀』, 126쪽)

않았을 것이다. 덧붙이자면 랭은 외부로부터 본래는 조롱 조로 부여된 특징적인 이름들이 받아들여지고 기꺼이 사용하게 된 결코 적지 않은 사례들을 후대의 역사로부터 끌어들였다. 예컨대, 조롱 조의 낱말들인 고이젠Geusen, 휘그Whigs, 토리Tories가 그것이다. 이 이름의 성립이 시간이 지나면서 잊게 되었다는 가정은 랭 이론의 두 번째 부분과 앞서 설명한 첫 번째 부분에도 해당한다.

(2) 사회학적 이론

하지만 후대의 제식과 풍습에서 토테미즘 체계의 잔재를 성공적으로 추적한 레나슈는 처음부터 토테미즘이 토템 동물로부터 유래한다는 가설을 거의 받아들이지 않았다. 그는 언젠가 주저 없이 토테미즘이란 '사회적 본능의 확장'에 불과한 것 같다고 자신의 견해를 피력했다.[147]

뒤르켐E.Durkheim이 1912년에 출간한 새로운 저서 『종교 생활의 기본 형태. 오스트레일리아의 토템 체계Les formes élémentaires de la vie religieuse. Le système totémique en Australie』도 이와 비슷한 견해를 보여 준다. 여기서 토템은 이런 종족들의 사회적 종교의 명백한 대표자이다. 토템은 숭배의 본래 대상인 공동사회를 구체화한다는 것이다. 다른 몇몇 저자들은 사회적 충동이 토테미즘 제도 형성에 기여했다는 점에 대해 더 상세한 이론적 근거를 찾으려 했다. 하돈A. C. Haddon은 모든 미개한 종족은 본래 특수한 종류의 동물이나 식물을 먹고 살았고, 아마도 이 음식물을 거래하거나 그것을 다른 종족에게 물물교환으로 전파했을 것이라는 가설을 제기했다. 음식물

---

147 레나슈 『제식, 신화와 종교라는 집단에서 예술과 주술L'art et le magie in der Sammlung Cultes, Mythes et Religions』, 제1권, 41쪽

을 제공한 종족은 자신들에게 그토록 중요한 역할을 하던 동물의 이름으로 다른 종족에게 알려질 수밖에 없었다. 동시에 이 종족에게는 해당 동물과의 특별한 친근감, 일종의 관심이 필연적으로 생겨나게 되었다. 그렇지만 이 친근감이나 관심이라는 것도 인간의 욕구 중에서 가장 기본적이고 절박한 심리적 동기인 배고픔에 근거하고 있었다는 것이다.[148]

모든 토템 이론들 가운데 가장 합리적인 이 이론에 대한 반론에 따르면, 미개인들에게서 이런 식생활의 상태는 어떤 곳에서도 결코 발견된 적이 없었고, 이제까지 있어 본 적도 없었다는 것이다. 미개인들은 잡식성이고, 그들이 열악한 조건에 있을수록 그만큼 더 잡식성이 심하다. 나아가 어떻게 이런 자신들만의 독특한 섭생으로부터 선호하던 음식을 완전히 끊어 버릴 수 있는 토템과의 거의 종교적인 관계가 발전할 수 있었는지는 이해할 수 없다는 것이다.

프레이저가 토테미즘의 발생에 관하여 언급한 세 가지 이론 중에서 첫 번째 것은 심리학적 이론이었다. 하지만 이에 관하여는 다른 자리에서 설명할 것이다.

여기서 논의하게 될 프레이저의 두 번째 이론은 중앙 오스트레일리아 원주민에 대한 두 연구자의 의미심장한 출판물의 영향을 받아 이루어졌다.[149]

스펜서와 질렌은 이른바 아룬타 국가라는 종족들의 한 집단에게서 발견되는 일련의 독특한 제도, 관습과 관점을 기술한다. 여기서 프레이저는 이 특수한 것들이 원시적 상태의 성향으로 간주될 수 있으며, 이것들

---

148 『영국협회 인류학 부문 연설』(1902). 프레이저의 『토테미즘과 족외혼』을 재인용했다.

149 『스펜서와 질렌의 중앙 오스트레일리아 원주민족The Native Tribes of Central Australia von Baldwin Spencer und H. J. Gillen』, 런던(1891)

이 토테미즘의 가장 중요하고 본디 의미에 대해 해명할 수 있을 것이라는 판단에 동의하고 있다.

아룬타족(아룬타 국가의 일부에 속하는 종족) 자체의 독특한 점은 다음과 같다.

① 아룬타족은 토템 씨족으로 된 부류이지만, 토템은 계승되는 것이 아니라(나중에 설명하게 될 방식으로) 개인적으로 결정된다.

② 토템 씨족은 족외혼을 따르지 않는다. 그러나 결혼의 제약은 토템과는 전혀 상관이 없는, 결혼 등급에서 고도로 발전된 분류를 통하여 이루어진다.

③ 토템 씨족의 주요 기능은 섬세한 주술적 방식에 의해 먹을 수 있는 토템 대상의 증식을 목적으로 하는 의례를 실행하는 데 있다(이 의례는 인티키우마Intichiuma라고 불린다).

④ 아룬타족은 독특한 수태 및 재생의 이론을 가지고 있다. 그들은 동일한 토템을 지닌 죽은 자의 정령은 그들이 사는 땅의 특정한 장소에서 재생을 기다리다가 그곳을 지나가는 여자의 육체로 들어간다고 믿는다. 아이가 태어나면, 어머니는 어떤 정령이 기다리던 장소에서 아이를 받아들였는지를 말한다. 이에 따라, 아이의 토템이 결정된다. 나아가 정령은 (고인의 정령이든 재생하는 자의 정령이든) 그 장소에서 발견되는 (추링가churinga라고 불리는) 독특한 돌로 된 부적과 연관되어 있다고 생각한다.

여기서 프레이저는 두 가지의 계기 때문에 아룬타족의 제도가 토테미즘의 가장 오래된 형태라고 믿는 것처럼 보인다. 첫 번째 계기로는 아룬타족의 조상은 규칙적으로 자신들의 토템을 먹었으며, 자신들의 토템에 속하지 않는 여자와는 아마도 결혼을 하지 않았을 것이라고 주장하던 특정한 신화가 존재한다는 점이 그러하다. 두 번째 계기로는 그들의 수태이론에는 성행위가 무시되는 것처럼 보인다는 점이 그러하다. 임신이 성교의 결과라는 것을 알지 못하던 사람들은 아마도 오늘날 살아 있는 사람 중에서 가장 뒤처지고, 가장 미개하다고 간주해도 좋을 것이다.

프레이저는 토테미즘을 판단하기 위하여 **인티키우마 의례**에 주목함으로써 토테미즘 체계가 돌연 인간의 가장 자연스러운 욕구를 해결하기 위한 완전히 실제적인 제도로 받아들이는 것 같았다(앞의 하돈Haddon을 참조한다).[150] 이 체계는 단순히 '협동 주술'의 대규모적인 부분에 불과했다. 미개인들은 말하자면 주술적 생산 및 소비조합을 형성하고 있었다. 모든 토템 씨족(부족)[151]에게는 특정한 먹거리를 풍부하게 길러야 할 과제가 주어져 있었다. 토템이 먹을 수 있는 것이 아닌 가령 해로운 동물이거나 비와 바람 같은 것이라면, 이 자연의 일부를 지배하면서 그것으로 인한 재난을 막아야 할 의무가 있었다.

각 부족의 성과는 다른 부족에게도 도움이 되었다. 어느 부족은 자신들의 토템을 전혀 먹지 못하거나 아주 조금만 먹을 수 있기 때문에 이 소중한 소유물을 다른 씨족에게 공급할 수 있었다. 그 대신 그 부족은 그들 자신이 사회적 토템 의무로서 구해야만 했던 것을 다른 부족들에게서 공

---

150 "이에 대해서는 모호하거나 신비로운 것도 없고, 몇몇 저자들이 인간 사고의 허술한 시초에 대해 상상하는 형이상학적 몽롱함 같은 것도 없다. 이런 형이상학적 몽롱함은 미개인의 단순하고 감각적이며, 구체적인 양태와는 완전히 낯선 것이다."(프레이저, 『토테미즘과 족외혼』, Ⅰ, 117쪽)
151 역주) 여기서 'Totemclan'을 토템 부족으로 번역해도 좋다. 양자가 같은 경우가 대부분이기 때문이다.

급받았다. 인티키우마 의례를 통해 매개된 관점에 따라 프레이저에게는 이들이 - 마치 토템을 먹어서는 안 된다는 금지에 현혹되기라도 했다는 듯 - 사태의 더 중요한 측면, 즉 다른 부족의 수요를 위해 가능한 한 먹을 수 있는 토템을 많이 조달해야 한다는 규정을 소홀히 하는 것처럼 보였다.

프레이저는 모든 토템 부족이 본래는 어떤 제한도 없이 토템을 먹었다는 아룬타족의 전통을 받아들였다. 하지만 그렇다면 추후적인 발전 과정, 즉 스스로 토템을 식용하는 것을 단념하고 다른 부족을 위해 토템을 확보하는 것으로 그치는 과정이 난점에 부딪히게 되었다. 그러자 프레이저는 이런 제한이 일종의 종교적인 존중으로부터 비롯된 것이 아니라 동물도 같은 동물은 먹지 않는다는 관찰에서 비롯되었을 것이라는 가설을 내세웠다. 토템을 먹게 되면 토템과 이를 통해 이루려는 힘의 동일시가 단절되어 부족에게 해악을 초래할 수 있기 때문이다. 아니면 토템의 식용 금지에는 토템 자체를 소중히 함으로써 그 본질을 보호하려는 노력이 작용했기 때문이다. 그런데도 프레이저는 이런 설명이 간단히 넘어갈 수 없다는 것을 감추지 않았다.[152] 더욱이 그는 아룬타족의 신화가 주장하던 토템 내에서 결혼하는 관습이 어떤 경로를 거쳐 족외혼으로 발전했는지에 대해서도 언급할 용기는 없어 보였다.

인티키우마 의례를 근거로 하는 프레이저 이론은 아룬타족 제도의 원시적 성격의 인정 여부와 관련된다. 그러나 뒤르켐[153]이나 랭[154]이 제시한

---

152 프레이저, 『토테미즘과 족외혼』, 120쪽

153 『사회학 연감』, T. Ⅰ, Ⅴ, Ⅷ(1898, 1902, 1905 등에 실린 논문 참조). 특히, 「토테미즘에 관하여Sur le totémisme」, T. Ⅴ(1901)를 참조한다.

154 『사회의 기원Social Origins』과 『토템의 비밀Secret of the Totem』

반론에 대항하는 것은 불가능해 보인다. 아룬타족은 실제로 오스트레일리아의 모든 종족 중에서 가장 개화된 종족이고, 토테미즘의 초기보다는 오히려 토테미즘의 해체를 대표하는 것 같다는 것이 두 학자의 관점이다. 오늘날의 지배적인 제도와는 반대로 토템을 먹으면서 토템 부족 내에서 결혼할 수 있는 자유를 강조했기 때문에 프레이저에게 깊은 인상을 주었던 신화는 황금시대의 신화와 유사하게 과거로 투사된 소망 환상으로 쉽게 설명될 수 있다.

(3) 심리학적 이론

스펜서와 질렌의 관찰을 알기 이전에 수행된 프레이저의 첫 심리학적 이론은 '외부의 영혼äußerliche Seele'[155]에 대한 믿음에 근거했다. 토템이란 그에게 영혼을 위협하는 위험에서 벗어나기 위하여 영혼이 자신을 맡기는 안전한 피난처라고 할 수 있다. 미개인이 자신의 영혼을 토템에 의탁했다면, 그 자신은 해를 입지 않았다. 그래서 미개인은 당연히 영혼의 담지자인 토템에 해를 끼치는 일을 막으려고 했다. 그러나 미개인은 동물 종 가운데 어떤 개체가 영혼의 담지자인지 알지 못했기 때문에 그 종 전부를 소중히 여기는 것은 당연한 일이었다. 프레이저는 토테미즘이 영혼에 대한 믿음에서 발생했다는 이론을 나중에는 스스로 포기했다.

프레이저가 스펜서와 질렌의 관찰을 알게 되었을 때, 그는 내가 앞서 설명한 사회학적 이론을 제시했다. 그러나 그는 이후에 토테미즘을 도출한 동기가 지나치게 '합리적'이고 또 그것이 미개하다고 부르기에는 지

---

155 프레이저, 『황금가지』, Ⅱ, 332쪽

나치게 복잡한 사회 조직을 전제로 한다는 것을 알게 되었다.[156] 이제 그는 주술적인 협동사회가 토테미즘의 씨앗이라기보다는 추후의 결실로 보게 된다. 그는 더 단순한 계기, 즉 이런 형성물 배후에 숨겨진 어떤 원시적 미신의 흔적을 찾아냄으로써 이로부터 토테미즘의 기원을 이끌어 냈다. 이어서 그는 이 근원적 계기를 아룬타족의 기이한 수태 이론에서 발견했다.

이미 언급한 바와 같이 아룬타족은 임신이 성행위와 관계가 있다는 것을 부정한다. 여자가 어머니가 되었다는 것을 느끼는 순간, 가장 가까운 정령의 자리로부터 재생을 기다리던 정령이 자신의 몸으로 뚫고 들어와서 아이가 탄생하는 것이다. 이 아이는 특정한 자리에서 숨어 기다리던 모든 정령과 똑같은 토템을 가지고 있다. 그러나 이와 같은 수태 이론은 토템의 존재를 전제로 하고 있기 때문에 토테미즘을 제대로 설명할 수 없다.

하지만 우리가 한 걸음 더 물러서서 여자가 - 스스로 어머니임을 느꼈기에 순간적으로 환상에 빠져서 - 상상한 동물이나 식물, 돌 등의 물체가 실제로 몸속으로 들어왔다가 사람의 형태를 취하여 아이로 태어난다는 것을 가정해 보자. 그러면 어느 인간과 그의 토템과의 동일성은 실제로 어머니의 믿음을 통하여 확립되며, 그 밖의 모든 토템 규정들도(족외혼을 제외하면) 이로부터 도출될 수 있다. 그러면 인간은 이 동물이나 식물을 먹지 않으려 하는데, 그것을 먹는다는 것은 자기 자신을 먹는 것과 같기 때문이다. 그러나 이따금 의례의 방법으로 그의 토템을 조금 먹는 일은

---

156 미개인의 공동체가 자연의 영역을 신중하게 지역으로 분할하거나 구분하고, 각 지역을 주술사들의 특별한 집단에 넘겨준 뒤, 집단의 공동 복지를 위해 주술을 행하고 주문을 외우게 한 것으로 보는 것은 개연성이 없다. (『토테미즘과 족외혼』, IV, 57쪽)

일어날 수도 있는데, 그렇게 함으로써 토테미즘에서 본질적인 토템과의 동일시가 강화될 수도 있기 때문이다. 뱅크섬의 원주민에 대한 리버스[W. H. R. Rivers]의 관찰은 이런 수태 이론을 바탕으로 인간과 그의 토템의 직접적인 동일시를 입증하는 것처럼 보인다.[157]

그래서 토테미즘의 마지막 원천은 인간과 동물이 종족을 번식시키는 과정에 대한 미개인들의 무지라고 할 수 있다. 특히, 수태에서 수컷이 맡는 역할에 대한 무지가 그러하다. 이 무지는 수태 행위와 아이의 탄생(또는 뱃속에서 아이의 첫 움직임) 사이에 끼어 있는 간격이 길기 때문에 쉽게 조성된다. 그러므로 토테미즘은 남성의 정신적 창조물이 아니라 여성의 정신적 창조물인 것으로, 임신한 여성의 병적인 환상이 토테미즘의 뿌리인 것이다. 프레이저는 이렇게 말한다.

> "여자가 처음으로 어머니가 된다는 것을 알게 되는 인생의 가장 신비로운 순간에 여자의 마음에 떠오른 대상을 자궁 속 아기와 동일시하는 일은 있을 수 있다. 너무 자연스럽고 또한 얼핏 보아도 아주 일반적인 이런 모성적 환상이 토테미즘의 뿌리인 것 같다."[158]

프레이저의 이 세 번째 이론에 대한 주요 반론은 이미 두 번째 이론인 사회학적 이론에 대하여 행해진 바 있다. 아룬타족은 토테미즘의 발생 초기와는 동떨어져 있는 것처럼 보인다는 것이다. 아룬타족의 부성을 인정하지 않는 태도는 미개인의 무지에 근거하는 것처럼 보이지 않는다. 그들은 여러모로 부계 상속도 하고 있다. 그들은 조상의 정령을 숭배하

---

157 프레이저, 『토테미즘과 족외혼』, Ⅱ, 89쪽과 Ⅳ, 59쪽

158 프레이저, 『토테미즘과 족외혼』, Ⅳ, 63쪽

159 "그런 믿음은 미개인과는 동떨어진 철학이다." 앤드류 랭, 『토템의 비밀』, 192쪽

려는 일종의 사변적인 관습에 부성을 희생시킨 것처럼 보인다.[159] 그들이 정령을 통한 순결한 수태 신화를 일반적인 수태 이론으로 고양하고 있다면, 이 때문에라도 우리는 그들이 그리스도 신화가 발생할 무렵의 고대 민족들과 마찬가지로 생식 조건에 무지했다고 보아서는 안 될 것이다.

네덜란드의 빌켄G. A. Wilken은 토테미즘의 기원에 대한 또 다른 심리학적 이론을 제시했다. 이 이론은 토테미즘과 영혼의 윤회를 연결시키고 있다. 즉, "죽은 사람의 영혼이 옮겨간 동물은 일반적인 신앙에 따라 혈족이나 조상이 되었으며, 그런 존재로 숭배되었다."라는 것이다. 그러나 윤회에 대한 믿음은 토테미즘에서 도출된 것이지, 토테미즘이 윤회에 대한 믿음에서 도출된 것은 아닌 것 같다.[160]

토테미즘에 대한 또 다른 이론은 미국의 탁월한 인종학자인 프란츠 보아스Franz Boas와 힐타우트C. Hill-Tout 등에 의해 대변된다. 이 이론은 아메리카 인디언 종족의 토테미즘에 대한 관찰에서 출발하는데, 토템은 근원적으로 조상이 꿈을 통해 알게 되어 자손에게 전달한 수호신이라고 주장한다. 우리는 이미 앞에서 토테미즘이 한 개인에게서 발생하여 자손에게 전해진다는 주장이 지닌 난점을 알고 있다. 그 밖에도 오스트레일리아 원주민에 대한 관찰은 토템의 기원이 결코 수호신에서 연유하는 것이 아니라는 것을 보여 준다.[161]

심리학적 이론 중에서 분트가 진술한 마지막 이론에 대해서는 두 가지 사실이 결정적인 계기가 되었다. 첫째로 처음부터 토템의 대상이었고, 지속적으로 가장 널리 전파된 것은 동물이었다는 점, 둘째로 토템 동물

---

160 프레이저, 『토테미즘과 족외혼』, IV, 45쪽 이하
161 같은 책, 48쪽
162 분트, 『민족심리학의 요소Elemente der Völkerpsychologie』, 190쪽

중에서 가장 최초의 것은 영적인 동물과 일치한다는 점이다.[162] 새, 뱀, 도마뱀, 생쥐와 같은 영적인 동물은 빠른 움직임이나 하늘로의 비상, 놀라움과 공포를 유발하는 특성을 통하여 육체를 떠난 영혼의 담지자로서 인식되기에 적절했다. 토템 동물은 숨결 같은 영혼Hauchseele이 동물로 변신하여 생겨난 것의 후예라는 것이다. 이렇게 분트에게 토테미즘은 영혼에 대한 믿음이나 애니미즘과 직결된다.

(2)와 (3), 족외혼의 기원과 토테미즘과의 관계

나는 그동안 토테미즘에 대한 이론들을 어느 정도 상세히 소개했지만, 그런데도 어쨌든 이론의 필연적인 축약으로 인해 전반적인 인상을 손상했을까 봐 두려울 수밖에 없다. 추후적인 물음과 관련해서도 나는 독자의 편의를 위해 계속해서 내용을 요약하는 실례를 범하게 될 것이다. 토템 종족의 족외혼에 대한 논의는 여기서 사용하는 자료의 성격 때문에 특히 복잡하고 매우 이해하기 어려울지도 모른다. 어쩌면 독자의 입에서 혼란스럽다는 말이 나올지도 모르겠다. 하지만 이 논문의 목적에 따라 나는 여기서 몇 가지 기준을 강조하는데 그칠 것이며, 대상을 더 상세하게 추적하기 위해 여러 차례 인용된 해당 문헌을 참조하도록 제시할 것이다.

족외혼의 문제에 대한 저자들의 태도는 당연히 어떤 토템 이론에 동조하는지에 달려 있다. 토테미즘을 설명하는 이론 중에서 몇 가지는 족외혼과의 연결점이 없어서 이 두 제도가 완전히 결렬되어 있다. 바로 여기서 두 관점은 서로 대립된다. 그중 하나는 족외혼이 토테미즘 체계의 본질적인 부분이라는 근원적인 가정을 고수한다. 다른 하나는 이런 연관성에 반론을 제기하면서 이를 지극히 오래된 문화의 성향에서 나타나는 우연성의 결합이라고 주장한다. 프레이저는 나중에 발표한 논문에서 이 후자의 관점을 명백하게 지지한 바 있다.

> "토테미즘과 족외혼이라는 두 제도는 많은 종족에서 우연
> 히 교차하고 혼합될지라도 그 기원과 본질은 근본적으로 구
> 별됨을 항상 유념할 것을 독자들에게 권고하지 않을 수 없
> 다."(『토테미즘과 족외혼』, Ⅰ, 서문 12쪽)

그는 반대되는 관점을 끊임없는 난점과 오해의 근원이 된다고 직접 경고하고 있다. 하지만 이와는 달리 다른 몇몇 학자들은 족외혼을 토테미즘의 기본 관점의 필연적인 결과로 파악하는 방법을 찾아냈다. 뒤르켐은 그의 논문들[163]에서 어째서 토테미즘과 밀접한 관계를 지닌 터부가 동일 토템의 여성을 성교의 대상으로 삼아서는 안 된다는 금지를 만들어야 했는지를 상술한 바 있다. 토템은 인간처럼 같은 혈통을 지니며, 즉 처녀성 상실과 생리를 고려하는 피의 명령은 동일 토템에 속하는 여자와의 성교를 금지한다는 것이다.[164] 이 점에서 뒤르켐의 견해에 동의하는 랭은 심지어 피의 터부가 없어도 동족 여성에 대한 금지는 작동한다고 말한다.[165] 가령 그는 토템 나무의 그늘에 앉아서는 안 된다는 일반적인 터부도 이에 해당했을 것이라고 주장한다. 그런데 랭은 족외혼의 다른 유래를 주장하는데, 이 두 유래에 대한 설명이 서로 어떤 관계에 있는지 의구심이 든다.

---

163 『사회학 연보L'année sociologique』(1898-1904)

164 프레이저 『토테미즘과 족외혼』, Ⅳ, 101쪽에서 뒤르켐의 설명에 대한 비판을 참조한다.

165 앤드류 랭, 『토템의 비밀』, 125쪽

166 예컨대 프레이저는 『토테미즘과 족외혼』, Ⅳ, 75쪽에서 이렇게 말한다.
"토템 부족은 족외혼 부류와는 완전히 다른 사회조직이다. 우리는 토템 제도가 훨씬 오래된 것이라는 충분한 근거를 가지고 있다."

시대적인 관계에 대하여 대부분 저자들은 토테미즘이 더 오래된 제도이고, 족외혼은 그 뒤에 생겨난 것이라는 데 동의한다.[166] 족외혼이 토테미즘과 무관하다고 설명하는 이론들 가운데 몇 가지를 설명하고 소개하려고 하는데, 이 이론을 내세우는 저자들은 근친상간 문제에 대하여 서로 다른 관점을 제시한다.

맥 레넌[167]은 족외혼이 옛날에 여자 약탈을 암시하는 관습의 잔재라고 재치 있게 추정했다. 그의 가설에 따르면 원시 시대에는 여자를 다른 종족으로부터 데려오는 일반적인 관습이 있었고, 자기 종족 출신의 여자와의 결혼은 통상적이 아니었기에 점차 허락되지 않았다는 것이다.[168] 족외혼의 이런 습관이 생기게 된 동기를 그는 대부분 여자아이들은 태어나는 즉시 죽이는 관습으로 인한 미개 종족의 여성 결손에서 찾았다. 우리가 여기서 실제적인 사정이 맥 레넌의 가설을 입증했는지를 추후 검증할 필요는 없다. 훨씬 더 우리의 흥미를 끄는 논증은 어째서 이 가설을 통해서는 한 종족의 남성들이 같은 혈통의 소수 여자들에게 접근하지 않으려했는지 저자의 전제에 의해서는 설명되지 않는가 하는 점이다. 여기서이런 식으로는 근친상간 문제가 완전히 간과되고 있다.[169]

이와는 반대로 족외혼을 근친상간 방지를 위한 제도로 파악하는 다른 연구자들의 관점이 훨씬 더 타당하다.[170] 오스트레일리아 원주민의 결혼에 대한 제한이 갈수록 더 복잡해지는 것을 조망하면, 이 제도가 프레이

167 맥 레넌, 『미개인의 결혼Primitive marriage』(1865)
168 영어 원문은 "통상적이 아니었기 때문에 부적절하다Improper, because it was unusual"이다.
169 프레이저, 『토테미즘과 족외혼』, Ⅳ, 73-92쪽
170 이 책의 첫 번째 논문을 참조한다.

저의 말대로 '신중한 계획', 즉 목적을 의식하는 의도를 지니고 있으며, 이것으로 실행하려던 목적에 도달한 셈이라는 모건[L. H. Morgan], 프레이저, 호위트[Howitt], 볼드윈 스펜서[Baldwin Spencer]의 견해[171]에 우리는 동의할 수밖에 없다. 프레이저는 '다른 방식으로는 이렇게 복잡한 동시에 이렇게 조직적인 제도를 치밀하게 설명할 수 없을 것 같다.'[172]라고 말한다.

결혼 분류의 도입을 통하여 생겨난 첫 번째 제한은 젊은 세대의 성적인 자유, 형제자매 및 아들과 그 어머니 사이의 근친상간에 대한 것이었고, 반면에 부녀 사이의 근친상간 제한은 이것의 확장적인 조치를 통해서야 비로소 생겨났다고 강조하는 것은 매우 흥미롭다.

그러나 족외혼에 대한 성적 제한이 입법적인 의도에서 비롯되었다는 것은 이 제도를 창출한 동기를 이해하는 데 전혀 도움이 되지 못한다. 그렇다면 족외혼의 뿌리로 인식되어야 할 근친상간은 어디에서 궁극적으로 연원하는가? 근친상간 기피를 설명하기 위하여 혈족 관계 사이의 성 관계에 대한 본능적 혐오, 즉 근친상간 기피가 본래 있었다는 사실을 끌어들이는 것은 분명히 충분한 논리가 못 된다. 사회적 경험에 의해 증명되듯이 근친상간은 오늘날의 사회에서도 자주 일어나고 있으며, 역사적인 사례들이 우리에게 알려주듯이 근친 사이의 결혼은 특권층에게는 규정이기도 하였다.

베스터마르크[173]는 근친상간 기피에 대하여 다음과 같이 설득력 있게 설명한다.

---

171 모건의 『고대 사회Ancient Society』(1877)
　　　프레이저, 『토테미즘과 족외혼』, Ⅳ, 105쪽 이하
172 프레이저, 『토테미즘과 족외혼』, 106쪽
173 『도덕 개념의 기원과 발전』, 제2권(1906-1908), 여기에서 저자는 자신의 견해에 대한 반론에 응답하고 있다.

"어릴 때부터 함께 살아온 사람들 사이에는 성관계에 대한
타고난 혐오감이 지배적인데, 이런 사람들은 대체로 혈연관
계이기 때문에 이 감정이 가까운 친척 사이의 성관계에 대한
기피로 자연스럽게 나타나게 된다."

엘리스Havelock Ellis는 그의 『성 심리의 연구Studies in the Psychology of Sex』에서
혐오감이 충동적인 성격이라는 주장을 반박하고 있지만, 그 밖의 본질적
인 설명에는 동조하면서 다음과 같이 자신의 견해를 피력한다.

"형제와 자매 또는 어린 시절부터 함께 살아온 처녀와 총각
사이에서 짝짓기 충동이 나타나도 대체로 중단되는 것은 이
와 같은 사정에서는 짝짓기 충동을 일깨우는 조건이 전혀 없
는 데서 오는 순전히 부정적인 현상일 따름이다. (…) 어린 시
절부터 함께 자란 사람들 사이에는 그간의 습관으로 말미암
아 보고 듣고 접촉하는 모든 감각적 자극이 둔화되었고, 그 모
든 자극 또한 조용한 애정의 경로로 향하게 되었다. 그리하여
성적인 팽창을 만드는 데 필요한 긴요하고 과민한 흥분을 자
아내는 힘도 박탈되었던 것이다."

내게 매우 인상 깊은 대목은 베스터마르크가 어린 시절을 공유한 남녀
의 성관계에 대한 이런 타고난 혐오감을 동족 번식이 종에 해롭다는 생
물학적 사실의 심적인 표현으로 간주한다는 사실이다. 이런 식의 생물학
적 본능은 번식에 해로운 친족 대신에 번식에 전혀 무해한 동거인 및 집
단생활 동반자들에게 해당한다는 그의 심리학적 발언에서 오류에 빠진
다. 이와 관련하여 나는 프레이저가 베스터마르크의 주장에 대해 제기하
는 탁월한 비판을 언급하지 않을 수 없다. 프레이저는 성적 감각이 오늘
날에는 집단생활 동반자들과의 성관계에 전혀 저항감을 일으키지 않는

데도, 단지 어떤 혈통의 자손만이 이런 저항감을 느껴야 하는 근친상간 기피가 지나치게 과도해진 것을 이해할 수 없다고 생각한다. 내가 여기서 축약 없이 제시하는 프레이저의 다른 언급은 조금 더 심층적인데, 그 이유는 그것이 터부에 관한 나의 논문의 논지와 본질적으로 일치하기 때문이다.

"깊게 뿌리를 내린 인간의 본능이 어째서 법을 통하여 강화될 필요가 있는 것인지를 통찰하는 것은 쉽지 않다. 사람에게 먹고 마시라고 명령하거나 불 속에 손을 집어넣어서는 안 된다고 말하는 법은 존재하지 않는다. 인간은 본능적으로 먹고 마시고, 불에서 손을 뺀다. 이런 반응은 본능을 모욕하여 받게 되는 법적인 처벌 때문이 아니라 자연적인 경각심 때문에 생겨난다. 법은 인간이 충동의 압박에 따라 행할 수 있는 것만을 금지한다. 자연 자체가 금지하고 처벌하는 것을 법이 금지하고 처벌할 필요는 없다. 그러므로 우리는 법이 금지하는 것은 많은 사람이 자연적인 경향에 따라 범하기 쉬운 것이라고 가정해도 좋다. 만일 이런 경향이 없다면, 이런 범죄는 일어나지 않을 것이다. 만일 이런 범죄가 생기지 않는다면, 그것을 금지할 필요가 있을까? 그러니 근친상간의 법적인 금지로부터 근친상간에 대한 자연적인 혐오가 생겨난다고 추론할 것이 아니라, 자연적 본능이 근친상간을 향한다고 추론하는 편이 나을 것이다. 그리고 법이 다른 자연적 충동처럼 이 충동을 억압하는 것이라면, 그 근거는 자연적 충동의 만족

---

174 프레이저, 『토테미즘과 족외혼』, 97쪽

이 사회에 해를 가져온다는 문명인의 통찰에 있다고 추론해
야 할 것 같다."[174]

나는 정신분석학의 경험에 따라 근친상간에 대한 타고난 혐오감의 가
정은 전적으로 불가능하다는 사실을 프레이저의 값진 논증에 첨언할 수
있다. 반면에 정신분석학은 젊은이의 최초 성적 자극이 근친상간의 성격
을 지닌다는 것, 여기서 억압된 자극은 나중에 신경증을 유발하는 동인
으로서 아주 중요한 역할을 한다는 것을 우리에게 가르쳐 주었다.

근친상간 기피의 원인이 타고난 본능에 있다고 보는 관점은 포기되어
야만 한다. 근친상간 금지의 유래에 대해서는 많은 사람이 동조하지만,
그리 설득력이 있다고 볼 수 없는 또 하나의 가설이 대두된다. 이 가설에
따르면 미개한 종족은 일찍이 동종 번식이 혈통에 어떤 위험을 초래하는
지를 알아차리고 의도적으로 근친상간 금지를 만들었다는 것이다. 하지
만 이런 설명의 시도에 대한 반론들도 쇄도한다.[175]

근친상간 금지는 - 인간이 동종 교배의 영향에 대한 경험을 종족의 특
성으로 할 수 있었던 시기의 - 모든 가축을 기르는 일보다 더 오래되었
다는 것은 틀림없는 사실이다. 그뿐만 아니라 동종 번식의 해로운 결과
도 오늘날까지 의구심을 떨칠 만큼 확실해진 것도 아니며, 또한 인간의
경우에는 그것을 증명하기도 어렵다. 나아가 오늘날의 미개인들에 대해
우리가 알고 있는 모든 것을 미루어 짐작할 때, 우리는 아득히 먼 옛날의
미개인들 조상의 생각이 이미 이런 피해로부터 자손을 지키는 데 골몰했

---

175 뒤르켐, 「근친상간 금지La prohibition de l'Inceste」, in: 『사회학 연감L'année sociologique』(1896), Ⅰ, 97쪽
176 다윈C. Darwin은 미개인에 관해 다음과 같이 언급한다.
"그들은 먼 훗날 자손에게 닥칠 재앙까지 반영한 것 같지는 않다."

을 것이라고는 믿을 수가 없다. 게다가 앞날에 대한 고려 없이 살았을 그 사람들에게서 오늘날의 우리 문화에서도 생각할 수 없었던 위생학적이고 우생학적 동기를 기대한다는 것은 거의 터무니없는 일처럼 보인다.[176]

끝으로 우리는 다음과 같은 사실을 입증해야만 한다. 즉, 한 종족을 약화시키는 계기로서의 동족 번식 금지가 실제로 위생학적인 동기에서 비롯되었다는 것은 우리 사회에서 근친상간에 대하여 제기되는 심각한 혐오를 설명하기에는 부적절한 것으로 보인다는 점이다. 내가 다른 곳에서 언급한 바와 같이[177] 이 근친상간 기피 성향은 문명화된 민족에서보다는 오늘날 현존하는 미개한 종족들에서 더 활발하고 강한 것처럼 보인다.

근친상간의 유래에 대해서도 사회학적, 생물학적, 심리학적 설명 가능성 사이에서 선택하는 것을 - 이럴 경우 심리학적 동기는 어쩌면 생물학적 힘들의 대변자로서 평가될 수 있을지도 모르는데 - 기대할 수 있는 반면에, 우리는 연구의 최종 단계에서 프레이저가 체념한 진술에 동조할 수밖에 없다는 것을 알게 된다. 우리는 근친상간 기피의 출처를 알지 못하며, 또한 어디에 근거를 두고 추론해야 하는지도 알지 못한다. 말하자면 우리는 이런 수수께끼에 대해 이제까지 제시된 어떤 해결책에도 만족하지 못하는 것처럼 보인다.[178]

이제 나는 근친상간 기피 현상을 설명하려는 또 하나의 시도를 언급해야만 하는데, 이 시도는 우리가 지금까지 관찰한 것과는 전혀 다른 종류의 것이다. 우리는 이것을 역사적 추론이라고 명명해도 좋을 것 같다.

---

177 이 책의 첫 번째 논문을 참조한다.

178 "이렇게 해서 족외혼의 궁극적인 기원과 근친상간에 대한 법칙은 - 족외혼은 근친상간을 방지하기 위하여 고안되었으므로 - 여전히 밝혀지지 않은 채 남아 있다." 『토테미즘과 족외혼』, I, 165쪽

이 시도는 인간의 사회적 원시 상태에 관한 찰스 다윈의 가설과 연관된다. 다윈은 고등 영장류의 생활 습관으로부터 인간 역시 처음에는 작은 무리를 지어 살았고, 그중에서도 가장 나이가 많고 힘이 센 사내의 경쟁심이 성적인 혼란을 막았을 것이라고 추론한 바 있다.

"우리는 실제로 모든 포유동물의 경쟁심에 관해 알고 있는 바에 따라 포유동물의 대부분은 연적과 싸우기 위해서 특수한 무기로 무장하고 있다는 것을 알고 있는데, 우리는 자연 상태에서 일반적인 성의 교합이란 지극히 개연성이 없다고 추론한다. (…) 따라서 우리가 시대의 흐름 속에서 아주 멀리 되돌아보면서 현존하는 인류의 사회적 습관에 따라 추론하자면, 인간은 처음에는 작은 무리를 이루고 살았고, 또 모든 남자는 각기 지닌 힘에 따라 여러 명의 아내를 거느리고 살았을 것이며, 경쟁적으로 여자를 다른 모든 남자로부터 보호했으리라는 것이 가장 그럴듯한 견해이다. 아니면 남자는 사회적 동물이라고 할 수 없으며, 고릴라처럼 혼자서 아내 여럿을 거느리고 살았는지도 모른다. 왜냐하면 토착민들은 한 집단 내에 단 하나의 성년 남자만 있어야 한다는 데 동의한다. 젊은이가 성장하면 지배권을 위하여 싸움이 벌어지고, 그중에서 가장 힘센 자가 다른 모든 남자를 죽이거나 몰아냄으로써 사회의 우두머리로 정착한다(1845년부터 1847년까지의 보스턴 자연사 잡지에 실린 새비지Savage 박사의 글). 그런데 추방을 당해 떠돌던 젊은 남자를 마침내 아내를 찾는 데 성공하면, 하나의 동일한 가족 내에서 밀접한 동족 번식은 막으려고 할 것이다."[179]

앳킨슨Atkinson[180]은 다윈의 원시 유목민Urhorde이 처했던 이런 상황 때문에 젊은 남자들이 족외혼을 따를 수밖에 없었다는 것을 최초로 인식했던 것으로 보인다. 추방된 사람들 각자는 하나의 유사한 무리를 만들 수 있었는데, 이 무리에서는 우두머리의 경쟁심 덕분으로 동일한 성관계 금지가 통용되었다. 그리고 세월이 흐르면서 이런 상태로부터 법으로 의식되는 규칙, 즉 같은 무리의 구성원들 사이에는 성관계 금지가 이루어지게 되었다. 앳킨슨은 토테미즘이 시작된 이후로 이 규칙은 같은 토템 내에서의 성관계 금지라는 다른 형태로 변했을 것이라고 주장한다.

랭[181]은 족외혼에 대한 이런 설명에 동조했다. 그러나 그는 같은 책에서 족외혼이 토템 법의 필연적인 결과였다는 뒤르켐의 이론을 옹호한다. 물론, 이 두 관점을 통합하는 것은 정말 단순하지 않다. 족외혼은 토테미즘 이전에 있었을 것이며, 족외혼이 토테미즘의 결과라는 것이 이 두 관점의 내용이다.[182]

---

179 카루스V. Carus가 번역한 다윈의 『인류의 혈통Abstammung des Menschen』 제2권에서 20장, 341쪽

180 『원시법Primal Law』, 런던(1903)

181 앤드류 랭, 『토템의 비밀』, 114, 143쪽

182 "만일 족외혼이 다윈 이론의 연장선상에서 토템 신앙이 족외혼을 신성한 관계로 인정하기 이전부터 있어 왔다면, 우리의 과제는 비교적 쉬워진다. 최초의 실제적인 규칙은 질투심이 강한 우두머리의 규칙, 즉 '어떤 자도 내 울타리 안에 있는 여자는 건드리지 못한다'는 규칙이었을 테고, 이와 함께 젊은 아들들은 추방되었을 것이다. 시간이 지나면서 이 규칙은 관례가 되어 '지역 집단 내에서는 결혼하지 못한다'는 규정이 생겨났을 것이다. 다음에는 지역 집단이 에뮤, 까마귀, 주머니쥐, 도요새 같은 이름을 받아들이고, '같은 동물 이름을 가진 집단 내에서는 결혼하지 못한다'가 생겨났을 것이다. 예컨대, '도요새는 도요새와 결혼하지 못한다'가 된다. 그러나 원시 집단이 족외혼을 따르지 않았다면 동물, 식물의 이름, 그리고 작은 지역 집단의 어떤 다른 이름에서 토템 신화와 터부가 발생하자마자 그들은 족외혼을 따르게 되었을 것이다."

앤드류 랭, 『토템의 비밀』, 143쪽 - 랭은 그런데 이 문제에 대한 마지막 표명(『민속학Folklore』 (1911), 12월호)에서 자신은 족외혼이 '일반적인 토테미즘적인' 터부로 파생되었다는 생각을 포기했다고 말한다.

〈3〉

이 어둠 속으로 유일한 광채를 던지는 것은 정신분석학적 경험이다.

어린아이와 동물의 관계는 미개인과 동물의 관계와 아주 유사하다. 성장한 문화인은 자신의 본성과 동물적인 것의 날카로운 경계선을 만들어 냄으로써 차이를 두드러지게 하지만 어린아이는 성인의 그런 거만함의 흔적을 보이지 않는다. 어린아이는 자신과 동물이 완전히 동등하다는 것을 인정하는 데 주저하지 않는다. 어린아이는 자신의 욕구를 솔직하게 고백한다는 점에서 그에게는 어쩌면 수수께끼처럼 보일지도 모르는 성인보다 동물에게 더 친근감을 느낀다.

어린아이와 동물 사이의 이런 대단한 일체감 속에서 드물지 않게 어떤 특이한 장애가 생겨나기도 한다. 어린아이가 갑자기 특정한 동물 종류를 무서워하고, 이런 종에 속하는 모든 동물을 만지거나 쳐다보는 것조차 꺼리게 된다. 이것이 이 나이의 정신신경증 중에서 가장 자주 볼 수 있는 것 중 하나이자 이런 병증이 나타내는 가장 초기적인 형태인 **동물공포증** Tierphobie의 임상적 형태를 만들어낸다. 이 공포증은 대체로 그때까지 어린아이가 특별하게 관심을 기울이던 동물들과 관련되고 개별적인 동물과는 아무 상관이 없다.

공포의 대상이 될 수 있는 동물의 선택 범위는 도시에서는 그리 넓은 편이 아니다. 이에 속하는 것은 말, 개, 고양이 가끔은 새, 아주 드물게는 딱정벌레와 나비와 같은 아주 작은 곤충들이다. 이따금 어린아이가 그림책과 동화에서 알게 된 동물들이 공포증으로 나타나는 아주 터무니없고 부적절한 공포증의 대상이 되기도 한다. 동물공포증이 특별하게 선택되는 과정을 경험하는 일은 아주 드물다. 나는 이와 같은 사례 하나를 알려준 아브라함K. Abraham에게 감사함을 전한다. 그 아이는 말벌에 대한 공포를 말벌의 몸 색깔과 무늬가 여기저기서 들어 두려워했던 호랑이를 떠올리게 했기 때문이라고 설명했다.

어린아이의 동물공포증은 연구할 가치가 아주 많으면서도 아직은 주목할 만한 분석의 대상이 아니다. 민감한 연령층에 속하는 어린아이들에 대한 분석의 난점이 연구가 자주 중단되는 동기였던 것으로 보인다. 그래서 이 병증의 일반적인 의미를 알고 있다고 주장할 수 없을 것이다. 나 자신도 그 의미에 어떤 통일성을 부여할 수 있다고는 생각하지 않는다. 그러나 비교적 큰 동물에 대한 공포증의 몇 가지 사례들은 분석적 접근이 가능했고, 그 비밀이 풀릴 수 있었다. 여기서 모든 경우에는 공통점이 있었다. 즉, 연구된 아이들이 소년이었을 때 공포의 대상은 근본적으로 아버지였는데, 그것이 동물로 바뀌었다는 점이다.

정신분석을 경험한 사람이라면, 누구나 이런 사례들을 분명히 목도했고, 거기서 동일한 인상을 받았을 것이다. 그렇지만 나는 이에 관해 단지 소수의 문헌들만 인용할 수 있다. 물론, 문헌의 부족은 우연일 따름이어서, 이를 가지고 우리의 주장이 산발적인 관찰에만 의존하고 있다고 추론해서는 안 될 것이다. 나는 예컨대 통찰력 있게 어린아이의 신경증에 전념한 우크라이나 오데사 출신의 불프M. Wulff라는 저자를 거론한다. 저자는 아홉 살 소년이 보여 주는 병력과의 관계에서 이 아이가 네 살 때부터 개에 대한 공포증에 시달렸다고 설명한다.

"이 아이는 길에서 개가 달려가는 것을 보았을 때 이렇게 울면서 외쳤다. '개야, 날 물지 말거라, 얌전히 있을 테니.' 여기서 '얌전히 있을 테니'는 더는 자위행위를 하지 않겠다는 뜻이다."[183]

불프는 나중에 이 사례를 이렇게 요약하고 있다.

"이 아이의 개 공포증은 본래 아버지에 대한 공포가 개에 대
한 공포증으로 전이된 것이다. 왜냐하면, '개야, 얌전히 있을
테니'라고 말한 것은 자위행위를 금지한 아버지와 관련된다."

이어서 불프는 각주에 다음과 같이 첨언했는데, 이는 나의 경험과 완전
히 일치하는 동시에 이런 경험의 타당성을 입증한다.

"내 생각에 이런 공포증(말, 개, 고양이, 닭과 그밖에 다른 가축
에 대한 공포증)은 어린아이의 연령에는 적어도 **야경증**pavor
nocturnus만큼이나 널리 퍼져 있는데, 분석에 따르면 대부분 부
모 중 어느 한쪽에 대한 공포가 동물로 전이되어 있다. 하지
만 나는 이렇게 퍼져 있는 쥐나 들쥐에 대한 공포증이 동일한
기제를 지닌다고 주장하고 싶지는 않다."

정신분석 및 정신병리학 연구를 위한 연감 제1권에서 나는 「다섯 살
소년의 공포증 분석」이라는 논문을 발표했다. 이 논문은 한스라는 어린
아이의 아버지가 내게 의뢰했던 분석을 바탕으로 한다. 이 소년에게는
말에 대한 공포증이 있어서 길거리로 나가는 것도 거부했는데, 소년은
말이 방으로 들어와 자신을 물지도 모른다는 두려움을 호소했다. 이 두
려움은 말이 쓰러져 죽었으면 좋겠다는 소망에 대한 형벌일 수 있다는
것이 입증되었다. 나는 설득을 통해 소년에게서 아버지에 대한 공포를
제거한 뒤에야, 소년이 아버지가 사라지기를(여행을 떠나거나 죽기를) 바라
는 것을 내용으로 하던 소망과 싸워왔다는 것을 알아낼 수 있었다. 소년
은 자신이 분명히 고백하고 있듯이 어머니의 사랑을 받으려는 과정에서

---

183 불프, 「유아 성욕에 대한 기고문Beiträge zur infantilen Sexualität」, in: 『정신분석학 중앙지Zentralblatt für Psychoanalyse』(1912), Ⅱ, Nr.1, 15쪽 이하

아버지를 경쟁자로 느끼고 있었다. 요컨대 소년의 싹트는 성적인 소망은 막연하게나마 어머니를 향하고 있었던 것이다. 그러니까 이 아이는 부모에 대한 전형적인 태도라고 할 수 있는 상태, 즉 우리가 '오이디푸스 콤플렉스'라고 지칭하는 상태에 있었다. 그런데 우리는 이 오이디푸스 콤플렉스를 신경증 일반의 핵심적 콤플렉스로 인식한다. 우리가 이 '꼬마 한스der kleine Hans'의 분석으로부터 새롭게 경험하는 것은 이런 조건에서 어린아이는 그의 감정의 일부를 아버지로부터 동물로 전위시킨다는, 토테미즘에 대한 매우 가치 있는 사실이다.

분석은 이런 전위가 일어나는 우연한 연상의 과정과 같은 내용으로 의미심장한 과정을 입증한다. 분석은 이런 전위의 동기 또한 추측하게 해 준다. 어머니를 두고 경쟁 관계로부터 생겨나는 증오는 소년의 영적인 생활에서 장애를 받지 않고는 확장될 수 없는 법이며, 그래서 이 증오는 아버지에 대해 예전부터 품고 있던 애정과 경탄의 마음과 싸우지 않을 수 없다. 이때 소년은 아버지에 대한 이중적 감정의 – 양가적인ambivalent – 상태에 놓여 있는데, 이런 그가 자신의 적대감과 불안감을 아버지의 대용물로 전위할 때에야 양가적인 갈등에서 벗어나게 된다.

물론, 전위가 애정과 적대감을 말끔히 분리시킬 만큼 갈등을 해소할 수 있는 것은 아니다. 오히려 갈등은 전위의 대상으로 옮겨가게 되며, 양가성도 그 대상으로 넘어가게 된다. 분명한 것은 꼬마 한스가 말에게 두려움만이 아니라 존중과 관심을 보인다는 사실이다. 두려움이 사라지기 시작하면서 한스는 자신을 이 무서운 동물과 동일시하는데, 이 아이는 말처럼 이리저리 껑충 뛰면서 이제 아버지를 깨문다.[184] 공포증이 해소되는 다른 단계에서 한스는 종종 부모를 다른 커다란 동물과 동일시하는 증세를 보인다.[185]

한스의 이런 동물공포증에는 토테미즘의 특정한 성향이 부정적인 형태로 반복된다는 인상이 나타난다고 말해도 좋다. 그러나 우리는 페렌치 S. Ferenczi 덕분에 어린아이에게 나타나는 긍정적 토테미즘으로 설명될 수 있는 사례를 관찰할 수 있다.[186] 페렌치가 보고하는 꼬마 아르파드는 토테미즘의 관심이 오이디푸스 콤플렉스와 직접적인 연관을 보이는 것이 아니라 이 콤플렉스의 나르시시즘적인 전제인 거세공포증으로부터 생겨난다. 그러나 한스의 사례를 주의 깊게 살펴본 사람이라면, 이 아이에게서 아버지가 커다란 성기의 소유자로서 경탄을 받는 동시에 자신의 성기를 위협하는 사람으로서 두려움을 자아낸다는 충분한 증거를 발견할 수 있다. 오이디푸스 콤플렉스에서든 거세 콤플렉스에서든 아버지는 어린아이가 지닌 성적인 관심의 무서운 적대자와 같은 역할을 담당한다. 거세와 눈을 멀게 하는[187] 대체 형벌은 아버지에 의해 위협을 받는 형벌이다.[188]

꼬마 아르파드는 두 살 반의 나이 때 어느 여름 휴양지에서 닭장에 오줌을 누려고 했다. 이때 닭이 이 아이의 음경을 쪼았거나 그곳을 물려고 덤벼들었다. 1년 뒤 다시 같은 곳으로 간 아르파드는 이제는 닭이 되어 버린 것 같았고, 그가 관심을 보인 곳은 그 모든 일이 발생한 닭장뿐이었다. 아르파드는 인간의 말도 포기하고 꼬꼬댁 소리만 낼 따름이었다. 관

---

184 같은 책, 전집 제7권

185 이른바 기린 환상Giraffphantasie이다.

186 페렌치의 「꼬마 닭 인간Ein kleiner Hahnemann」. in:『국제 정신분석학 의학지Intern. Zeitschrift für ärztliche Psychoanalyse』(1913) 제1권, 3호

187 역주) 눈을 멀게 한다는 이야기는 유럽에서 전설과 민요, 소설의 형태로 전해진다. 가령 부모의 침실을 엿보면 유령이 나타나 눈을 멀게 하다는 것이 대표적인 사례이다. 소설로는 호프만E. T. A. Hoffmann의『모래 사나이der Sandmann』을 들 수 있다.

188 오이디푸스 신화에도 나오는 거세를 대체하는 것에 대하여.『국제 정신분석학 의학지』(1913) 제1권 2호에 실린 라이틀러Reitler, 페렌치, 랑크Rank와 에더Eder의 보고서를 참조한다.

찰이 시작될 때(다섯 살 때)에 아이는 다시 말을 했지만, 말하는 중에도 오직 닭들과 다른 가금류에만 열중했다. 또한, 가금류 외의 다른 장난감은 가지고 놀지 않았고, 노래를 불러도 깃털 달린 동물에 관한 것이 아니면 부르려고 하지 않았다. 자신의 토템 동물에 대한 아이의 태도는 지극히 양가적이며, 지나치게 애증을 품고 있었다. 아르파드는 닭을 도살하는 놀이를 가장 즐겼다.

페렌치에 의하면 "아르파드에게 가금류의 도살은 정말 축제와도 같았다. 아이는 몇 시간 동안 흥분하여 죽은 동물 주변을 맴돌며 춤을 출 정도였다. 하지만 그런 다음 아이는 죽은 닭에 입을 맞추고 쓰다듬었으며, 자신이 한동안 소홀히 하던 닭 모형을 깨끗하게 씻고 애무하곤 했다."

꼬마 아르파드는 자신의 독특한 행위의 의미가 은근히 드러나게 하려고 애썼다. 때로는 자신의 소망을 토테미즘적 표현 방식으로부터 일상적 삶의 언어로 번역하기도 했다. 예컨대 "나의 아버지는 수탉이다."라고 말을 할 때가 있는가 하면, 또 어떤 때는 "지금 나는 작고, 병아리이다. 더 내가 자라면 닭이 될 것이다. 좀 더 자라면 수탉이 될 것이다."라고 중얼거렸다. 다른 어느 때는 갑자기 '엄마 스튜'를 먹고 싶다는 소망을 말하기도 했는데, 이는 닭 스튜의 유추였다. 아이는 자기 몸에 대한 자위에 몰두하여 거세 위협을 겪은 것처럼, 다른 사람에게도 태연히 뚜렷한 거세 위협의 행위를 보였다.

페렌치에 따르면 아르파드가 닭장 안에서의 일에 흥미를 느끼는 근거는 의심의 여지 없이 다음과 같다는 것이다. "수탉과 암탉 사이의 교미나 부화하며 알을 낳고 병아리를 까는 행위는 본래는 인간의 가족생활에 필요하던 성적인 호기심을 만족시켜 주었다." 아이는 닭의 생활을 모방하여 자신의 대상에 대한 소망을 형성해 나갔던 것으로, 언젠가 이웃에게 다음과 같이 말했다는 것이다. "나는 아주머니와 그리고 아주머니 자매 그리고 내 사촌들과 식모와 결혼할래요. 아니, 식모가 아니라 엄마와 결혼할래요."

우리는 이 관찰의 가치 평가를 다른 곳에서 더 확실하게 실행할 수 있을 것이다. 그러므로 이제는 토테미즘과 가치 있는 일치점으로서 두 가지 특징만을 강조하기로 하자. 그것은 바로 토템 동물과의 완전한 일치[189]와 그것에 대한 양가적인 감정 태도이다. 우리는 이 관찰에 의거하여 토테미즘의 공식으로 - 남자의 경우에 - 아버지를 동물의 자리에 넣는 것이 정당하다고 생각한다. 하지만 우리는 이렇게 해서 새롭거나 대담한 진일보를 이룬 것은 아님을 알고 있다. 미개인들은 오늘날까지도 토테미즘 체계가 유효한 경우에 토템을 그들의 선조이자 원초적 아버지로서 인정하고 설명하고 있다. 우리는 인종학자들이 거의 시작하는 법을 알지 못했고, 이 때문에 뒷전으로 밀어 놓았던 이 종족들의 진술만을 자구적으로 받아들였을 따름이었다. 반면에 우리는 정신분석학의 권유를 통하여 이런 점을 찾아내려고 시도하고, 그것을 토테미즘을 설명하려는 시도와 연결할 수 있다.[190]

우리가 토템 동물을 아버지에게 대체한 첫 결실은 매우 주목할 만하다. 토템 동물이 아버지라면 토테미즘의 두 가지 주요 명령, 즉 토테미즘의 핵심을 이루는 토템을 죽여서는 안 된다와 토템에 속하는 여성과 성

---

189 프레이저에 따르면 여기에 토테미즘의 본질이 있다. "토테미즘이란 사람과 그의 토템의 동일화이다." 『토테미즘과 족외혼』, IV, 5쪽

190 오토 랑크 덕분에 나는 어느 이지적인 젊은이의 개 공포증의 한 사례를 소개할 수 있다. 어째서 이 청년이 고통스럽게 되었는지에 대한 설명은 앞에서 언급한 아룬타족의 토템 이론을 상기시킨다. 그는 아버지로부터 자신의 어머니가 임신 중에 개에게 몹시 놀란 적이 있다는 말을 들은 적이 있었다고 했다.

관계를 해서는 안 된다는 두 규정은 오이디푸스가 범한 두 가지 범죄, 즉 아버지를 죽이고 어머니를 아내로 삼은 범죄와 그 내용이 일치한다. 그리고 이 두 규정은 어린아이의 두 가지 원초적인 소망과도 일치하는데, 이를 충분히 억압하지 못하거나 다시 일깨우게 되는 것이 모든 정신신경증의 핵심을 형성한다.

만일 이 비교가 우연이 만들어진 장난 이상의 의미를 지닌다면, 이는 우리에게 태고 시대의 토테미즘 발생에 대하여 알려줄 한 줄기 빛을 던져줄 것이다. 다른 말로 하자면, 토템 체계는 '꼬마 한스'의 동물 공포증과 '꼬마 아르파드'의 가금류 도착Perversion처럼 오이디푸스 콤플렉스의 조건으로부터 발생한 것인지도 모른다는 개연성이 생겨나는 것이다. 바로 이 가능성을 추적하기 위해 이제부터는 지금까지 거의 언급하지 못했던 토템 체계 또는 - 이렇게 표현할 수 있듯이- 토템 종교의 특성을 연구한다.

〈4〉

1894년에 고인이 된 윌리엄 로버트슨 스미스William Robertson Smith는 물리학, 문헌학, 성서학, 고고학 연구자로서 다방면에 관심을 기울인 명석한 자유사상가였다. 그는 1889년에 출간한 『셈족의 종교The Religion of Semites』[191]에서 이른바 **토템 식사**Totemmahlzeit라고 하는 독특한 의례가 처음부터 토템 체계의 구성적 요소를 이루고 있다는 가설을 내놓았다. 당시에 이 가설을 뒷받침하기 위해 그는 5세기부터 전승되던 이런 문서에 대한 몇 가지 기술만을 사용할 뿐이었다. 그러나 그는 고대 셈족의 희생제의 분석을

---

191 로버트슨 스미스, 『셈족의 종교』, 2판, 런던(1907)

통하여 이 가설의 개연성을 한 단계 더 높이는 법을 이해하게 되었다. 제물은 신성한 사람을 전제로 하기 때문에 이 경우에는 종교적 의례의 높은 단계로부터 토테미즘의 가장 낮은 단계로의 귀납적 추론이 중요하다.

나는 이제 로버트슨 스미스의 이 탁월한 저서로부터 희생제의의 기원과 의미에 대한 우리의 관심에 결정적인 논제들을 추출하고자 한다. 물론, 이 과정에서 아주 매력적인 세부사항의 생략이나 추후적인 발전에 대한 무시도 불가피하다. 이런 발췌문에서는 원저에서의 어떤 명쾌함이나 서술이 지닌 증명력을 독자에게 전달하는 것은 완전히 포기될 수밖에 없다.

로버트슨 스미스는 제단의 제물이 고대 종교 의례에서 본질적인 부분이었다는 것을 상세히 설명하고 있다. 제물은 모든 종교에서 동일한 역할을 하기 때문에 그것의 발생은 매우 일반적이고 어디서나 동일한 작용의 원인이 될 수밖에 없다는 것이다.

성스러운 행위로서의 제물은 후대에 와서 신과 화해하거나 신을 섬기기 위해 바쳐진 것으로 보는 것과는 근원적으로 뭔가 다른 의미를 지니고 있었다. 이후 제물이라는 말의 세속적 사용은 자기포기라는 부차적 의미로부터 시작되었다. 제물은 처음에는 바로 '신성한 존재와 그 숭배자 사이의 사회적 친교 행위'로 증명될 수 있는 어떤 것이었다. 말하자면 믿는 자들과 신들과의 사교 행위, 일종의 '소통Kommunikation'이었다.

제물로는 먹고 마실 수 있는 것이 바쳐졌다. 인간은 먹고사는 데 자양분이 되던 고기, 과일, 곡물, 술, 기름 등을 신에게 바쳤다. 다만 고기를 제물로 바칠 경우에는 제한과 편차가 있었다. 가령 동물이 제물일 경우 신은 고기를 숭배자들과 함께 즐겼지만, 식물일 경우에는 오직 신에게만 바쳐졌다. 동물을 제물로 바치는 것이 더 오래된 것이고, 과거에는 유일한 제식이었음을 의심할 나위가 없다. 식물성 제물은 모든 과실의 첫 수확물을 바친 것에서 시작되었으며, 땅과 대지의 신에게 바치는 공물에서 비롯된다. 하지만 동물성 제물은 농경 시대 이전에 이루어졌다.

신의 몫으로 정해진 제물이 처음에는 정말 신의 음식으로 간주되었다는 것은 언어상의 흔적으로 보아도 확실하다. 하지만 신의 본질이 갈수록 물질성이 약화되면서 이런 생각은 불경한 것으로 여겨졌다. 사람들이 이런 생각을 피하면서 식사에서 액체 부분만 신에게 바쳤다. 나중에 인간이 불을 사용함으로써 고기로 된 제물을 제단 위에서 훈제로 바칠 수 있었고, 이렇게 함으로써 신의 본질에 적절한 음식물의 조리가 가능했다. 마시는 제물의 실체는 본래 동물의 피였으나, 나중에 포도주가 이것을 대체했다. 포도주는 옛날 사람들에게는 오늘날의 시인들이 노래하듯이 '포도의 피'로 간주되었다.

불의 사용과 경작을 알기 전의 가장 오래된 제물의 형태는 그러니까 바로 동물성 제물인 셈이었다. 이 동물의 고기와 피는 신과 숭배자가 공동으로 즐겼다. 참가자는 누구나 식사의 몫을 배당받는 것이 이 의례의 본질이었다.

이런 제식이 공적인 의례였고, 부족 전체의 축제였다. 종교는 부족에서 정말 일반적인 업무였고, 종교적 의무는 사회적 의무의 일부였다. 제식과 축제는 모든 종족에서 공동으로 거행되며, 모든 제식에는 축제가 뒤따른다. 그래서 제물 없는 축제는 없었다. **봉헌축제**Opferfest는 개인적 이해관계를 넘어서서 즐거운 찬양의 기회이자 서로 단결하여 신과의 일체감을 강조하는 기회였다.

이 공적인 봉헌식사의 윤리적인 힘은 함께 먹고 마시는 의미에 대한 원초 시대의 관념에 근거해 있었다. 다른 사람들과 함께 먹고 마시는 것은 사회적 공동체와 상호 의무 수행에 대한 상징인 동시에 이를 강화하는 행동이었다. 제물을 바치는 봉헌 식사는 신과 숭배자들이 **밥상 친구들**Commensalen이지만, 이것으로 다른 모든 관계가 성립된다는 것을 직접적으로 표현하고 있었다.

오늘날까지도 사막 지대의 아라비아인들은 공동으로 식사하는데, 이는 공동 식사로 인한 연대가 종교적 계기가 아니라 함께 먹는 행동 자체에서 오고 있음을 입증한다. 아라비아의 베두인족과 약간의 식사라도 함께 먹은 사람, 한 모금의 우유라도 함께 마신 사람은 그들을 적으로 두려워할 필요가 없을 뿐만 아니라 그들의 보호와 도움을 받을 것이라고 확신해도 좋다. 물론 영구적으로 그런 것은 아니다. 엄밀히 말해 공동으로 섭취한 음식이 체내에 머물 동안만 그렇다고 가정할 수 있다. 화합의 끈이란 이렇게 현실적으로 이해되는 법이다. 이것을 강화하고 지속적으로 만들기 위해서는 이런 관계를 반복해야 할 필요가 있다.

하지만 이런 연대의 힘이 어째서 공동으로 먹고 마시는 일에서 생기는 것일까? 까마득한 옛날의 원시 사회에서 무조건적이고 예외 없이 결합시켜 주는 끈은 오직 혈통 공동체(친족관계kinship)라는 끈뿐이었다. 이 공동체의 구성원들은 일치단결하는데, 친족은 그들의 삶이 공동적 삶의 일부로 여겨질 수 있을 만큼 육체적 통합을 위해 연결된 사람들의 무리이다. 그래서 친족에서 어떤 개인이 살해되면, 아무개의 피가 흘렀다가 아니라 우리의 피가 흘렀다고 한다. 혈연관계를 인정하는 히브리인의 관용구로 '너는 나의 **뼈**이자 살'이라는 말이 있다.

그러므로 **친족관계**Kinship란 공통적인 실체를 공유한다는 것을 의미한다. 그렇다면 친족 공동체는 자신을 낳아 주고 젖을 먹여 길러준 어머니라는 실체의 일부라는 사실에 근거할 뿐만 아니라 나중에 자신이 섭취하여 육체를 신생시키는 음식물 역시 **친족관계**를 형성하고 강화할 수 있다는 것도 당연한 일이다. 신과 함께 식사를 나누었다면, 그것은 자신이 신과 동일한 소재로 이루어져 있다는 믿음의 표현이었으며, 타인으로 인식한 사람과는 식사를 나누는 법이 없었다.

봉헌식사Opfermahlzeit는 근원적으로 친족끼리의 연회였으며, 친족만이 함께 먹는다는 법칙을 따랐다. 오늘날의 사회에서는 가족 구성원만 식사를 함께 먹지만, 봉헌식사는 가족과는 아무 관계도 없다. **친족관계**는 가족생활보다 훨씬 오래전에 이루어졌다. 우리가 알고 있는 고대의 가족들은 일반적으로 여러 친족에 속하는 구성원들을 포괄한다. 남자들은 다른 부족의 여성과 혼인하고, 이렇게 해서 생기는 아이들은 모계 부족을 계승한다. 그래서 남자와 나머지 가족 구성원 사이에는 혈연관계가 성립되지 않는다. 이런 가족에서는 공동의 식사가 있을 수 없다. 오늘날에도 미개인들은 홀로 떨어져 식사를 하며, 토테미즘의 종교적 식사 금지에 의해 남자는 아내와 자식들과 함께 식사하지 못하는 경우가 허다하다.

이제 제물로 바치는 동물로 방향을 돌려보자. 이미 들어 알고 있듯이 희생동물 없는 종족 행사는 없었다. 그러나 의미심장한 것은 이런 제식의 기회 외에는 동물을 도살하는 일도 없었다는 사실이다. 사람들은 과실과 야생 동물을 먹거나 가축의 젖을 먹는 일에는 주저함이 없었지만, 종교적인 가책 때문에 개인은 사적인 목적으로 가축을 도살할 수 없었다. 로버트슨 스미스는 모든 제물은 근원적으로 부족을 위한 제물이었고, "제물이 될 동물을 도살하는 것은 본래 개인에게는 금지된 행위에 속했으며, 다만 전체 부족이 책임을 떠맡는 경우에만 정당화되었다"는 것은 의심의 여지가 없다고 말한다.

미개인들에게는 이런 성격과 일치하는 행위, 즉 친족이 공유하는 피의 신성함을 흔드는 행위에는 단 하나의 기준만이 존재한다. 어떤 개인도 빼앗아서는 안 되는 생명, 합의를 통해서만 그리고 모든 친족 구성원들의 참가를 통해서만 제물이 될 수 있는 생명은 친족 구성원들의 생명 자체와 동일한 수준에 위치한다. 여기서 봉헌식사에 참가한 손님은 누구나 희생동물의 살을 먹어야만 한다는 것이 규칙이다. 이와 같은 규칙은 의무로 지워진 어느 친족 구성원의 도살 집행도 부족 전체에 의해 수행되어야 한다는 규정과도 같은 의미를 지닌다. 다른 말로 표현하자면 제물로 바쳐지는 희생동물은 한 사람의 친족처럼 다루어졌으며, 그래서 **제물을 바치는 공동체, 그들의 신과 희생동물은 같은 혈통, 하나의 친족 구성원이었다.**

로버트슨 스미스는 풍부한 증거를 바탕으로 제물로 쓰는 동물과 토템 동물을 동일시한다. 스미스의 주장에 의하면 고대 후기에는 두 종류의 제물, 보통 식용이 되기도 하는 가축과 부정한 것으로 간주되어 먹는 것이 금지된 특별한 동물이 있었다는 것이다. 그렇지만 더 자세한 연구에 따르면, 이 부정한 동물이 사실은 신성한 동물이었으며 그것들이 본래는 신에게 제물로 바쳐진 동물이었다는 것, 신의 숭배자들은 이 동물을 제물로 바침으로써 어떻게든 자신들과 그 동물, 신과의 혈연관계를 강조하려고 했다는 것이 밝혀진다. 그러나 더 이전의 시기에는 보통 제물과 '신비한' 제물의 차이는 사라진다. 본원적으로 모든 동물은 신성하고, 그 살을 먹는 것은 금지되어 있었으며, 오직 전체 부족이 참여하는 축제 행사에서만 먹는 것이 허락되었다. 동물의 도살은 친족의 피를 흘리는 것과 같았기 때문에 그만큼 조심스럽고 질책을 받지 않도록 신중하게 이행되어야 했다.

가축을 길들이고 목축이 성행하면서 도처에서 태고의 순수하고 엄격한 토테미즘은 종말을 맞이한 것으로 보인다.[192] 그러나 이제 '목가적인' 종교에서 가축에게 신성함이 남아 있었다는 사실은 명백히 가축이 지닌 원초적 토템의 성격을 인식시켜 주기에 충분하다. 후기 고전 시대에서도 여러 지역에서 실행되는 의례는 사제가 제물을 죽인 뒤 도피할 것을 규정하고 있는데, 이는 보복을 피하기 위한 것처럼 보인다. 예전에 그리스에서는 황소를 죽이는 것이 범죄라는 사고가 지배적이었다. 아테네의 부포니아 축제에서는 제물을 바친 뒤에 형식적인 재판이 열렸는데, 여기서는 모든 관련자가 심문을 받았다. 결국, 사람들은 도살에 대한 죄를 사용된 칼에 전가하기로 합의하고는, 그 칼을 바다에 던져 버리곤 했다.

신성한 동물의 생명을 부족 구성원의 생명으로 여기고 보호하는 도살 기피의 경향에도 불구하고 때로는 어쩔 수 없이 이런 동물을 죽여서 고기와 피를 구성원들끼리 나누어 먹는 일도 있었다. 이런 행동을 요구하는 동기는 희생의 본질이 내포하는 가장 깊은 의미를 드러낸다. 우리는 이미 추후의 시대에서는 공동의 식사, 체내로 들어가는 동일한 물질에의 참여가 식탁을 함께하는 사람들 사이의 신성한 유대를 만든다는 것을 들은 바 있다. 반면에 태초의 시대에서는 신성한 제물을 함께 먹기만 해도 이런 의미가 성립되는 것 같다.

> "희생동물의 죽음에 부여된 신성한 신비는 오직 이런 과정을 통해서만 참가자들과 참가자들, 그리고 그들과 신을 결합하는 신성한 유대가 이루어질 수 있음으로써 정당화된다."[193]

---

192 "토테미즘이 필연적으로 맞이하는 가축화(물론 가축화가 가능한 동물이 있을 때)는 토테미즘에 치명적이라는 것이 추정된다." 제번스F. B. Jevons, 『종교사 서문An Introduction to the History of Religion』 (1911), 제5판, 120쪽
193 같은 책, 113쪽

이 유대는 희생동물의 살과 핏속에 있다가 봉헌식사를 통하여 모든 참가자에게 전달되는 이 동물의 생명과 다르지 않다. 이런 관념은 후세에서도 인간들이 서로 의무를 지키는 모든 **피의 맹약**의 근간이 된다. 혈연 공동체를 실질적 공동체로 파악하려는 철저히 현실적인 사고는 그것을 때때로 봉헌식사의 육체적 절차를 통하여 신생시킬 수밖에 없는 필연성을 이해할 수 있게 한다.

여기서 로버트슨 스미스의 사고 과정을 소개하는 것을 잠시 멈추고, 그 핵심을 간략하게 요약해 보자. 이에 따르면 사유재산의 이념이 부각되었을 때, 제물은 인간이 신에게 주는 선물로 간주되었다. 이와 동시에 제물은 인간으로부터 신에게 바쳐지는 소유 이전의 개념으로 파악되었다. 물론 이런 해석은 희생 제식의 모든 특징을 해명한 것은 아니었다. 태초에는 제물을 위한 동물 자체가 신성한 것이었고, 그 생명은 침해될 수 없는 것이었다. 그런데도 전체 부족이 참가한 상태에서 공동으로 죄를 범하고 신이 도래한 앞에서만은 동물의 생명도 **빼앗고** 모두가 함께 그 신성한 동물의 고기를 나누어 먹을 수 있었다. 이렇게 함으로써 부족의 구성원들은 서로 간의 그리고 신과의 육체적 동일성을 확인했다. 그러므로 희생제는 일종의 성찬식이었고, 희생동물은 바로 종족의 일원이었다. 부족의 구성원들이 신과의 유사성을 새롭게 하고 확실히 하기 위해 죽이고 잡아먹었던 것은 실제로 고대의 토템, 원시적인 신 자체였다.

이런 제물의 본질을 분석함으로써 로버트슨 스미스는 **인간 형상의 신을 숭배하기 이전 시대**에는 토템을 정기적으로 죽이고 먹는 일이 토템 종교의 의미심장한 부분이었다고 결론을 내린다. 그는 이런 토템 식사의 의례가 훗날 희생제의 기록으로 우리에게 남아 있다고 말한다. 성 닐루스Nilus는 기원후 4세기 말 시나이 사막의 유목민 베두인족의 희생제 관습에 관해 다음과 같이 보고한다.

제물로 바쳐질 낙타는 밧줄로 묶여 돌로 된 제단 위에 놓여졌다. 종족의 지도자는 참가자들에게 노래를 부르며 제단을 세 바퀴 돌게 한 다음, 낙타에게 첫 일격을 가했고 흘러넘치는 낙타의 피를 게걸스럽게 마셨다. 그러면 전체 구성원들은 일제히 제물에 달려들어 경련을 일으키는 살점을 칼로 잘라내고 그것을 날것으로 정신없이 먹어 치웠다. 이 희생의 시작을 알리는 샛별이 떠올라 – 아침 햇살이 비추기 직전에 – 사라지는 짧은 시간 사이에 낙타의 모든 것, 살과 뼈, 가죽, 피, 내장이 제거될 정도로 그렇게 정신없이 먹어 치웠다.

요컨대 모든 증거 자료에 따라 추정하자면, 지극히 고대적인 성격을 입증하는 이 야만스러운 의례는 개별적 종족의 관습이 아니라 후세에 아주 다양한 방식으로 쇠퇴했던 토템 희생제의 보편적인 근원 형식이었다는 것이다.

많은 저자가 토템 식사가 토테미즘 단계에서의 직접적인 관찰을 통해서는 확증될 수 없기 때문에 이 토템 식사의 구상을 거부해 왔다. 반면에 로버트슨 스미스는 아즈텍족의 인간 희생제처럼 제물의 성스러운 의미를 확증하는 것처럼 보이는 사례들을 제시한 바 있다. 나아가 그는 토템 식사의 조건을 상기시키는 사례들, 예를 들어 아메리카 오우아타오우아크족Ouataouak에 속하는 곰족의 곰 희생제, 일본 아이노족의 곰 축제를 증거로 내세웠다. 프레이저도 최근에 출간한 두 권짜리 방대한 저서에서 이와 동일하거나 유사한 사례들을 상세히 보고하였다.[194] 프레이저에 의

---

194 프레이저, 『황금가지』, 5부, 「신을 먹고 신성한 동물 죽이기Eating the God and Killing the Divine Animal」 장에서 〈곡물의 영과 사막의 영Spirits of the Corn and of the Wild〉(1912)

하면 거대한 맹금을 숭상하는 캘리포니아의 한 인디언 부족은 1년에 한 번 장엄한 의례를 치르며 이 새를 죽이지만, 이어서 이 새의 죽음을 애도하고, 깃털이 달린 거죽을 보존한다. 뉴멕시코의 주니 인디언도 그들의 신성한 동물인 거북을 마찬가지 방식으로 정중하게 처리한다.

중앙 오스트레일리아 부족들의 인티키우마 의례에는 스미스의 전제와 일치하는 특징이 관찰된다. 자신들이 먹는 것은 금지되어 있지만 토템 동물의 증식을 위해 주술을 행하는 각 종족은 의례를 거행할 때 이 동물의 고기가 다른 종족의 손에 들어가기 전에 어느 정도 먹어야만 한다. 프레이저에 따르면[195] 평소에는 먹는 것이 금지되어 있지만 성스러운 식사를 위한 가장 훌륭한 사례는 아프리카 비니족의 매장 의례와의 관계에서 발견된다.

그러나 우리는 성찬을 위한 살해와 평소에는 금지되어 있는 토템 동물의 공동 식사가 토템 종교의 중요한 특징이라는 가설에 관한 한 로버트슨 스미스의 주장을 따르고자 한다.[196]

⟨5⟩

이제 이런 토템 식사의 장면을 떠올리면서 이제까지 평가받을 수 없었지만 개연성이 있는 몇 가지 특징을 다루기로 하자. 이를 위해 의례에서 잔혹한 방법으로 토템 동물을 죽이고 그 피와 고기, 뼈를 날로 먹어 치우

---

195 프레이저, 『토테미즘과 족외혼』, Ⅱ, 590쪽
196 내가 이 제물에 관한 이론에 반대하는 저자들(마리예르L. Marillier, 위베르H. Hubert와 모스M. Mauss 등)을 모르는 바 아니지만, 그렇다고 해서 스미스의 견해가 주는 인상이 본질적으로 침해되는 것은 아니다.

는 부족을 다룰 것이다. 식사할 때 부족 구성원들은 토템과 흡사하게 분장하고, 마치 토템과 자신들의 동일성을 강조하고 싶기라도 하듯이 유사한 소리나 동작을 취하며 토템 흉내를 낸다. 이럴 경우, 개인에게는 금지되어 있지만 모두가 참가하면 정당화된다는 의식이 작용한다. 여기서는 어느 누구도 토템 살해나 식사에서 제외될 수 없다. 이 행위가 끝나면 참가자들은 살해된 동물을 위해 눈물을 흘리고 애도한다. 죽임을 당한 동물에 대한 애도는 강제적인 것, 복수의 위협에 대한 공포를 통해 강요된 것으로, 그 주요 목적은 로버트슨 스미스가 유사한 경우에 대해 언급하고 있듯이 살해의 책임을 떨쳐내려는 것이다.[197]

그러나 이 추모가 끝나면 떠들썩한 축제가 벌어지고, 모든 충동은 해방되면서 모든 종류의 만족은 허용된다. 여기서 우리는 축제의 본질에 대한 통찰을 쉽게 잊어버린다.

축제란 허용된 것이라기보다는 명령에 의한 과잉이며, 금지된 것을 파괴하는 것에 대한 기쁨의 의식이다. 사람들이 어떤 규정에 따라 즐거운 마음이 되기 때문에 일탈하는 것이 아니라 과잉이야말로 축제의 본질에 내재해 있다. 축제의 기분은 평소에 금지되어 있던 것의 해방을 통하여 생겨난다.

하지만 토템 동물의 죽음에 대한 애도, 이 축제에 대한 기쁨의 서곡이란 무엇이란 말인가? 부족의 구성원들은 보통 때는 금지되어 있는 토템의 살해를 기뻐한다면, 무엇 때문에 토템의 죽음을 슬퍼하는 것일까?

우리는 이미 부족의 구성원들이 토템을 먹음으로써 자신들을 신성한 존재로 만들고, 토템과의 동일화 및 부족 구성원 상호 간의 동일성을 강

---

197 『셈족의 종교』, 2판(1907), 412쪽

화한다고 들었다. 그들이 토템의 실체인 신성한 생명을 자기 몸속에 섭취했다는 것은 어쩌면 축제의 기분을 포함해 그로부터 생겨나는 모든 것을 설명할 수도 있을 것이다.

정신분석학은 토템 동물이 실제로 아버지의 대체라는 것을 우리에게 밝힌 바 있는데, 이는 평소에는 죽이는 것이 금지되어 있으나 축제를 위해서는 죽여서 먹고는 애도한다는 모순에서 아버지의 경우와 일치한다. 오늘날에도 어린아이들에게서 자주 나타나는 아버지 콤플렉스의 특징이자 성인의 삶을 통해서도 지속적으로 나타나는 양가적 감정의 태도는 아버지를 대체하는 토템 동물로까지 연장된다고 할 수 있다.

단지 정신분석학으로부터 얻어진 토템의 해석을 토템 식사의 사실과 인간 사회의 원시 상태에 대한 다윈의 가설과 결합하기만 한다면, 더 깊은 이해의 가능성, 환상적인 것처럼 보이는 어떤 가설의 전망이 열릴 수도 있다. 그러나 이런 가설의 전망이란 이제까지는 분리되어 있던 일련의 현상들 사이의 예기치 못한 통합을 이루는 장점을 제시하는 가설이 성립된다는 의미이다.

다윈의 원시 유목민^{Urhorde} 역시 토테미즘의 시작을 해명할 만한 여지가 없다. 모든 여자를 단독으로 보유하고 성장하는 자식들을 내쫓는 폭력적이고 질투심 많은 아버지는 더 이상 나아갈 방향을 제시하지 못한다. 사회의 이런 원초적 상태는 어디에서도 관찰의 대상이 되지 않았다. 우리가 가장 원시적인 조직으로 알고 있는 것, 오늘날에도 특정한 부족에게서 유효한 것으로 현존하는 것은 동등한 자격을 지닌 채 모계 상속제와 같은 토템 체계의 제약을 따르는 남성연대^{Männerverbände}이다. 이 원시 조직은 다른 조직에서 유래할 수 있는 것인가, 그렇다면 어떤 과정에서 그것이 가능할 수 있었을까?

토템 식사의 축제를 끌어들인다면, 우리는 이 물음에 대답할 가능성을 얻게 된다. 어느 날[198] 추방당했던 형제들이 공동으로 행동하여 아버지를 죽이고 그 고기를 먹어 버림으로써 아버지 무리를 끝장냈다. 자식들은 단결하여 혼자서는 불가능하던 일을 성취했던 것이다(어쩌면 문명의 발달에 의한 신무기의 취급이 우월감을 주었는지도 모른다). 미개한 식인종이 죽은 사람을 먹는 것은 당연한 일이었다. 폭력적인 원초적 아버지는 모든 아들 형제들에게는 틀림없이 선망과 공포의 전형이었다.

이제 이 형제들은 먹는 행위에서 아버지와의 동일시를 관철하였고, 각자가 아버지가 휘두르던 힘의 일부를 자기 것으로 동화시켰다. 아마도 인류 최초의 축제였을 토템 식사는 이 기억할 만한 범죄 행위의 반복이자 기념 축제였을 것이며, 이 범죄 행위와 더불어 많은 것, 가령 사회조직이나 도덕적 제약, 종교 같은 것이 시작되었을 것이다.[199] 전제를 배제하고 이 결론이 믿을 만하다는 것을 확인하기 위해서는 함께 공모한 형

---

198 그렇지 않으면 오해할 수 있는 이런 표현을 위해 다음 각주의 마지막 문장을 참고할 것을 권한다.
199 추방당한 아들들이 단결함으로써 폭군 아버지를 제압하고 살해한다는 이 무시무시한 가설을 앳킨슨Atkison은 다윈의 원시 유목민의 상황으로부터 직접 추론한 결과였다. 앳킨슨에 의하면 젊은 형제의 무리는 독신 생활을 강요당하거나 또는 포로로 잡은 어느 여자를 여럿이 공유하는 관계에서 공동생활을 하고 있었다. 이 무리는 사춘기도 지나지 못할 만큼 허약했지만, 세월이 흘러 힘이 강해지자 연합하여 여러 차례 계속해서 공격함으로써 폭군인 아버지의 생명과 아내를 빼앗을 수 있었다"(『원시법Primal Law』, 220-221쪽). 뉴칼레도니아에서 살아가면서 원주민 연구를 위하여 특별한 기회를 가졌던 앳킨슨은 다윈이 가정한 원시 유목민의 상태가 야생의 소나 말 떼에서도 쉽게 관찰할 수 있으며, 여기서는 규칙적으로 수컷 아비가 살해된다는 것을 인용하고 있다. 나아가 그는 아버지를 제거한 다음에는 아버지와의 싸움에서 승리한 아들들 사이에 격렬한 싸움이 벌어지고, 그로 인해 그 무리가 붕괴된다는 가설을 내세운다. 이렇게 해서 새로운 사회 조직은 결코 성취되지 않을 것이라고 주장한다. "아들들은 고립된 폭군인 아버지로부터 권력을 되찾게 되지만, 그들은 반역의 주먹을 골육상잔의 투쟁에서 다시 꽉 쥐게 된다"(228쪽). 정신분석학의 암시를 마음대로 사용할 수 없었고, 로버트슨 스미스의 연구도 알지 못했던 앳킨슨은 원시 유목민에서 다음 사회적 단계, 즉 다수의 남성들이 평화로운 공동생활을 보내게 되는 새로운 단계를 향한 추이를 덜 폭력적인 것으로 파악했다. 그는 어머니의 애정 덕분에 처음에는 가장 어린 아이들이,

제들이 아버지에 대한 모순된 감정에 지배되고 있었다는 것을 가정해 보면 된다. 우리는 이 모순된 감정을 어린아이들이나 신경증 환자에게서 쉽게 볼 수 있는 아버지 콤플렉스의 이중감정의 핵심 내용으로 증명할 수 있다. 그들은 권력욕과 성적인 요구에 강력한 장애물인 아버지를 한편으로 증오했으면서도 동시에 사랑했고 찬양했다. 그들이 아버지를 제거하여 증오를 해소하고 자신들의 소망에 따라 아버지와 동일시하려는 목적을 관철한 이후에는, 그때까지 억눌려 있던 다정한 감정이 마음속에서 솟구쳐 오른다.[200]

이런 일은 후회의 형태로 일어나다가 죄의식을 동반한다. 죄의식은 집단 내에서 공동으로 느껴지는 후회와 일치한다. 이제 죽은 아버지는 살아 있을 때보다 더 강력해진다. 이 모든 사태를 오늘날 인간의 운명에서 볼 수 있다. 이렇게 되면 아버지가 예전에 그의 실존을 통하여 하지 못했던 일들을 아들들은 스스로 금한다. 이와 같은 자발적 금지가 바로 정신분석학에서 우리가 잘 알고 있는 이른바 **사후 복종**nachträglichen Gehorsams이라는 심적인 상황이다. 아들들은 아버지의 대체물인 토템의 살해를 금지된 것으로 설명함으로써 자신들의 행위를 철회하고, 자유로워진 여성들

나중에는 다른 아들들까지 무리에 남는 것이 허용되는데, 이 대가로 남게 된 아이들은 어머니와 누이들에 대한 단념의 형태로 아버지의 성적인 특권을 인정하게 된다고 주장한다. 대단히 주목할 만한 앳킨슨의 이론은 많다. 그러나 이는 내가 여기서 진술하고 있는 본질적인 점과는 일치하지만 편차 또한 상당하다. 그 이유는 내가 다른 곳에서 다루는 많은 것과의 연관성이 성립되지 못하기 때문이다. 앞서 나의 상술에서의 불확실성, 시간적인 축약 그리고 내용적인 진술의 압축은 대상의 본질 때문에 자제될 수밖에 없었다. 이런 질료에서 정확성을 추구하는 것은 무의미할 수 있으며, 마찬가지로 확실성을 요구하는 것도 부당한 것 같다.

200 이 새로운 감정적 태도에는 친부 살해 행위가 행위자 어느 누구에게도 완전한 만족을 가져올 수 없다는 사실이 부가적으로 뒤따른다. 어떤 의미에서 이런 행위는 쓸모없는 짓이었다. 아들들 가운데 어떤 아들도 아버지의 자리를 차지하려는 자신의 원초적 소망을 관철할 수 없었다. 하지만 우리가 이미 깨달았듯이 실패하는 것이 성공을 통한 만족감보다는 도덕적 반응으로 더 유효하다.

을 스스로 단념하는 가운데 행위를 통해 얻을 수 있는 과실을 포기한다. 이렇게 해서 그들은 아들이 갖는 죄의식으로부터 토테미즘의 두 가지 기본적인 터부를 만들어낸다. 바로 이 때문에 이 두 가지 터부는 오이디푸스 콤플렉스의 억압된 두 가지 소망과 일치할 수밖에 없다. 이에 거역하는 자는 원시사회를 근심스럽게 하는 두 가지 죄를 범하게 된다.[201]

인간의 윤리성이 시작되는 토테미즘의 두 가지 터부는 심리학적으로 등가물이 아니다. 토템 동물의 보호라는 첫 번째 터부는 전적으로 감정적 동기에 의존한다. 다시 말해서 아버지는 제거되었으므로 현실적으로 복구될 수 있는 것은 아무것도 없다. 그러나 근친상간 금지라는 다른 두 번째 터부는 강력한 실제적 근거를 지닌다. 성적인 욕구는 남성들을 결합하는 것이 아니라 분열시킨다. 형제들이 아버지를 제압하기 위해서 연대를 했지만, 여자 문제에서는 각자가 경쟁자로 나뉘었다. 각자가 아버지처럼 여자들을 독점하려고 하며, 이렇게 서로 싸우면 새로운 조직은 곧 와해될 것이다. 여기에는 더 이상 아버지의 역할을 받아들일 수 있는 절대적인 강자가 없기 때문이다. 그래서 형제들이 함께 살아가기를 원한다면 근친상간 금지 규정을 - 아마도 어려운 단계를 여러 번 거쳐서 극복한 연후에야 가능하겠지만 - 제정하는 것 외에는 다른 방법이 없다. 이제 형제들은 모두가 근친상간 금지를 통하여 먼저 아버지를 제거한 원인이자 목적이었던 욕망의 대상이었던 여자들을 포기할 수밖에 없다. 그들은 이렇게 해서 그들을 강화시킨 조직을 구할 수 있었다. 그런데 이 조직은 아버지에게서 추방되었던 시기에 생겨났을지도 모르는 동성애적인

---

201 "살인과 근친상간, 또는 이와 같은 종류의 피에 관한 신성한 법 위반은 원시사회에서 구성체가 인정하는 유일한 범죄들이다." 스미스, 『셈족의 종교Relision of the Semites』 419쪽

감정과 행위를 기반으로 한다. 어쩌면 이것이 바흐오펜J. Bachhofen에 의해 인식된 **모권 제도**Institution des Mutterrechts의 싹을 키운 상황이었는지도 모른다. 물론, 이 모권 제도는 훗날 가부장적 가족 질서에 의하여 해체되었다.

반면에 최초의 종교적 시도로 평가될 수 있는 토테미즘의 요구는 토템 동물의 생명을 보호하는 첫 번째 터부와 관련된다. 토템 동물이 아들들에게 아버지에 대한 당연하고 가장 가까운 대용물로 느껴졌다면, 그들에게 강압적으로 제시된 이 처리 방식에는 그들의 후회를 나타내려는 욕구 이상의 어떤 표현이 들어 있다. 그들은 아버지의 대용물을 가지고 통렬한 죄의식을 가라앉히고, 아버지와는 일종의 화해를 해 보려는 시도를 할 수 있었다. 그래서 토테미즘의 체계는 흡사 아버지와의 계약과도 같았다. 이 계약에서 아버지는 치기 어린 자식들의 환상이 아버지로부터 기대해도 좋은 모든 것, 예컨대 보호와 배려, 관용을 약속한다면 자식들은 아버지의 생명을 존중할 것을, 다시 말해서 아버지를 파멸시킬 그런 행동을 다시는 반복하지 않을 것을 굳게 다짐한다. 그런데 토테미즘에는 다음과 같이 어떤 정당화의 시도가 내재해 있기도 하였다.

> "만일 아버지가 우리를 토템처럼 대우했다면, 우리도 아버
> 지를 살해할 시도 같은 것은 하지 않았을 것이다."

이렇게 토테미즘은 상황을 미화하고, 토테미즘이 생겨나게 된 사건을 망각하게 하였다.

이와 함께 나중에 종교의 성격에 결정적으로 남아 있는 특징들이 드러나게 되었다. 아들들의 죄의식으로부터 유래한 토테미즘 종교는 아버지에 대한 죄의식을 줄이고, 추후로는 복종함으로써 모욕의 대상이 된 아버지와 화해하고자 하는 시도이다. 후대의 모든 종교도 동일한 문제를

해결하려는 시도라는 것이 입증되고 있다. 물론, 종교는 생성된 시기의 문화 상태와 채택하는 방법에 따라 다양하다. 그러나 모든 종교는 동일한 목표를 지향하면서 문화가 시작된 이래로 인류를 조용히 내버려 두지 않는 이런 거대한 사건에 대한 반응이다.

종교가 충실히 보존해 왔던 다른 하나의 성격도 당시에 이미 토테미즘에 나타나 있었다. 양가성의 긴장은 어떤 행동을 통해서도 조정할 수 없을 만큼 정말 첨예하거나 아니면 심리적 조건들이 이 감정대립 일반을 해소하기에는 부적절하다. 어쨌든 우리는 아버지 콤플렉스에 내재한 양가성이 토테미즘과 종교 일반으로도 지속된다는 것을 깨닫는다. 토템 종교는 후회의 표현과 화해의 시도를 포함하고 있을 뿐만 아니라 아버지에 대한 승리의 기억에도 기여한다. 이 승리에 대한 만족으로부터 토템 식사를 기억하는 축제가 시작되는데, 이 경우에 추후로 복종해야만 하는 제한은 일어나지 않는다. 이렇게 해서 친부 살해라는 범죄는 이 행위의 확고한 성과가 삶의 조건의 변화로 인하여 아버지가 갖고 있는 속성을 사라지도록 위협할 때마다 토템 동물의 희생제식 속에서 새롭게 반복하는 것이 의무가 되었다. 그러니 우리는 추후로 종교가 형성되는 과정에서 아들의 반항이 종종 아주 교묘하게 위장되고 변형된 채 다시 부각되는 사태에도 놀라지 않을 것이다.

우리가 토테미즘에서는 아직도 명확하게 분리되지 않은 종교와 윤리적 규정에서 이제까지 아들의 회한 속에서 변화된 아버지에 대한 사랑의 흐름을 추적한다고 할지라도, 친부 살해로 이끌었던 경향들이 본질적으로 승리한다는 사실을 간과하지 않도록 해야 한다. 하지만 엄청난 변혁의 바탕이 되는 사회적 우애의 감정은 이때부터 오랜 시간에 걸쳐서 사회 발전에 아주 심원한 영향력을 지니고 있다. 이런 우애의 감정은 공통

210

적인 혈연의 신성화 과정에서 동일 부족이 공유하는 생명 연대성의 강조를 통하여 표출된다. 형제들은 서로 생명의 안전을 보장하면서 어느 누구도 다른 형제를 아버지에게 했던 것처럼 취급해서는 안 된다고 선언한다. 그들은 아버지와 같은 운명이 재발하는 것을 방지한다. 토템을 죽여서는 안 된다는 종교적으로 확립된 금지에 이제 형제를 죽여서는 안 된다는 사회적으로 확립된 금지가 추가된다. 이후 오랜 세월이 지나면서 부족의 구성원에게 제한되어 있던 금지는 **살인을 해서는 안 된다**고 하는 간명한 표현을 얻게 된다. 먼저 **아버지 중심의 부족** 대신에 혈연을 통하여 상호 안전을 보장하는 **형제 중심의 부족**이 들어선다. 사회는 이제 공동으로 저지른 범죄에 대한 공동책임에, 종교는 죄의식과 이에 대한 자책에 근거한다. 윤리성의 일부는 사회의 필연성에, 다른 일부는 죄의식이 요구하는 참회에 근거한다.

토테미즘 체계의 새로운 이해에는 상충되지만 더 오래된 관점에 의존하는 정신분석학은 토테미즘과 족외혼이 서로 내적인 관계를 맺고 있으며, 동일한 근원을 갖는다고 주장한다.

〈6〉

토테미즘의 출발로부터 오늘날의 상황에 이르는 종교의 포괄적인 발전을 묘사하려는 나의 시도는 수많은 강력한 동기가 개입되어 있어서 일단은 주저할 수밖에 없다. 그래서 나는 복잡하게 얽힌 그물에서 명료하게 부각되는 두 가지 실마리만을 잡아내어 추적하고자 한다. 바로 토템 제물과 부자 관계의 동기가 그 실마리이다.[202]

로버트슨 스미스는 옛날의 토템 식사가 제물의 원초적 형태로 반복된다는 점을 우리에게 알려 주었다. 행위의 의미는 항상 같은데, 공동 식사에 참여함으로써 신성화를 꾀하려는 것이다. 이때 죄의식이 남기 마련이며, 그것은 모든 참가자의 연대성을 통해서만 경감될 수 있다. 여기에 새롭게 첨가될 것은 제물을 바칠 때 나타난다고 믿는 부족의 신으로, 이 신은 부족 구성원과 함께 공동 식사에 참여한다. 구성원들에게는 제물을 함께 먹는 것이 신과 동일해지는 방법이다. 그렇다면 신은 어떻게 자신에게 근원적으로 낯선 상황에 합류하는 것일까?

그러는 사이에 - 어디서부터인지는 모르지만 - 신의 관념이 떠올라 모든 종교생활을 지배하게 되었으며, 존속하고 싶어 하는 다른 모든 것이 그렇듯이 토템 식사도 새로운 체계와 연결될 수밖에 없었다는 대답이 나온다. 하지만 개인에 대한 정신분석학 연구에서만은 신이란 모든 사람에게 아버지의 형상이고, 신과의 개인적 관계는 육체적인 아버지와의 관계에 근거하면서 이 관계와 더불어 흔들리고 변화하며, 그래서 **신은 근본적으로 고양된 아버지**와 조금도 다르지 않다는 것을 특별히 강조하여 주장한다. 정신분석학은 여기서도 토테미즘의 경우처럼 신자들에게 그들이 토템을 선조라고 불렀듯이 신을 아버지라고 부를 것을 권유한다.

정신분석학이 어떤 주목을 받을 만한 가치가 있다면, 정신분석학이 규명할 수 없는 신의 기원과 의미는 제외할지라도 신의 관념에 아버지가 관여하고 있다는 것은 매우 중요한 지적임이 틀림없다. 하지만 원시적 희생제에서는 아버지가 한 번은 신으로, 다른 한 번은 제물이 되는 토템 동물로서 나타난다. 그렇다면 우리는 이에 대한 정신분석학적 해명이 다

---

202 부분적으로 관점에 차이가 있는 칼 융의 연구 논문인 「리비도의 변환과 상징Wandlungen und Symbole der Libido」(1912), in: 『정신분석학 연구를 위한 연감Jahrbuch für psychoanalytische Forschungen』(1912), IV를 참조한다.

양성이라는 측면에서 부족하다고 판단하면서도 과연 그것이 가능한 것인지 또한 어떤 의미가 있는지 묻지 않을 수 없다.

우리는 신과 토템이나 희생동물과 같은 신성한 동물 사이에 다중의 관계가 성립된다는 것을 알고 있다. (1) 모든 신에게는 보통 한 동물이(때로는 여러 동물이) 신성을 지닌다. (2) 특히 어떤 신성한 제사들, 즉 '비의적인' 제사들에서는 신에게 이 신성한 동물이 희생물로 바쳐진다.[203] (3) 토테미즘 시대로부터 오랜 세월이 지나면, 신은 종종 어떤 동물의 형상으로 찬양되거나, 다른 식으로 관찰하면 동물이 신으로 찬양되기도 한다. (4) 신화에서 신은 자주 동물로 변신하는데, 그 동물은 대체로 신에게 신성한 동물이다. 이렇게 볼 때 신 자체가 토템 동물이다가 종교적 감정의 후기 단계에서 토템 동물을 벗어나 신으로 발전했을 것이라는 가정은 설득력이 있어 보인다. 그러나 토템 자체가 아버지의 대용물이라는 것을 생각하면 논란의 여지가 없다. 그럴 것이 토템이 아버지 대용물의 최초 형식일 수도 있다면, 신은 아버지의 인간적 형상으로부터 생겨난 후대의 형식이기 때문이다. 시간이 흘러가면서 아버지와의 - 그리고 동물과의 - 관계에 본질적인 것이 변화했을 때, 모든 종교 형성의 뿌리인 **아버지를 향한 동경**으로부터 이런 새로운 창조가 가능할 수 있었다.

이런 변화들은 동물로부터 심적인 거리가 생기기 시작했다거나 동물을 가축으로 순치함으로써 토테미즘이 해체되었다는 점을 배제하더라도 쉽게 추측할 수 있다.[204] 아버지의 제거를 통한 새로운 상황 속에 시간이 지나면서 아버지를 향한 동경이 점점 더 커질 수밖에 없던 계기가 들

---

203 로버트슨 스미스, 『셈족의 종교』
204 앞의 책, 166쪽

어 있었다. 친부 살해에 공동으로 가담했던 형제들 모두의 마음속에는 아버지와 같아지고 싶은 소망이 흘러넘쳤고, 토템 식사에서 아버지의 대용물의 일부를 섭취함으로써 형제들은 이 소망을 표현했던 것이다. 그러나 이 소망은 형제 부족의 연대가 모든 구성원에게 가하던 압력 때문에 성취되지 못한 채 남아 있을 뿐이다. 아무도 더는 그들이 추구하던 아버지의 절대적인 권력을 장악할 수 없고, 장악해서도 안 되게 되었다. 이렇게 오랜 세월이 흘러가면서 그들을 살인 행위로 몰아가던 아버지에 대한 분노는 점차 누그러지고 오히려 아버지에 대한 동경이 자랄 수 있었다. 나아가 일찍이 투쟁의 대상이었던 원초적 아버지의 과잉 권력과 무제한성, 아버지에게 스스로 복종하려는 태도를 중요한 내용으로 하던 어떤 이상적 양상이 생겨날 수 있었다.

이제 결정적인 문화 구조의 변화에 의하여 모든 부족 구성원 개개인의 근원적인 민주적 평등은 더 이상 확보될 수 없었다. 반면에 다른 타인보다 특출한 능력을 보인 개인에 대한 숭배에 의존한 채 신들을 창조함으로써 아버지 이상을 부활하려는 경향이 나타났다. 인간이 신이 되고, 신이 죽는다는 것은 오늘날 우리에게 불쾌한 기대에 해당하겠지만 고전적 고대의 상상력에 비추어 보면 결코 충격적인 일도 아니었다.[205] 과거에 살해된 아버지를 종족의 유래가 된 신으로 승격시키는 행위는 토템과의 계약보다는 훨씬 진지한 속죄의 시도였다.

---

205 "우리 현대인에게는 인간과 신성을 가르는 균열이 심연을 깊게 드리우고 있어서 이런 모방 행위는 신에 대한 모독처럼 보일 수도 있겠지만, 고대인의 경우에는 그렇지 않았다. 고대인의 생각에 신들과 인간은 동족이었고, 많은 가족에게 그들의 자손은 신의 자손으로 여겨졌다. 그리고 아마도 고대인에게 인간의 신격화는 현대 가톨릭에서 성자가 되는 과정이 그렇듯이 그리 특별한 것도 아니었다." 프레이저, 『황금가지』, I, 「주술의 기술과 왕들의 진화The Magic Art and the Evolution of Kings」, II, 177쪽

이 발전 과정에서 일반적으로는 아버지신^{Vatergott}보다 선행하는 것으로 추정되는 어머니신이 어떤 위치에 있는지에 대해서는 진술할 수 없다. 그러나 아버지에 대한 관계의 변화가 종교적 영역에 제한되는 것이 아니라 아버지 제거를 통하여 영향을 받게 된 인간 생활의 다른 측면, 사회조직에까지 파급되었다는 것은 확실한 것처럼 보인다. 아버지신의 설정과 더불어 아버지를 잃은 사회는 점차 가부장적으로 정립된 사회로 변화되었다. 가족은 옛날의 원시 유목민의 복원이었고, 아버지에게 예전에 지닌 권리의 대부분을 다시 돌려주었다. 지금은 다시 아버지가 존재하게 되었지만, 형제 부족의 공적이 사라져 버린 것은 아니었다. 무리를 이끌던 무제한적인 원초의 아버지와 새롭게 나타난 아버지의 거리는 사실상 종교적 욕구를 지속하고 아버지에 대한 끊임없는 동경을 유지하기에는 충분했다.

그러므로 종족의 신 앞에 바치는 제물 장면에는 아버지가 실제로는 이중으로, 그러니까 신과 토템 희생동물로서 나타난다. 그러나 이런 상황을 이해하려고 시도할 때 우리는 해석에서 유의해야 한다. 즉, 이 상황을 알레고리처럼 표면적으로 해석하고 이로써 역사적 과정의 단층을 잊어서는 안 된다는 점이다. 아버지의 이중적인 등장은 상호 시간적으로 교차하는 장면의 의미와 일치한다. 여기서 아버지에 대한 양가적 태도가 구체적으로 표현되며, 마찬가지로 적대자인 아버지에 대한 아들의 승리도 애정 어린 감정을 드러낸다. 아버지를 제압하는 장면, 즉 아버지에게 최대의 굴욕이었을 장면이 여기서는 최고의 승리를 표현하는 재료로 나타난다. 제물이 완전히 일반적으로 얻게 된 의미는 그것이 – 범죄를 계속해서 기억나게 하는 이와 같은 행위 속에서 – 아버지에게 가해진 치욕 대신에 만족을 제공하는 데 있다.

동물은 연속적인 과정 속에서 그 신성함을 상실하고, 제물 또한 토템 축제와의 관계를 잃어버린다. 제물은 신에 대한 단순한 공여가 되어 버리고, 신을 위한 자기포기가 되어 버린다. 신 자체는 이제 인간보다 아주 높게 부상함으로써 인간은 사제의 매개를 통해서만 신과 교류할 수 있게 된다. 이와 동시에 사회 조직은 신과 동등한 왕을 맞이하고, 왕은 가부장적 제도를 국가적 제도로 이행한다. 우리는 전복되었다가 복귀한 아버지의 복수가 혹독한 것으로 변하면서 권위의 지배가 정점에 이르렀다고 말하지 않을 수 없다.

반면에 굴복한 자식들은 그들의 죄의식을 한층 더 가볍게 하려고 새로운 관계를 이용한다. 제물은 오늘날 상황이 그렇듯이 책임감으로부터 벗어난다. 신 자신이 제물을 요구하고 지시하게 된 것이다. 신 자신이 동물을 죽이는 신화가 이 단계에 속하는데, 신에게 신성한 동물은 사실 신 자신이기도 하다. 이는 중한 범죄에 대한 극단적인 부정인 것으로, 이와 더불어 사회와 죄의식이 생겨나게 되었다. 우리는 이 제물의 묘사에 내재된 두 번째 의미를 오해해서는 안 된다. 이 묘사는 더 높은 신의 관념을 위하여 예전에 아버지의 대용이 되던 제물을 포기한 것에 대한 만족감을 표현한다. 여기서 표면적으로만 볼 때 이 장면에 대한 알레고리적인 해석은 정신분석학의 해석과 대략 일치한다. 알레고리적인 해석에 따르면, 신은 그의 본질에 포함된 동물적인 부분을 극복한다는 것이다.[206]

---

206 신화의 경우에 신들의 세대가 다른 세대를 통하여 극복되는 것은 잘 알려져 있듯이 어느 종교적 체계가 다른 종교적 체계로 대체되는 - 이민족에 의하여 정복을 당하는 과정이든 심리적 발전의 도정에서 이루어지는 과정이든 - 역사적 과정을 의미한다. 후자의 경우에 신화는 질베르H. Silberer 의 의미에서 이른바 '기능적 현상funktionalen Phänomenen'과 흡사하다. 칼 융이 「리비도의 변환과 상징」에서 주장하듯이 동물을 죽이는 신이 리비도의 상징이라는 것은 이제까지 사용된 것과는 다른 리비도 개념을 전제로 하는데, 이는 내가 보기에 의심스러워 보인다.

그런데도 가부장적 권위가 새롭게 이루어진 이 시대에 아버지 콤플렉스에 속하는 적대적인 충동이 완전히 침묵하고 있다고 생각하면 오산이다. 신과 왕이라는 새로운 두 아버지 형성의 지배적인 최초 국면으로부터 우리는 오히려 종교에 특징적으로 남아 있는 양가성이 가장 활발하게 표출되는 것을 인지한다.

프레이저는 그의 방대한 저서 『황금가지』에서 신의 역할을 맡고 있다가 특정한 축제일에 장엄하게 처형된 라틴 종족의 초기 왕들은 이방인이었을 것이라고 추정한 바 있다. 해마다 신을 제물로 하는 것(이 변형이 자기희생이다)은 셈족 종교의 본질적인 특징이었던 것으로 보인다. 세계의 아주 다양한 지역들에서 나타나는 인간 제물의 의례는 인간이 신의 대변자로서의 역할을 끝냈다는 것을 의심치 않게 하며, 이 의례도 살아 있는 인간 대신에 무생물의 모방품이나 인형을 사용하여 후대로 계승된다. 여기서는 유감스럽게도 동물 제물처럼 상세히 다룰 수가 없는 신인동형神人同形의 제물은 더 먼 옛날의 제물 형식이 지닌 의미를 드러내 줄 것이다. 이런 제물 행위의 대상은 늘 동일한 것이었다는 사실, 요컨대 이제는 신으로 찬양되는 아버지라는 사실을 아주 솔직하게 고백하고 있다. 그래서 동물 제물과 인간 제물과의 관계에 대한 물음은 간단하게 해결된다. 본래의 동물 제물은 이미 인간 제물의 대용물, 즉 아버지의 의례적 살해에 대한 대용물이었다. 그리고 아버지의 대용물이 다시 인간의 형상을 얻게 되었을 때, 동물 제물은 다시 인간 제물로 변화할 수 있었다.

이렇게 해서 저 최초의 엄청난 희생 행위에 대한 기억은 아무리 잊으려고 노력해도 사라질 수 없는 것으로 남게 되었다. 그리고 바로 사람들이 이 동기로부터 완전히 멀어지고 싶어 했을 때, 이 기억은 신의 희생의 형식으로 변함없이 반복되지 않을 수 없다. 합리화 과정으로 나타나는 종교적 사유의 어떤 발전이 이런 회귀를 가능하게 했는지를 이 자리에서 상세히 설명할 필요가 없다. 우리처럼 희생제의 기원을 선사 시대의 역사적 사건에서 찾지 않는 로버트슨 스미스의 진술에 의하면 고대 셈족이 신의 죽음을 애도하여 베푸는 제식을 '신화적 비극의 기념제commemoration of a mythical tragedy'로 분석한다는 것이다. 여기에서의 애도는 자발적인 관여의 성격을 지닌 것이 아니라 강제적인 것, 신의 분노에 대한 두려움으로부터 요구된 그 어떤 것을 내포하고 있었다.[207] 우리는 이 분석이 올바르며, 이 기념제에 참가한 사람들의 감정이 근본적으로 잘 설명되어 있다고 생각한다.

종교가 계속 발전하는 과정에서도 아들의 죄의식과 아들의 반항이라는 이 두 가지 작용 요소가 결코 없어지지 않았음을 사실로서 가정해 보자. 종교의 문제를 해결하려는 그 시도, 즉 대립되는 두 영적인 힘을 조화시키려는 어떤 시도도 점차 실패하는데, 이는 아마도 역사적인 사건들, 문화적 변화와 내적 심리의 변형과 같은 복합적 영향 때문인 것으로 보인다.

아버지신의 자리를 차지하려는 아들의 노력은 점점 더 뚜렷해지기 시작한다. 농경생활이 도입되면서 가부장적 가족에서 아들의 의미가 두드러진다. 아들은 감히 자신의 근친상간적인 리비도의 표출을 시도하는데, 대지라는 어머니를 경작함으로써 상징적인 만족이 가능해졌기 때문이다. 이에 따라 아티스Attis, 아도니스Adonis, 탐무즈Tammuz 등의 신적 형상들

---

207 로버트슨 스미스, 『셈족의 종교』, 412-413쪽
"애도는 신의 비극에 대한 동정심의 자발적인 표현이지만, 의무적이고 초자연의 공포에 의해 강화된다. 그리고 애도에 참여하는 사람들의 목적은 신의 죽음에 책임이 없다고 주장하는 것이었다. 이 문제는 이미 '아테네의 황소 죽이기'처럼 신인동형 제물과의 관계에서 우리에게 제기된 바 있다.

이나 식물의 정령이 생겨나고, 동시에 어머니신의 총애를 받고 아버지에게 반항하여 어머니와 근친상간하는 젊은 신들이 나타난다. 단지 죄의식만은 이런 신들이 창조되어도 가라앉지 않아서 신화에서는 어머니신의 이 젊은 애인들은 단명하거나 거세의 벌을 받거나, 아버지신의 분노에 의해 동물의 형태로 변하는 운명에 처한다. 아도니스는 아프로디테의 성스러운 동물인 멧돼지에 의해 죽임을 당하고, 키벨레Kybele의 애인 아티스는 거세되면서 죽는다.[208] 이런 신들에 대한 애도와 그들의 부활에 대한 환희는 다른 아들 신의 의례로 전환되면서 지속적인 결과로 이어진다.

기독교가 고대 세계로 들어오기 시작했을 때, 기독교는 미트라스Mithras 신의 종교와 경쟁을 벌이는데, 한동안 어느 신이 승리하게 될지 알기 어려웠다.

빛에 둘러싸인 페르시아 젊은 신 미트라스의 모습은 우리가 이해할 수 없는 모호한 존재로 남아 있다. 아마도 우리는 미트라스의 황소 살해에 대한 묘사로부터 그가 아버지를 제물로 바침으로써 공동 범죄의 죄의식에 억눌리는 형제들을 구원했다는 것을 추론할 수 있다. 이 죄의식을 가볍게 다른 길이 하나 더 있는데 그리스도가 최초로 걸었다. 그리스도는

---

208 거세에 대한 불안은 오늘날 젊은 신경증 환자들이 아버지와의 관계에 대한 장애에서 대단히 커다란 역할을 한다. 페렌치의 탁월한 관찰로부터 우리는 어떻게 한 소년이 자신의 작은 성기를 쪼는 동물에서 자신의 토템을 발견하는지를 알게 되었다. 우리의 어린아이들이 의례적인 할례 이야기를 들으면, 그들은 이것을 거세와 같은 것으로 생각한다. 내가 아는 한 어린아이들의 이런 행동에 대한 민족심리학적 대비는 아직도 이루어지지 않고 있다. 선사 시대와 미개 민족의 경우에 자주 등장하는 할례는 그 의미에 걸맞게 성인식과 함께 거행되었으며, 부차적인 상황에 따라 더 어린 나이로 앞당겨지게 되었다. 미개인들에게서 할례는 이발과 발치와 결합되거나 후자로 대체되었는데, 이런 사정을 전혀 알 수 없는 오늘날의 어린아이들이 실제로 이발과 발치를 거세와 같은 것으로 보고 불안한 반응을 보이는 것은 지극히 흥미로운 일이다.

이 길을 지나감으로써 자신의 생명을 제물로 바치고, 이로써 형제 무리들을 원죄로부터 구원했다.

원죄의 교리는 오르페우스교에서 유래한다. 오르페우스교는 고대의 밀교로 명맥을 유지해 오다가 고대 그리스 철학의 유파 속으로 뚫고 들어왔다.[209] 인간은 젊은 디오니소스 자그레우스를 살해하여 토막을 낸 거인족의 후예였고, 이 범죄의 짐이 인간을 억눌렀다. 아낙시만드로스 Anaximandros의 한 단편은 세계의 통일이 태고의 범죄를 통하여 파괴되고, 이때부터 창조되는 모든 것은 이 죄를 계속해서 짊어지고 가야만 한다고 이야기한다.[210] 무리의 규합이라는 특징을 통하여 살해하고 토막을 내는 거인족의 행위가 성 닐루스가 기술하는 토템 희생제를 떠올리게 한다면, 여기서도 - 그 밖에도 고대의 많은 신화에서처럼, 예컨대 오르페우스 자신의 죽음처럼 - 거의 동일한 현상은 젊은 신이 죽임을 당한다는 사실이다.

기독교 신화에서 인간의 원죄는 의심할 바 없이 아버지인 신에게 지은 죄이다. 이때 그리스도가 자신의 생명을 바침으로써 인간을 원죄의 압박에서 구원한다면, 이 원죄가 살인 행위였다는 결론에 도달하지 않을 수 없다. 인간의 감정 속에 깊이 뿌리를 내린 동일 보복이라는 탈리온Talion 법에 의하면 살인죄는 다른 생명을 제물로 바침으로써만 속죄될 수 있다. 그러므로 자기 희생은 살인죄를 의미한다고 할 수 있다.[211] 그리고 이런 자기생명의 희생이 아버지 신과의 화해를 가져온다면, 속죄해야 할

---

209 레나슈, 『제식, 신화와 종교』, II, 75쪽 이하

210 같은 책, 「일종의 윤리 이전의 죄에 대하여Une sorte de péché proethnique」, 76쪽

211 오늘날 신경증 환자들의 자살 충동은 대체로 다른 사람을 향한 죽음의 소망에 대한 자기 형벌임이 증명되고 있다.

죄는 아버지 살해의 죄와 다를 수가 없다.

이렇게 인류는 기독교의 교리에 따라 원시 시대에 지은 죄과를 아주 솔직하게 고백하고 있는데, 기독교의 교리는 이제 그리스도라는 아들의 자기희생을 통하여 충분한 속죄의 가능성을 찾아냈기 때문이다. 아버지와의 화해는 그만큼 더 확고해지는데, 그럴 것이 이 희생과 동시에 아버지에게 분노하게 된 원인이었던 여자들에 대한 포기가 완벽해지기 때문이다.

그러나 이때 양가성이라는 심리적 운명도 자기 권리를 요구한다. 아버지에게 자신이 할 수 있는 최대한의 속죄를 표현하면서 아들 역시 아버지에게 바라던 소망의 목적을 성취한다. 아들 자신이 나란히 신이 되거나 아버지를 대신하여 신이 되는 것이다. 즉 아들의 종교가 아버지의 종교를 대체한다. 이 대체의 특징으로 과거의 토템 식사가 성찬식^{Kommunion}으로 되살아난다. 성찬식에서는 이제 형제 무리가 더는 아버지의 살과 피가 아니라 아들의 살과 피를 맛보고, 이 맛봄을 통하여 성스러워지면서 아버지와 동일화된다.

우리는 오랜 시간을 지나오면서 토템 식사와 동물 제물, 신인동형 제물과 기독교 성찬식의 동일성을 인지하게 된다. 나아가 우리는 이 모든 축제에서 인간을 그토록 억압하면서도 분명히 자부심도 느끼게 하던 저 범죄의 여파를 알게 된다. 그러나 기독교의 성찬식은 근본적으로 아버지의 새로운 제거, 속죄해야만 하는 행위의 반복인 것이다. 이와 관련하여 우리는 프레이저의 다음 문장이 얼마나 정당한지를 인식한다.

"기독교의 성찬식은 의심의 여지 없이 기독교보다 훨씬 오래된 성사^{sacrament}를 자체 내에 흡수했다."[212]

〈7〉

형제 무리들이 원초적 아버지를 살해한 것과 같은 사건은 인류사에 틀림없이 지울 수 없는 흔적을 남겨 놓았다. 그런데 이 사건 자체는 사람들의 기억에 떠오르지 않으면 않을수록 그만큼 더 수많은 대체 형상들을 통하여 표현될 수밖에 없었다.[213] 이런 흔적을 신화에서는 어렵지 않게 찾고 입증할 수 있으나 나는 이런 유혹을 물리칠 것이다. 그보다 나는 오르페우스의 죽음에 대하여 충실한 내용을 보여 주는 논문에서 레나슈가 제시하는 암시를 추적함으로써 다른 방향으로 선회해 볼 것이다.[214]

그리스 예술사에는 로버트슨 스미스가 인식한 토템 식사의 장면과 놀랄 만큼 유사하면서도 상당히 심원한 차이점을 보여 주는 상황이 나타난다. 그것은 가장 오래된 그리스 비극의 상황이다. 같은 이름으로 불리는 같은 복장의 한 무리 사람들이 한 사람을 둘러싸고 있다. 모두가 그 한 사람의 말과 행동에 의존하고 있는데, 그들은 합창단과 단 한 사람의 주연배우이다. 다음에는 상황이 바뀌면서 제2, 제3의 배우가 등장하여 상대자와 분리자의 역할을 하지만, 주연배우의 성격은 합창대와의 관계처럼 변함이 없다. 비극의 주인공은 고뇌하는 것이 필연적이었고, 이는 오늘날까지도 비극의 본질 내용이다. 그는 이른바 '비극적인 죄'를 짊어지고 있었다. 이 죄의 근거를 찾아내는 일은 언제나 쉽지 않다. 그것은 시

---

212 프레이저, 『황금가지』, 「신을 먹고 신성한 동물 죽이기」, 51쪽
대상이 되는 문헌에 익숙한 사람은 기독교 성찬식의 기원을 토템 식사로 보는 관점이 이 문장을 쓴 저자의 사고와는 다르다는 것을 받아들일 것이다.

213 셰익스피어의 『폭풍』에서 아리엘의 노래를 참조한다. '다섯 길 깊이에 그대 아버지가 누워 있다/그의 뼈는 산호가 되어 있고/그의 눈이었던 것은 진주/더는 상할 것도 없다/허나 바다의 변화를 겪으며/풍요롭고 낯선 어떤 것이 되어 있네.'

214 『제식, 신화와 종교』Ⅱ, 100쪽 이하에서 「오르페우스의 죽음」을 참조한다.

민적 삶이라는 의미에서는 죄가 아닐 경우가 종종 있기 때문이다. 대체로 그 죄는 신이나 인간의 권위에 대한 항거이다. 합창대는 연민의 감정을 가지고 비극적 주인공을 뒤따르면서 그를 제지하고, 자제하도록 권고하며, 그의 슬픔을 위로하려고 하는데, 이때는 이미 주인공이 자신의 무모한 시도에 상응할만한 죄를 의식하고 난 뒤였다.

그러나 무엇 때문에 비극의 주인공은 고뇌해야만 하는 것이며, 그의 '비극적인' 죄는 어떤 의미인가? 나는 지금 신속한 대답으로 논의를 마치고자 한다. 비극적 주인공은 요컨대 원초적 아버지, 여기서는 중심적 용어로서 반복되고 있는 저 태고 시대의 거대한 비극의 주인공이기 때문에 고뇌하지 않을 수 없다. 이제 이 주인공은 합창단의 죄를 풀어 주기 위해 비극적인 죄과를 감수해야 한다. 무대에 펼쳐진 장면은 목적에 부합되도록 역사적인 장면으로부터 변형하여 창조된 것으로, 우리는 세련된 위선의 산물이라고 말할 수도 있다. 과거의 실제적 사건에서 주인공의 고뇌를 야기한 것은 바로 합창단원들이었다. 하지만 지금 무대 위에서 합창단원들은 주인공에게 공감하면서 애도에 열중하고 있다. 그러나 정작 자신의 고뇌에 책임질 사람은 주인공이다. 그에게 전가된 범죄, 즉 거대한 권위에 맞서는 불손과 항거는 현실에서는 합창단원들, 형제 무리를 짓누르는 바로 그것이다. 이렇게 해서 비극의 주인공은 자신의 의지에 반해 합창단의 구원자가 되었던 것이다.

그리스 비극에서 디오니소스의 고뇌와 디오니소스를 따르면서 그와 동일시되던 추종자들의 비통함이 연극의 내용이었다면, 이것이 사라졌다가 중세에 그리스도의 수난극으로 새롭게 점화되었다는 것은 쉽게 이해할 만하다.

지극히 축약하여 실행된 이 연구를 마치면서 나는 종교, 윤리, 사회와 예술의 시초가 오이디푸스 콤플렉스에 집중되어 있다는 사실을 결론으로 언급하고자 한다. 이는 지금까지 우리가 알고 있는 한 오이디푸스 콤플렉스가 모든 신경증의 핵심을 형성한다는 정신분석학의 확증과 완벽하게 일치한다. 민족의 영적인 삶의 문제들도 아버지와의 관계가 어떤 상태인지에 따른 단 하나의 구체적인 관점으로부터 해결될 수도 있으리라는 것이 대단히 놀라운 가능성으로 여겨진다. 어쩌면 다른 심리학적인 문제도 이런 연관 관계로 이루어져 있는지도 모른다.

우리는 종종 본래적 의미에서 감정의 양가성, 그러니까 같은 대상에 대한 애증의 병존을 중요한 문화적 형성의 뿌리에서 제시하려는 기회를 가져보았다. 하지만 우리는 이 양가성의 유래에 대해서는 전혀 아는 것이 없다. 물론 그것이 우리 감정생활의 기본 현상이라고 가정할 수는 있을 것이다. 그러나 내게는 다른 하나의 가정이 주목할 만한 가치가 있다. 그것은 감정의 양가성이 우리의 생활과는 본래 이질적이며, 인류 자체로부터 연유한 아버지 콤플렉스[215]에서 획득된 것이라는 가정이다. 개인에 대한 정신분석학적 연구도 오늘날 아버지 콤플렉스에서 가장 강력한 양가성의 표현을 입증하고 있다.[216]

이제 나는 이 논문을 마치기 전에 우리가 이 과정에서 도달한 포괄적

---

215 또는 부모 콤플렉스도 이에 해당할 수 있다.

216 번번이 오해를 받아왔기에 나는 다음의 사실이 쓸모없는 것이 아니며 오히려 강조해야 한다고 생각한다. 즉 여기에 주어진 환원적 결과는 도출되어야 할 현상의 복합적 성격을 결코 잊지 않았다는 것, 그리고 그것은 종교, 윤리, 사회의 이미 알려져 있거나 아직도 알려져 있지 않은 근원에 하나의 새로운 계기, 다시 말해 정신분석학적 요청의 고려로부터 생겨나는 계기를 덧붙일 것을 요구한다는 것이다. 나는 전체적 설명의 종합적 시도를 다른 사람에게 넘길 수밖에 없다. 그러나 이번에 그것은 그가 이런 종합적 시도에서 중심적인 역할을 수행할 수도 있으리라 기대되는 이 새로운 논문의 본질로부터 나타날 것이다. 물론 이런 의미를 인정받기 이전에 그는 우선 엄청난 감정적 저항을 극복해야 한다.

관계들의 수준 높은 집약이 전제의 불확실성과 결과의 난점을 감출 수는 없음을 언급하지 않을 수 없다. 많은 독자가 예상한 바 있겠지만, 나는 이 두 가지 중에서 결과의 난점에 대해서만 언급하고자 한다.

우선 우리 모두가 알아야 할 사실이 있다. 그것은 우리가 이 글 도처에서 영적인 과정이 개인의 영적 생활에서와 마찬가지로 집단 심리에서도 일어난다는 가정을 바탕으로 한다는 점이다. 무엇보다 어떤 행위로 인한 죄의식은 수천 년에 걸쳐 지속하고, 이런 행위에 대해 아무것도 알 수 없던 세대에도 여전히 작용한다고 가정했다. 우리는 아버지의 학대를 받은 아들들의 세대에서도 감정의 과정은 생겨날 수 있었으며, 바로 아버지의 제거를 통해 이런 학대에서 해방된 새로운 세대에서도 지속된다고 가정했다. 물론, 나는 심각한 의구심을 떨칠 수 없지만, 이런 전제를 피할 수 있는 다른 설명이 있다면 그것이 더 장점이라고 생각한다.

하지만 좀 더 숙고해 보면 이렇게 대담한 시도에 대한 책임을 우리만 떠맡아야 하는 것은 아니라는 것이 밝혀진다. 집단 심리가 어쩌면 개인이 소멸함으로써 영적인 행동이 단절되는 것을 무시할지도 모르지만, 집단 심리와 같은 인간 감정생활에서의 연속성이라는 가정이 없다면 민족 심리학 일반은 존재할 수 없다. 만일 한 세대의 심적인 과정이 다음 세대로 이어지는 것이 아니라면, 모든 세대가 제각기 삶에 대한 태도를 새롭게 획득해야만 하는 것이라면, 이 영역에는 어떤 진보나 어떤 발전도 있을 수 없을 것이다.

이제 여기서 세대와 세대의 흐름 속에서 우리가 심적인 연속성을 얼마나 믿을 수 있는가 하는 것, 그리고 이 가운데 한 세대가 심적인 상태를 다음 세대에 전달하기 위해서 어떤 수단과 경로를 이용하는가 하는 두 가지의 새로운 물음이 제기된다. 나는 이 문제가 충분히 해명되어 있다든지, 우리가 손쉽게 생각하는 직접적인 전달과 전통이 이 요구를 해결하는 데 충분하다고 주장하지는 않겠다. 일반적으로 민족심리학은 서로 교대하는 세대들의 영적인 생활에서 요구되는 연속성이 어떤 방식으로 이루어지는지에 대해서는 거의 고민하지 않는다. 이 과제의 일부는 심적인 소질의 계승을 통하여 달성되는 것처럼 보이지만, 심적인 소질이라는 것도 활동성으로 깨어나기 위해서는 개인적 삶에서의 어떤 동인이 필요한 법이다.

이는 너의 조상으로부터 물려받은 것을 네가 소유하려면 스스로 그것을 획득하라는 어느 시인의 말과 부합된다. 문제는 만일 우리가 흔적도 없이 억압될 수 있는 영적인 자극이 존재한다거나, 그 자극은 어떤 잔영도 후세에 남겨 놓지 않는다는 것을 인정한다면 훨씬 더 어려워진다. 하지만 그런 일은 있을 수 없다. 아무리 강력하게 억압해도 왜곡된 보상 충동과 거기서 비롯된 반작용의 여지는 언제나 남아 있을 수밖에 없다. 그렇다면 우리는 어떤 세대도 다음 세대 앞에서 더 의미심장한 영적인 과정을 감추고 있을 수는 없다고 가정해도 좋을 것이다. 정신분석학의 가르침에 따르면, 모든 인간은 자신의 무의식적 정신 활동 속에서 타인의 반응을 해석할 수 있는 장치를 가지고 있다. 다시 말해 타인이 감정을 표현할 때 시도한 왜곡을 되돌려 놓을 수 있는 장치를 가지고 있는 것이다. 원초적 아버지와의 근원적 관계를 남겨 놓은 그 모든 풍습, 의례와 규정을 무의식적으로 이해하는 이런 도정에 따라 후대의 세대는 과거의 감정 유산을 물려받는 데 성공한 것인지도 모른다.

또 다른 우려가 바로 정신분석학적 사유 방식의 측면에서도 제기될 수 있을 것 같다.

우리는 원시사회 최초의 도덕적 규정과 윤리적 제약을 본래의 행위자들에게 범죄 개념이 부여되는 어떤 행위로 파악한 바 있다. 그들은 이런 행위가 아무 이득도 될 수 없으므로 더 이상 그런 짓을 반복하지 않겠다고 결심했다. 이 창조적인 죄의식은 지금도 우리에게서 사라지지 않았다. 우리는 이런 죄의식이 신경증 환자들의 경우에 비사회적인 방식으로 작용하고 있음을 알고 있다. 신경증 환자들은 새로운 도덕적 규정, 지속적인 제한을 만들어냄으로써 이것을 과거에 일어난 범죄에 대한 속죄와 새로운 범죄에 대한 경계 수단으로 삼는다.[217] 그러나 우리가 이 신경증 환자들에게서 이런 반응을 환기시킨 행위를 탐구하려고 한다면, 곧 실망하게 될 것이다. 우리는 그들에게서 행위가 아니라 충동, 사악한 것을 열망하지만 이행되지 않는 감정의 자극을 발견한다. 신경증 환자의 죄의식 근저에 있는 것은 사실적 현실faktische Realität이 아니라 심적인 현실psychische Realität일 따름이다. 그러므로 신경증은 사실적 현실보다 심적인 현실에 우선한다는 특징을 보여 준다. 또한, 신경증은 정상인이 현실에만 반응하듯이 사고에 그만큼 진지하게 반응하는 특징을 보여 준다.

미개인들도 사정은 신경증 환자와 유사했던 것은 아닐까? 우리가 미개인들에게 나타나는 심적인 행동을 대단히 과대평가하면서 그것을 나르시시즘적 조직의 부분적 현상으로 돌리는 것은 정당하다.[218] 이에 따라 아버지에 대한 적대성의 단순한 충동, 아버지를 죽이고 먹으려는 환상적인 소망은 도덕적 반작용을 발생시키고, 토테미즘과 터부를 창조하기에 충분했으리라고 추정된다. 우리는 지금 당당하게 자랑하는 문화유산의 기원을 우리의 모든 감정을 모독하는 잔인한 범죄로부터 이끌어내야만 하는 필연성을 피할 수가 없을 것 같다. 저 출발 상황에서 오늘날에 이

---

217 이 책의 두 번째 논문인 「터부와 감정 자극의 양가성」을 참조한다.
218 이 책의 세 번째 논문인 「애니미즘, 주술과 생각의 만능」을 참조한다.

르기까지의 인과관계는 이 경우에 아무 손상도 입지 않는데, 왜냐하면 심적인 현실은 이 모든 결과를 감당할 만큼 충분히 의미심장하기 때문이다.

한편, 아버지 중심의 무리라는 형태에서 형제 부족 형태로의 사회적 변화가 실제로 일어났다는 반론이 제기될 수도 있다. 이는 강력한 논증이지만 결정적인 것은 아니다. 이 변화는 비교적 덜 폭력적인 방식으로 이루어질 수 있었으나 도덕적 반작용을 일으킬 수 있는 조건을 포함하고 있었다. 원초적 아버지의 압박을 느낄 수 있는 한 아버지에 대한 적대 감정은 당연한 일이며, 이 적대 감정에 대한 후회는 다른 시점에 생겨나도록 되어 있었다. 아버지에 대한 양가적 관계로부터 도출되는 모든 것, 즉 터부와 희생의 규정도 지극히 진지하고 완벽한 현실성을 지닌다는 두 번째 반론도 첫 번째 반론과 마찬가지로 설득력은 부족하다. 강박신경증 환자의 의례와 장애도 이런 성격과 유사하지만, 그것은 심적인 현실, 즉 의도에 기인하는 것이지 실행에 기인하는 것은 아니다. 우리는 물질적 가치로 가득 찬 우리의 냉정한 세계의 관점으로부터 단순히 생각하고 소망하는 것에 의하여 이루어진 미개인들과 신경증 환자의 내면적으로 풍부한 세계를 과소평가하지 않도록 주의해야만 한다.

우리는 여기서 이제 우리에게 쉽지 않은 결정을 내려야 할 순간을 맞이한다. 그러나 먼저 다른 사람에게는 근본적인 것처럼 보이는 차이도 우리가 판단할 때는 대상의 본질에 부합되지 못한다는 고백으로 논점을 시작해야겠다. 만일 미개인들에게 소망과 충동이 사실로서 충분한 가치를 지니고 있다면, 이런 관점을 우리의 척도에 따라 수정할 것이 아니라 이해심을 가지고 그것을 따라가는 것이 우리의 과제이다. 하지만 그런 다음에 우리에게 이런 의문을 품게 했던 신경증 사례를 더 날카로운 시선으로 주목해 보자.

오늘날 과도한 도덕의 압박을 받고 있는 강박신경증 환자들이 단지 유혹의 심적인 현실에만 대항하면서 단순히 감각적으로 느끼는 충동 때문에 자신을 징벌한다는 것은 틀린 말이다. 여기에는 부분적으로 역사적 현실도 포함되어 있다. 그들은 어린 시절에 좋지 않은 충동에 사로잡혀 있었고, 어린아이의 무기력함 속에서 할 수 있는 한 이 충동을 행동으로 옮기곤 했다. 선한 기질을 가진 사람들도 어린 시절에는 누구나 나름대로 악동 같은 시절을 보냈고, 훗날의 과도한 도덕적 시기의 선구자적 행동 및 전제로서 왜곡된 단계를 밟았다. 그러므로 미개인과 신경증 환자의 유사성은 만일 우리가 과거에 심적인 현실이(심적인 현실이 형성되어 있었다는 것은 의심할 바 없다) 처음에는 사실적 현실과 일치했으며, 모든 증거에 따르면 미개인들도 의도한 대로 행동했다고 가정한다면, 훨씬 더 명확하게 드러날 것이다.

우리가 미개인을 판단할 때 지나치게 신경증 환자와의 유사성에 영향을 받아서는 안 될 것이다. 그럴 것이 양자 사이의 차이점도 고려해야 하기 때문이다. 확실히 미개인과 신경증 환자에게는 우리처럼 사유와 행동 사이의 날카로운 구분이 존재하지 않는다. 그렇지만 신경증 환자는 무엇보다 행동의 장애를 받는다. 신경증 환자의 사고는 행위에 대한 완전한 대용물이다. 반면에 미개인들은 행동에 장애를 받지 않으며, 사고는 곧바로 행동으로 옮겨진다. 말하자면, 미개인에게 행동은 오히려 사고의 대용물인 것이다. 그래서 나는 마지막으로 결정적인 주장을 내세우지는 않을 것이다. 그런데도 우리가 논의하는 사례에서 "태초에 행동이 있었다"라는 말[219]은 받아들여도 좋을 것 같다.

---

219 역주) 괴테의 『파우스트』에 나오는 말이다.

| 프로이트 연보 |

1856년 5월 6일 오스트리아-헝가리 제국(현재는 체코)의 프라이베르크에서 지기스문트
슐로모 프로이트Sigismund Schlomo Freud가 출생했다. 부친의 이름은 칼라몬
야콥 프로이트Kallamon Jacob Freud, 모친의 이름은 나탄존Nathanson 가문의
아말리아Amalia이다.

1859/60년 가족이 라이프치히로, 이어서 빈으로 이주하다.

1865년 김나지움에 입학하다.

1873년 김나지움을 졸업하고 대학에서 의학 수업을 시작하다.

1876년 트리에스트에서 2년간 수학한 뒤 에른스트 브뤼케Ernst Brücke의 심리학 연구소에
서 연구하다.

1878년 요셉 브로이어Josef Breuer와 친교를 맺는다.

1879/80년 1년간 군 복무를 마치다.

1881년 박사 과정을 마치고 의사 자격증을 획득한다.

1882년 마르타 베르나이스Martha Bernays와 약혼한다.

1883년 빈의 일반 병원에서 신경과 의사로 근무한다.

1884년 코카인 실험을 하다.

1885년 신경병리학 강사 자격을 획득한다.

1885/86년 샤르코Charcot의 살페트리에르 병원에서 연구를 위해 파리에 체류한다.

1886년 빈에서 개인 병원을 개업한다. 마르타와 결혼한다.

1887년 딸 마틸데 탄생. 빌헬름 플리스(Wilhelm Fließ)와 처음 만나다.

1889년 아들 마르틴Jean-Martin 탄생. 낭시 대학의 정신의학자 이폴리트 베른하임Hippolyte
Bernheim을 방문하다.

1891년 『실어증의 이해Zur Auffassung der Aphasien』를 발표한다. 아들 올리버 탄생.

1892년 막내아들 에른스트 탄생. 브로이어와 밀접한 관계를 맺으며 공동 작업을 시작한
다.

1893년 딸 소피 탄생.

1895년 딸 안나 탄생. 브로이어와 공동 작업한 『히스테리에 대한 연구Studien über Hysterie』,
『심리학의 구상Entwurf einer Psychologie』을 발표한다.

1896년 부친의 죽음. '성적인 외상이론(유혹이론)'에 관심을 갖고 연구를 시작한다.

1897년 '유혹이론'이 환자의 환상에서 나온 것임을 알고 포기한다.

1899년 이미 이 해에 『꿈의 해석Die Traumdeutung』이 출간되었으나 출판사가 출간년도를
1900년으로 명기한다.

1901년 『일상생활의 정신병리학Zur Psychopathologie des Alltagslebens』을 발표한다.

1902년 유명무실한 교수로 임명된다. 알프레트 아들러Alfred Adler, 막스 카네Max Kahane, 루
돌프 라이틀러Rudolf Reitler, 빌헬름 슈테켈Wilhelm Stekel이 프로이트의 첫 제자로 들
어오고 수요회가 시작된다(1908년부터는 빈정신분석학회가 시작됨).

1904년 플리스와의 관계가 끝난다.

1905년 『위트와 무의식의 관계(Der Witz und seine Beziehung zum Unbewußten』, 『성 이론에 대한
세 편의 논문들Drei Abhandlungen zur Sexualtheorie』을 발표한다.

1906년 칼 융과 서신 교환을 시작한다.

1907년 카를 아브라함Karl Abraham과 막스 아이팅곤Max Eitingon이 프로이트 서클에 합류한
다. 루트비히 빈스방거Ludwig Binswanger와 교제한다.

1908년 산도르 페렌치Sándor Ferenczi와 공동 작업을 시작한다. 어니스트 존스Ernest Jones
와 처음 만나다. 『문화적 성도덕과 현대인의 신경증Die Kulturelle Sexualmoral und die
moderne Nervosität』을 발표한다.

1909년 강연하기 위하여 미국을 여행한다.

1910년 뉘른베르크에서 정신분석회의가 개최되고, 국제정신분석학회가 창설된다.

『레오나르도 다빈치의 어린 시절의 추억Eine Kindheitserinnerung des Leonardo da Vinci』을 발표한다.

1911년 루 안드레아스 살로메Lou Andreas-Salomé와의 친교가 시작되고, 아들러와의 관계는 결렬된다.

1912년 칼 융과 점점 더 긴장된 관계를 갖는다. 소위 '비밀위원회'를 창립한다.

1912/13년 『토템과 터부Totem und Tabu』를 발표한다. 칼 융과 결별한다.

1914년 『정신분석 운동의 역사Zur Geschichte der psychoanalytischen Bewegung』, 『나르시시즘 입문 Zur Einführung des Narzißmus』, 『미켈란젤로의 모세Der Moses des Michelangelo』를 발표한다.

1915년 『전쟁과 죽음에 대한 시대적 고찰Zeitgemäßes über Krieg und Tod』 및 메타심리학에 대 한 논문들을 발표한다.

1916/17년 『정신분석 입문 강의Vorlesungen zur Einführung in die Psychoanalyse』를 발표한다.

1918년 부다페스트에서 정신분석회의가 개최되었고, '전쟁 노이로제'의 치료에 대한 성 과들이 나오게 된다.

1920년 프로이트의 딸 소피가 죽는다. 외래환자 진료소가 있는 베를린 정신분석연구소를 개관하고, 국제정신분석 출판사를 창설한다. 『쾌락원리의 저편Jenseits des Lustprinzips』 을 발표한다.

1921년 『집단심리학과 자아-분석Massenpsychologie und Ich-Analyse』을 발표한다.

1923년 암 진단을 받다. 『자아와 이드Das Ich und das Es』를 발표한다.

1925년 오토 랑크와의 갈등이 있고. 브로이어와 아브라함이 죽는다. 『나의 이력서 Selbstdarstellung』를 출간한다.

1926년 『억압, 증후 그리고 불안Hemmung, Symptom und Angst』, 『비전문인 분석의 문제Die Frage der Laienanalyse』를 발표한다.

1927년 『환영의 미래Die Zukunft einer Illusion』를 발표한다.

1930년 프랑크푸르트 암 마인 시가 수여하는 괴테상을 수상한다. 모친의 죽음. 『문화 속의 불쾌감Das Unbehagen in der Kultur』을 발표한다.

1932년 알베르트 아인슈타인과의 서신 교환에서 나온 『왜 전쟁인가?Warum Krieg?』를 발표한다.

1933년 이 해 5월에 독일에서 나치가 프로이트의 책들과 다른 유대인들 및 좌파 저자들의 책들을 불태운다. 페렌치의 죽음. 『정신분석 입문 강의의 새로운 연속Neue Folge der Vorlesungen zur Einführung in die Psychoanalyse』을 발표한다.

1936년 프로이트의 80세 생일을 맞이하여 토마스 만이 빈 대학에서 축하 강연을 한다.

1938년 3월에 오스트리아가 나치 독일에 합병되고, 6월에 프로이트와 그의 가족이 런던으로 망명을 떠난다.

1939년 이마고 출판사를 설립한다. 1940년부터 프로이트의 『전집Gesammelte Werke』이 출간되기 시작한다. 『인간 모세와 유일신교Der Mann Moses und die monotheistische Religion』을 출간한다. 이해 9월 23일 프로이트가 죽음을 맞이한다.

1950년 『정신분석의 시작으로부터Aus den Anfängen der Psychoanalyse』를 출간한다.

1951년 프로이트의 부인인 마르타의 죽음.

1953년 어니스트 존스Ernest Jones의 프로이트 전기 제1권을 출간한다. 프로이트의 영어판인 『표준판Standard Edition』 출간을 시작한다.

1960년 프랑크푸르트의 피셔 출판사가 이마고 출판사로부터 프로이트의 저작권을 취득한다.

1969년 알렉산더 미첼리히Alexander Mitscherlich, 제임스 스트래치James Strachey 등에 의해 편집된 프로이트 저서의 『연구판Studienausgabe』의 출간을 시작한다.

1982년 안나 프로이트의 죽음.

1987년 『전집』에 대한 『증보판 Nachtragsband』을 출간한다. 피터 게이Peter Gay의 프로이트 전기를 출간한다.

| 참고 문헌 |

Abraham, K., Über die determinierende Kraft des Namens, 1911.

Atkinson, J. J., Primal Law, London, 1903.

Bachhofen, J. J., Das Mutterrecht, Stuttgart, 1861.

Bastian, A., Die deutsche Expedition an der Loango-Küste, Jena, 1874.

Brown, W., New Zealand and its Aborigines, London, 1845.

Codrington, R. H., The Malanesians, Oxford, 1891.

Crawley, V., The Mystic Rose, London,1902.

Darwin, C., The Descent of Man, London, 1871.

      The Variation of Animals and Plants under Domestication(2 vols), London, 1875.

Dorsey, J. O., An Account of the War Customs of the Osages, 1884.

Durkheim, E., La prohibition de l'inceste et ses origines', Année sociolog, 1898.

      Sur le totémisme, Année sociolog, 1902.

      Sur l'organisation matrimoniale des sociétés australiennes', Année sociolog, 1905.

      Les formes éléméntaires de la vie religieuse. Le systéme totémique en Australie,

      Paris, 1912.

Ferenczi, S., Ein kleiner Hahnemann', Intern. Zeitschrift für ärztliche Psychoanalyse, 1913.

Fison, L., The Nanga', F. anthrop. Inst

Frazer, J. G., Totemismus und Exogamy, London, 1910.

      The Golden Bough, London, 1911.

Haddon, A. C., Adress to the Anthropological Section', Report of the Seventy-Second Meeting of

      Britisch Association, 1902.

Haeberlin, P., Sexualgespenster', Sexualprobleme, Feburary, 1912.

Howitt, A. W., The Native Tribes of South-East Australia, London, 1904.

Jevons, F. B., An Introduction to the History of Religion, London, 1911.

Jung, C. G., Wandlungen und Symbole der Libido', Jahrbuch für psychoanlytische

       Forschungen, 1912.

Kleinpaul, R., Die lebendigen und die Toten in Volksglauben, Religion und Sage, Leipzig, 1898.

Lang, A., The secret of the Totem, London, 1905.

       Totemism', Encyclopaedia Britannica, 1911.

Low, H., Sarawak, London, 1848.

Lubbock, J., The Origin of Civilisation, London, 1870.

Marett, R. R., Pre-Animistic Religion', Folk-Lore, 1900.

Morgan, L. H., Ancient Society, London, 1877.

Paulitschke, P., Ethnographie Nordost-Afrikas, Berlin, 1893-6.

Rank, O., Eine noch nicht beschriebene Form des Ödipus-Trames', Int. Z. Psychoanal, 1913.

Reinach, S., Cultes, mythes et relisions, Paris, 1909.

Schreber, H., Denkwürdigkeiten eines Nervenkranken, Leipzig, 1903.

Smith, W. Robertson., The Religion of Semites, 2nd ed, London, 1907.

Spencer, B. and Gillen H. J., The Native Tribes of Central Australia, London, 1891.

Spencer, H., The Origin of Animal Worship, Fortnightly Rev, 1870.

Storfer, H., Zur Sonderstellung des Vatermordes, Vienna, 1911.

Thomas, N. W., Encyclopedia Britannica, 1911.

Wulff, M., Beiträge zur infantilen Sexualität', Zentralblatt für Psychoanalyse, 1912.

Wundt, W., Mythus und Religion', Völkerpsychologie, Leipzig, 1906.